Intervalle et Parenthèse

Jean-Frédéric JUNG

Ce livre est une fiction. Les noms, personnages, lieux, et évènements sont les produits de l'imagination de l'auteur et ont été utilisés de manière fictive. Toute ressemblance avec des personnes réelles, vivantes ou décédées, serait totalement fortuite.

Illustration : Camille Chantreau

ISBN papier : 978-2-37812-655-1
ISBN numérique : 978-2-37812-654-4
ISSN : 2646-6899
Dépôt : octobre 2022

Introduction

L'existence n'est que rarement linéaire ; elle se constitue d'une succession d'intervalles choisis, ou imposés par le destin mais qu'il nous faut, dans les deux cas, assumer avec plus ou moins de réussite. Mais il arrive aussi qu'au regard du commun des mortels, certains scenari de vie ne soient pas conformes aux règles de la bienséance et obligent, pour qui les vit et secrètement les regrette, à tristement raser[1] les murs ; ce sont alors des parenthèses, car il convient de les recouvrir d'ombre.

Dans ce livre, deux petits orphelins, Lucie et son « p'tit frère » Octave, vont par leurs parcours de vie, vous illustrer cette notion d'intervalle et de parenthèse :

Deux petits orphelins
choisis par le destin,

---

1 Cette expression, déjà en usage au xixe siècle, décrit de façon métaphorique le comportement d'une personne qui désire se faire discrète, ne pas se montrer, en longeant les murs pour éviter la foule et rester dans l'ombre.

frère et sœur supposés,
voient leur vie s'envoler
vers des cimes opposées,
sans jamais s'oublier.

Bonne lecture !

Prologue

— Hello !

Raoul referme la porte de l'appartement, allume la lumière de l'entrée, se défait de son imperméable qu'il jette sur un fauteuil, trie du bout des doigts les courriers qui attendent sur la petite table en demilune, prend une enveloppe, la retourne, puis l'abandonne négligemment en renouvelant son appel :

— Hello, chérie, c'est moi ?

Mais pas de réponse. Raoul regarde alors sa montre : vingt-trois heures quarante-cinq ! Rentrant d'un voyage d'affaires, il en déduit que sa femme est peut-être déjà couchée. Aussi, il franchit tranquillement la porte vitrée ouvrant sur le grand salon ; la pièce est dans le noir, il active le plafonnier et jette machinalement un regard circulaire et, subitement, se raidit ! Il se dirige aussitôt vers le grand canapé ; sa femme, Barbara, y est recroquevillée sur elle-même, en larmes.

— Eh bien, chérie ! qu'est-ce qui t'arrive ?

Pas de réponse. Raoul s'assoit à côté d'elle, l'enlace de son bras gauche et se penchant pour chercher son regard, d'une voix aussi douce que possible réitère sa question :

— Barbara, ma chérie, qu'est-ce qui s'est passé ?

Sans sortir de sa position refuge, Barbara hésite encore, puis finit par désigner le rapport médical sur la table basse en balbutiant dans ses pleurs :

— Peux pas… pourrai jamais avoir d'enf…

Elle ne put même pas finir de prononcer le mot tant espéré qui resta étranglé dans un sanglot. Raoul la prit aussitôt contre lui et, les lèvres parcourant amoureusement sa chevelure, lui chuchota que, bien sûr, il n'en était pas certain, mais qu'il s'en était douté, car, évidemment sans l'en avertir, il s'était lui-même soumis à des examens dont les résultats avaient confirmé sa fertilité.

Ils restèrent là une bonne partie de la nuit, sans rien dire. Barbara, dans les bras de son mari, s'était blottie contre lui ; il l'avait enlacée et lui caressait doucement la joue. Elle avait mis du temps, mais elle avait quand même séché ses larmes, la tête contre le thorax de son mari, rassurée, réchauffée, aimée ; elle se serait presque endormie ! Le pressentant, Raoul chuchota gentiment qu'ils feraient bien d'aller se coucher. Mais Barbara, sans bouger, ne serait-ce que d'un cil, murmura tristement :

— À quoi ça sert…

— Au plus important, ma chérie.

— Mon dieu ! Le plus important ! Et que veux-tu que cela soit, maintenant, laissa tomber Barbara d'un ton désabusé.

— S'aimer ! répondit-il tout doucement en embrassant sa main qu'elle avait abandonnée contre lui.

Barbara leva lentement la tête, croisa son regard et remit sa tête en place en se serrant encore plus contre lui. Raoul attendit quelques minutes puis, avec précaution, prit sa femme dans ses bras et se leva tout en la soulevant pour l'emporter dans leur chambre.

Chapitre I

Six mois plus tard, à Étretat.

— Eh, Ralf ! Tu as vu ?

— Quoi donc, ma chérie ?

— Les enfants…

Raoul, son mari, bien calé dans son transat, leva un peu la tête et son regard, quittant son bouquin, se porta au loin sur la mer mais se perdit dans le scintillement des flots sous les rayons du soleil ; puis replongeant dans son livre, il murmura quand même, d'un ton interrogateur :

— Les enfants ?

— Oui, en bas, juste devant nous. Regarde, ils montent en courant le chemin de la falaise ; quelle belle santé !

Raoul quitta encore ses lignes pour, cette fois, diriger son regard sur le chemin de falaise :

— Ah, oui, en effet, mais c'est normal, ma chérie, rien ne les arrête à cet âge ! dit-il alors d'un ton posé avant de reprendre sa lecture.

— Sont drôles…

— Moui, fit-il mollement, sans quitter sa lecture.

— À cause des casquettes…

— Des casquettes ? s'étonna-t-il gentiment, tout en tournant une page de son livre.

— Oui, des casquettes de différentes couleurs. Tiens regarde, Ralf ! elles dépassent de la haie, sur les petites têtes ; oh, mais ça défile ! Il y en a un grand nombre, filles et garçons ! Combien sont-ils ? Quinze ou vingt et même plus, pas loin d'une trentaine ! et d'âges différents parce qu'on dirait que les casquettes orange sont plus hautes que les bleues ; marrant !

— Sûrement une colonie de vacances, ma chérie, ponctua Raoul toujours très calme et sans lever le nez.

Maintenant, la jeune femme se taisait. Elle s'était recalée dans son long siège, et, les bras s'accrochant au haut de son dossier, elle semblait rêvasser, mais ses paupières n'étaient pas baissées, comme à son habitude quand elle profitait du soleil, le cerveau aux abonnés absents. C'était, au contraire, comme si elle attendait quelque chose, quelque chose qui surgirait dans le champ de son regard, droit devant elle. Lui continuait à lire ; mais, en étendant un bras, il avait nonchalamment posé sa main sur la cuisse de la jeune femme, un peu amoureusement, un peu par protection. Quelques minutes s'écoulèrent ainsi dans le calme et la beauté du site. Ils avaient déjeuné à l'hôtel, le Dormy house, très réputé à Étretat, presque à flanc de falaise, et maintenant, ils étaient bien installés sur l'esplanade/terrasse, en surplombant le village et la plage, avec une vue magnifique sur la mer et les célèbres falaises ; un lieu où, quand le temps est au beau fixe, les conversations finissent toujours par s'éteindre, vaincues par une bénéfique torpeur. Mais soudain :

— Ça y est ! s'exclama-t-elle en désignant d'un bras, un peu en contre bas, l'ouverture dans la haie qui servait de bordure entre le jardin de l'hôtel et le chemin de falaise.

Soudainement saisi par l'exclamation de la jeune femme, Raoul s'était redressé, le regard en direction indiquée. Mais tendue vers son objectif, elle reprit aussitôt la parole :

— Tu les vois passer devant l'entrée ? Des petits garçons et des petites filles avec des casquettes bleues et d'autres enfants encore, mais un peu plus grands, filles et garçons, avec des casquettes orange ! Oh ! Tiens, mais regarde le petit, qui vient d'entrer en courant derrière ce jeune chien qui galope vers nous ! Tu entends son rire ? Attention, attention, le chien nous arrive, et le petit aussi ! Il est tout mignon dans sa course ! Houlà, les voilà !

La jeune femme était restée sur sa chaise longue, mais avait mis les jambes à terre ; ainsi, elle tendit les bras pour accueillir le jeune chien qui, queue agitée et langue pendante, dans une ultime cabriole, posa ses deux pattes avant sur le transat pour échanger quelques coups de lèche contre des gratouilles. Raoul avait refermé son livre et assistait à la scène en souriant. Le gamin qui suivait, un peu gêné, freina son arrivée, hésitant à interrompre l'échange de gentillesses entre la jeune femme et le chien ; mais immédiatement, la jeune femme voulut le mettre à l'aise :

— C'est ton chien ? lui demanda-t-elle alors avec un grand sourire.

— Ben oui, m'dame, répondit le gamin en s'approchant.

— Comment s'appelle-t-il ?

— Arsouille.

— Il s'appelle Arsouille ? lâcha-t-elle, à la limite d'éclater de rire.

— Ben oui, c'est parce que quand je l'ai trouvé, il était en train de piquer du poisson pané dans les cuisines de la pension !

— Un gentil voleur alors ! Et tu l'as gardé ? Ils le savent dans ta pension ?

— Obligé ! Passe que le poisson pané, c'est dégueu, on en a toutes les semaines au réfectoire, alors j'le sais. Donc, je lui ai repris les portions de poisson pané qu'il avait volées et je lui ai donné des bouts de ragoût que j'ai piqués à la place ; C'est pas passe que c'est un chien sans collier qu'y doit bouffer du dégeu ! j'le sais, pisque nous, on en mange au réfectoire ! L'était content, mon Arsouille. Du coup, il voulait plus m'quitter !

Le gamin s'était décontracté en racontant sa rencontre avec le chien. La jeune femme tout en caressant le chien, baignait le gamin d'un regard attendri ; il est vrai qu'il était sympa le petit bonhomme : cheveux châtains en broussaille et les yeux tout ronds, les pommettes bien pleines, avec quelques discrètes taches de rousseur allant de l'une à l'autre en gambadant sur son petit nez, et puis aussi, un malicieux sourire ! Quel âge avait-il sous sa casquette aussi bleue que ses yeux ? La jeune femme ne put s'empêcher de le lui demander, mais à peine avait-elle fini de lui poser la question, qu'une autre voix lui répondit :

— Il a neuf ans, madame ! Enfin bientôt !

La gamine avait dit cela en arrivant dans le dos du petit et, l'enlaçant par derrière de ses deux bras, elle le tenait maintenant bien collé contre elle ; elle se penchait même un peu sur lui, comme par un réflexe d'affective protection. Et elle, quel âge avait-elle avec sa casquette orange ? Deux ou trois ans de plus ? Difficile à dire ; elle était encore très gamine, même si son corps tout long, tout maigre, annonçait une probable belle silhouette à venir, sa mine reflétait un étonnant mélange d'enfance et de maturité ; à bien la regarder, on eut dit que son visage portait déjà les traces d'un combat sur un fond d'innocence ! Elle avait une chevelure épaisse, brune, ramenée en une grosse natte dorsale, qui lui revenait sur la poitrine en passant sur l'épaule gauche, et puis aussi, de grands yeux allongés, comme un hiéroglyphe, mais d'un sombre profond étonnement lumineux, auxquels s'accordait une grande bouche avec un beau dessin des lèvres ; tout cela lui mangeait un peu son visage de gamine, mais si joliment découpé qu'il en émanait une impression étrange, presque mystérieuse ! On l'eut dit née d'une fresque égyptienne ! Certes, elle était jolie, mais, à coup sûr, elle couvait mieux encore !

La jeune femme, en voyant les deux enfants si fusionnels, demanda d'une voix douce ce qui viendrait à l'esprit de tout le monde en une telle circonstance :

— C'est ton frère ?

— Euh... ben... si, si, c'est mon p'tit frère ! affirma la gamine, comme pour contrer une éventuelle contestation.

Après deux secondes d'hésitation, elle avait répondu en se redressant, avec même un regard de défi, avant de se radoucir en voyant la gentille approbation de la jeune femme ; jeune femme qui ne s'en formula pas et renchérit :

— Donc, Arsouille, c'est aussi ton chien et quel âge a-t-il, lui ?

— Ben oui, madame, c'est notre chien à tous les deux et il a presque un an ; c'est le véto qui l'a dit ; il est encore petit, il a onze ans de moins que moi ! répondit la gamine, toute fière d'annoncer aussi son âge comme s'il n'était plus celui d'une petite !

— Le véto ? Vous avez pu voir un vétérinaire ? s'étonna la jeune femme.

— Ben oui, madame ; on s'est démerd... euh, débrouillé, j'voulais dire.

Et à la demande amusée de la jeune femme, la gamine, qui gardait toujours contre elle son « p'tit frère », lui expliqua, avec un brin de malice dans la voix, que, elle et son p'tit frère avaient profité de la négligence des surveillants de nuit, pour s'échapper de la pension plusieurs soirs de suite et aller dans le quartier d'à côté, au pied d'un arbre sur une petite place où les gens sortaient d'une brasserie pour fumer un clope ; et là, ils chantaient tous les deux avec une petite boîte en carton à leurs pieds. La jeune femme, séduite par l'espièglerie des deux enfants, se mit à rire et laissa échapper un « bravo ! » qui sembla encourager la gamine à poursuivre ; ce qu'elle fit, en effet, en rapportant, qu'après plusieurs fructueuses soirées, ils avaient réussi à gagner quinze euros en pièces et un billet ! Après quoi, le soir suivant, avec leur boîte en carton bien refermée sur leur trésor, ils sont allés avec le chien frapper à la porte du véto qui habitait un rez-de-chaussée sur rue, accolé à son cabinet, dont ils connaissaient l'adresse pour avoir vu des photos et des articles dans un journal qui traînait au pensionnat.

— Mais là, on a eu du bol ! laissa tomber la gamine.

— Ah bon, pourquoi ? s'enquit la jeune femme de plus en plus prise par l'histoire.

— Ben oui, parce que le véto nous a bien ouvert sa porte et on lui a expliqué qu'on voulait un examen du chien parce qu'il était un peu écorché, et aussi le vacciner etc... mais quand on a ouvert la boîte en carton et qu'il a vu nos sous, après quelques secondes d'hésitation, il nous a dit que ça ne faisait pas assez, et aussi, il nous a bien regardés et nous a demandé d'où on venait ; bien sûr on ne lui a pas dit qu'on venait du pensionnat, mais il n'a pas dû nous croire. Alors nous, on a vu le moment où il allait dire non et appeler la pension ; on était déçus et même, mon p'tit frère commençait à pleurer, et comme on avait peur d'être punis, on a voulu partir, mais il m'a pris doucement le chien des bras et nous a dit d'entrer quand même et il a refermé la porte et enclenché la serrure. On avait encore plus peur, parce que maintenant, on pouvait plus sortir et on était sûrs qu'il allait appeler la police !

— Comment t'appelles-tu ? l'interrompit la jeune femme avec le plus de douceur possible.

— Lucie ! C'est paraît-il parce que c'était un treize décembre, le jour où on m'a mise à l'orphelinat ; le jour de la fête de Sainte Lucie, une martyre, à c'qu'on m'a dit ; mais aussi le jour de la fête de la lumière et j'préfère !

— Lucie, je ne dirai rien à personne ; le chien, vous ne l'aviez pas volé ?

— Ben non ! C'est vrai qu'il est venu tout seul dans les cuisines et qu'il nous a aimés tout de suite ; et nous aussi on l'a aimé tout de suite !

— Eh bien, appeler la police n'aurait pas été nécessaire !

— Non, d'ailleurs, contrairement à ce qu'on craignait, le véto ne l'a pas fait, même pas le pensionnat !

Puis Lucie ajouta que le véto a examiné le chien, soigné sa petite blessure et leur a dit qu'il avait à peu près 10 mois, puis il l'a vacciné et leur a même donné un carnet avec le nom d'Arsouille, et le nom Arsouille, ça l'a fait rire, et puis il a aussi marqué la date de son rappel de vaccin sur le carnet.

— Évidemment, on était inquiets pour payer, parce qu'on avait bien compris qu'on n'avait pas assez de sous. Mais le véto a souri et m'a remis Arsouille dans les bras, puis il nous a doucement poussés vers la porte de sortie ; porte qu'il a ouverte en nous disant de garder nos sous et que le rappel de vaccin sera gratuit aussi. On était contents, vous ne pouvez pas savoir !

La jeune femme leur affirma qu'elle comprenait très bien leur contentement et qu'elle voulait aussi savoir comment ils avaient pu garder le chien avec eux au pensionnat. Mais à son grand regret, ils ne purent répondre à temps, car une voix d'homme criait des excuses à son intention ; il était posté sur le chemin de falaise, juste en contre-bas, à l'entrée du jardin de l'hôtel, et, avec un signe impératif du bras, il rappelait vertement à l'ordre la gamine et le petit bonhomme.

— Faut qu'on y aille, madame ! Il gueule… euh, crie trop, j'voulais dire ! Mais excusez-nous du dérangement et merci aussi ! dit Lucie en jetant un bref coup d'œil vers la sortie.

La gamine rattacha la laisse au cou d'Arsouille et prit son « p'tit frère » par la main après lui avoir remis sa casquette bleue dans le bon sens, et tous les trois repartirent en courant rejoindre la colo.

La jeune femme suivit des yeux leur course jusqu'à ce qu'ils disparaissent derrière la haie, sauf les coiffures de couleur qui, au rythme des enfants, donnaient même l'impression de sautiller sur le sommet bien taillé des lauriers qui bordaient l'hôtel ; mais elles finirent par s'effacer à leur tour, absorbées par les méandres pentus du chemin de falaise. Face à cette absence, la jeune femme resta un temps sans bouger, silencieuse et le regard dans le vide. Puis, elle eut un long soupir et se décida quand même à se recaler dans son transat, les jambes bien allongées, ses bras remontés sur le haut du dossier et, les yeux fermés sur un visage impassible ; elle se laissa alors bercer par les rayons solaires et les effluves marins. Mais sous cet apparent détachement, qui pourrait affirmer que, derrière ses paupières baissées, elle ne courait pas aussi sur le chemin de falaise en riant avec les enfants ?

Son mari inséra un marque-page dans son livre, le ferma et après avoir regardé sa montre, se leva et, tout en s'étirant, s'adressa à sa femme :

— Je vais devoir y aller, ma chérie. Tu ne veux pas venir ?

— Houlà, non ! Le maire se passera très bien de moi !

— Pourtant en tant que tenniswoman, tu pourrais avoir de bonnes idées, non ?

— Peut-être, mais en contrat de sponsoring, je n'y connais rien du tout ! Et puis, je veux garder de toi, ton regard amoureux, ton sourire, tes délicatesses et tout et tout ; toi quoi ! Ton côté homme d'affaires, froid et implacable, je ne veux pas le connaître ! Je préfère rester ici à rêver.

— Comme tu voudras, ma chérie, conclut-il avec un sourire amusé.

Il se pencha sur sa femme pour l'embrasser, se redressa, lui dit qu'il allait mettre une cravate et prendre une veste, puis il fit demi-tour et s'éloigna vers l'entrée de l'établissement. Une cravate ! Sans ouvrir les yeux pour autant, elle ne put retenir un sourire en se disant qu'il ne changerait jamais ! Puis elle replongea dans ses pensées : « Comment les gosses ont fait pour garder le chien à l'orphelinat ? Orphelinat ? Ah non ! Au pensionnat, parce que, orphelinat, ça ne se dit plus maintenant ; le monde a changé, enfin en apparence, parce que derrière le nom... je ne vois pas vraiment ce qui a pu changer ! En tout cas, il est bien mignon, le petit avec ses grands yeux bleus ; un peu fripon, mais tendre ; sûr, il est tendre ! Et sa sœur, Lucie ? Très jolie, la gamine ; mais, c'est curieux, il émane autre chose d'elle, mais quoi ? Difficile à dire ; elle diffuse un effet troublant que je n'arrive pas à analyser, mais, pourtant, qui me dit quelque chose. Et puis cette tendresse qu'elle a pour le petit ; sa sœur ? non, elle n'est sûrement pas sa sœur ; le petit aurait été mis à l'orphelinat plus tard, probablement sans lien de famille avec elle ; le contraire eut été surprenant ; ou alors, puisqu'elle ne m'a pas donné leurs dates d'entrée, il aurait fallu qu'ils soient abandonnés tous les deux en même temps, mais alors, elle ne m'aurait pas dit : *« on m'a mis à l'orphelinat »* mais *« on nous a mis... »* ; ils ont l'air bien trop attachés l'un à l'autre pour qu'elle ait omis de le citer aussi ; donc, ils ont pu s'attacher l'un à l'autre, une fois le petit arrivé à l'orphelinat après elle et sans être pour autant de la même origine ! Je parie qu'il est arrivé après elle. En tout cas, sont touchants ces gosses-là.

Une demi-heure plus tard :

— Eh ben alors, Ralf ? Déjà fini ? Ou rendez-vous annulé ? s'exclama la jeune femme.

— Le maire n'était pas là, ou pas à l'heure.

— Tu ne l'as pas attendu un peu ? s'étonna la jeune femme d'un ton machinal trahissant, à l'évidence, ce à quoi elle s'attendait.

— Hors de question. C'est un récidiviste, répondit son mari, avec un grand calme, presque de l'indifférence.

N'importe qui aurait manifesté son désappointement, ou bien, au contraire, son plaisir inespéré de remettre à plus tard une éventuelle corvée, mais pour Raoul, en aucune façon, sa placidité n'en fut, ne serait-ce qu'un tantinet, altérée. Nul ne saurait jamais ce qu'il pensait de ce contretemps, ni de l'attribut qu'il aurait, dans sa tête, immanquablement donné au terme « récidiviste » : humour ou acerbité ? Les deux à la fois, probablement !

Raoul s'assit sur le bout de la chaise longue de sa femme ; bout de chaise qui parut plier un peu quand même, déclenchant aussitôt un sourire éloquent de Barbara :

— Oui, je sais ma chérie, freiner sur la bière et tourner le dos aux tablettes de chocolat ! J'y pense, j'y pense... dit-il amusé.

Bon, solide, sans aucun doute, mais il avait encore un corps de sportif, ce qui à trente-sept ans, n'était déjà pas donné à tout le monde. Il était assez grand, dépassant le mètre quatre-vingt de trois ou quatre centimètres ; il ne pouvait en être sûr, la dernière mesure prise le fut, il y a une dizaine d'années, par une doctoresse, d'environ un mètre cinquante-cinq, maximum, qui eut bien du mal à pousser la toise à bon niveau ! Il lui aurait bien dit de mettre sous ses pieds le gros Vidal médical qui trônait sur son bureau, mais son sens de la mesure et sa légendaire galanterie le lui interdirent. Bien sûr, il aurait aussi pu, peut-être au grand plaisir de la dame, la soulever en la prenant dans ses bras, mais là, son attirance viscérale pour l'esthétique y avait aussitôt mis le holà !

Donc, en conclusion, l'homme au physique de type caucasien, comme l'aurait administrativement qualifié la gendarmerie, mais en fait, tout simplement d'ascendance Viking, avait un faible pour les belles silhouettes et lui-même une belle allure, même si le très léger, mais vraiment à peine, recul de ses cheveux au haut du front, signait une probable propension à une future calvitie. Cependant, le seul examen de la photo du grand-père, sachant que ce petit mal est héréditaire et saute en général une génération, aurait balayé toutes précautions et autres diplomatiques circonspections littéraires ! Le grand-père était plus chauve que le mont du même nom, ou mieux encore, que le plus glacé des icebergs de ses origines ; bref, un crâne d'œuf !

Raoul allait dire quelque chose à sa femme, quand son téléphone portable se mit à sonner ! Raoul retourna sa veste qu'il tenait sur son épaule, la coucha sur ses genoux et sortit son portable d'une des poches intérieures :

— Allo ! ... oui, c'est bien moi, Raoul Johansen... oui, oui, je vous situe, nous nous sommes vus tout à l'heure ; vous êtes la secrétaire de monsieur Lapin, le maire d'Étretat qui était absent (porte bien son nom celui-là, pensa Raoul)... un empêchement ?... oui, oui, j'ai bien vu... un autre rendez-vous ? ... d'accord, mais on n'a pas trop de choix, disons demain matin six heures quarante-cinq !... comment ?... un peu plus tard ?... désolé, impossible ! Un autre jour ? ... eh non, impossible aussi !... donc demain matin six heures quarante-cinq ; je suis certain que vous serez mon excellente interprète auprès de monsieur le maire !

La secrétaire du maire lui dit alors qu'elle le rappellerait pour confirmer le rendez-vous dès qu'elle aura vu le maire ; il acquiesça, mais en précisant, secrètement amusé, « avant demain matin, si possible ! » Puis après les conventionnelles amabilités d'au revoir, ils raccrochèrent. Aussitôt sa femme, qui avait suivi la conversation au travers des paroles de son mari, se redressa et, tournée vers lui, la mine offusquée, lâcha :

— T'es gonflé quand même, Ralf ! Six heures quarante-cinq du matin !

— Écoute, Barbara, quand tu as affaire à un type qui t'oppose sa fonction pour faire semblant d'être puissant et que tu sais qu'il est, en fait, aux abois concernant le sujet à traiter, il faut le coller au mur au plus vite, qu'il ne puisse plus reculer et te faire perdre du temps pour gagner quelques avantages que, de toute façon, tu ne lui accorderas pas. Or, la réfection des tennis a un coût que la mairie est incapable d'assurer et l'abandon inévitable de cette activité sportive aurait un effet désastreux sur sa réélection prochaine. Conclusion, s'il veut que les Étretatais et les estivants disposent toujours d'un club de tennis de bonne qualité, il n'a aucune autre solution que de vendre la concession pour une exploitation privée ; et c'est ce que je lui propose, mais à mon prix !

— Tu lui proposes ? Tu voulais dire, mon chéri que tu lui imposes, non ?

— Question de dialectique rendant les discutions plus faciles, ma chérie ; cela évite de devoir sourire aussi ostensiblement que faussement !

— Je vois, dit-elle d'un ton fataliste, en reprenant sa position allongée sur son transat avec un long soupir.

— Que veux-tu, il faut toujours rester digne et ne jamais avoir l'air de se vendre ! conclut-il avec, cette fois, un doux sourire pour sa femme.

Puis, il lui tapota gentiment la cuisse, se leva et :

— Allez, Barbara, bouge-toi ! On va voir Jean-Paul. Je monte déposer ma veste et te reprends en redescendant.

— D'accord, mais n'oublie pas, enlève aussi ta cravate ! lui lança-t-elle, un peu comme une gentille vengeance.

Chapitre II

Le lendemain.

Hier, Raoul et sa femme Barbara avaient passé un moment sympathique chez leurs amis, Jean-Paul et Olivia. Avant de se quitter, les deux hommes s'étaient mis d'accord pour se revoir aujourd'hui, après l'entretien de Raoul avec le maire dont, pour eux, l'issue ne faisait aucun doute ; leur but était d'aller ensemble évaluer les travaux de rénovation des tennis. Les deux hommes, outre leur amitié, se connaissaient professionnellement très bien ; Jean-Paul était architecte, spécialisé sur les sites sportifs et avait déjà officié sur des projets menés par Raoul.

Il était maintenant dix heures du matin ; Barbara pensa à juste titre que le rendez-vous avec le maire était à coup sûr terminé depuis longtemps et que Jean-Paul et Raoul, après une petite remise en forme au bistrot, Le week-end, sur la place de la mairie, devaient être en plein examen sur place d'une refonte complète des tennis, tant l'entretien, depuis plusieurs années, avait été négligé. En conséquence de quoi, Barbara décida d'en profiter pour descendre sur la plage et se baigner avec quelques volontaires ; l'occasion de tester le niveau de froid de l'eau étretataise, ce qui reste un grand et éternel sujet de conversation, alors que, en cet endroit, cependant merveilleux, depuis la nuit des temps, la température de l'eau oscille invariablement, en été, entre 16 et 18° ! À noter, toutefois, en rendant aux Césarines ce qui leur appartient et donc l'hommage qu'elles méritent, que les volontaires sont surtout des amies femmes, car, si la volupté de leurs galbes était appréciée des amis hommes, pour l'heure, elle offrait à ces dames et demoiselles, l'avantage de mieux « tenir », que leurs amis hommes, dans la froideur des flots ; une des caractéristiques du genre féminin bien connue ! Mais, concernant les amis hommes, il convient, quand même, de faire exception pour ceux dont la surcharge corporelle, ennemie mal venue à terre, trouvait là, dans cette mer normande, une certaine utilité !

Forte de cette pensée, sourire un brin ironique aux lèvres, la très belle Barbara, son opulente blondeur ramenée en un chignon un tantinet folâtre, allait de sa souple démarche sur le Perrey (la digue), en direction de l'escalier qui desservait son emplacement préféré sur les galets, quand, à hauteur du club nautique, un gentil toutou se précipita sur elle pour lui faire la fête : Arsouille !

— Ah ! désolé, madame ! Quel indiscipliné ! s'exclama l'homme qui vint aussitôt récupérer le chien.

— Encore tout jeune, c'est pour ça ! en convint la jeune femme qui reconnut le surveillant qui, hier, avait rappelé les enfants et s'était excusé depuis l'entrée de l'hôtel sur le chemin de falaise.

— Ma parole, il est amoureux de vous ! s'exclama le surveillant qui tentait difficilement de raccrocher la laisse au collier d'Arsouille.

— Tant que ça, vous croyez ! répondit Barbara pour la forme.

— Eh oui et on le comprend ! crut bon de rajouter le surveillant.

— Trop tard ! Le pauvre ! commenta Barbara, histoire de contrer toute idée de drague dans la tête du surveillant, mais sans cesser de caresser le chien.

— Où sont les enfants ? s'enquit-elle en jetant un regard circulaire

— Douze sont partis, bien sûr accompagnés, vers Bénouville où un déjeuner les attend à l'auberge ; ils ont pris le chemin du milieu, vous savez c'est le chemin qui traverse la campagne entre l'itinéraire traditionnel routier et le chemin de falaise…

— Oui, oui, je le connais bien. Et les autres enfants ? insista le jeune femme, impatiente de savoir où étaient Lucie et son p'tit frère.

— Comme j'allais vous le dire, dix autres sont au club hippique du Tilleul pour des séances de découverte du monde des poneys et une initiation ludique et…

— Lucie et le petit ? s'obstina Barbara

Elle était accroupie, Arsouille serré contre elle.

— Lucie et son faux p'tit frère ? Mais ils sont là ! Regardez, à côté des voiliers, avec le troisième groupe, pour une initiation marine.

Barbara se redressa et vit, effectivement, les enfants, équipés de gilet de sauvetage jaune, s'affairer autour des bateaux. Le surveillant lui expliqua que les enfants étaient confiés aux monitrices et moniteurs du club nautique et qu'ainsi, lui avait pu se charger du chien pour libérer les deux gosses. Barbara approuva et le félicita pour sa gentillesse. Mais profitant de l'expression « faux » p'tit frère qu'il avait employée, elle lui fit part de son étonnement. Le surveillant sourit et, sur un ton amusé, dit ne pas être surpris qu'ils se soient présentés à elle comme frère et sœur, alors que ce n'était pas du tout le cas, mais que, par contre, il était vrai qu'ils se comportaient comme tels. Il rajouta qu'on ne savait pas pourquoi, mais que, dès que le petit était arrivé au pensionnat, Lucie l'avait pris en charge car le petit s'était jeté dans ses bras et depuis, il est même très difficile de s'interposer ! Leur réciproque affection est telle, précisa le surveillant, que, très souvent, quand le petit avait un coup de cafard, le soir au coucher, dès les lumières éteintes et après passage du surveillant de permanence, il se levait silencieusement et, à pas de loup, allait secrètement dans le dortoir des filles retrouver sa « grande sœur » et dans son lit, se blottir contre elle, sûrement pour éponger ses larmes. Le surveillant rajouta qu'il l'avait su quand, un matin, sa collègue, en charge des filles, réveilla leur dortoir et que le petit était toujours dans les bras de Lucie, tous les deux surpris encore dans leur sommeil. La collègue en fut toute émue, mais dut quand même en référer à sa direction.

— Et alors ? balbutia Barbara, aussi émue que la « collègue » semblait l'avoir été.

— Eh bien, Lucie et Octave furent évidemment grondés…

— Octave ?

— Oui, Octave est le prénom du petit. Il ne vous l'avait pas dit ? s'étonna le surveillant.

— Non, mais s'il vous plaît, continuez !

Malgré ses efforts pour se contenir, Barbara avait dit cela sur un ton où l'impératif le disputait à la supplique, ce qui n'échappa pas au surveillant qui voulut alors la détendre en lui disant, en riant, qu'elle était trop émotive et que bien entendu les enfants furent réprimandés, mais pas torturés !

Barbara en convint et s'excusa de son émotion par un sourire et un hochement de tête pudique ; ce qui ne l'empêcha pas, le regard fixé sur Lucie et Octave poussant joyeusement leur petit voilier vers les flots, de solliciter la suite avec une indiscutable impatience ! Le surveillant, que l'attitude de la jeune femme avait rendu un brin perplexe, fixa un instant son visage et, après quelques secondes d'hésitation, lui demanda si elle n'aurait pas aussi connu l'orphelinat. Barbara, un peu troublée, lui avoua qu'elle avait, en effet, été pensionnaire, mais pas tout à fait dans un orphelinat ; puis il y eut un court silence avant qu'elle ne rajoute « en tout cas, pas comme celui-ci » ; mais sa dernière précision fut dite sur un ton d'une étrange neutralité, qui put tout aussi bien être interprétée comme l'attribut du pire ou du mieux, et le surveillant en resta sur sa faim. Mais un peu gêné quand même d'avoir visiblement poussé la jeune femme dans ses retranchements, il cherchait dans sa tête comment il pourrait dissiper ce léger malaise, quand elle le remit sur rail :

— Et le chien ?

— Le chien ! Ah, il nous a posé un vrai problème !

— Pourquoi ? s'enquit-elle un peu sèchement, comme si elle s'apprêtait déjà à défendre le chien des enfants.

Et le surveillant d'expliquer que le règlement ne permettait pas les chiens dans la pension ; mais que, quand il le fut rappelé aux enfants, la nuit même, ils allèrent en secret libérer le chien qui avait été enfermé dans le garage en attendant d'être remis le lendemain à la SPA, et, dans la foulée, fuguèrent avec Arsouille ! Heureusement, le jeune chien, trop content de retrouver Octave et Lucie, aboya joyeusement, ce qui alerta la concierge. Mais le temps qu'elle réalise, sorte de ses draps et avertisse les surveillants de permanence, les gosses avaient déjà fait du chemin dans la ville ! Heureusement, répéta encore le surveillant, que c'était en début d'été, quand il a fait si chaud, car ils ne furent retrouvés qu'au petit matin, endormis et blottis tous les deux contre le chien, bien cachés derrière les grosses poubelles d'un restaurant. Ce furent les éboueurs qui les trouvèrent et, bien entendu, les retinrent aussi gentiment que possible ; et l'information, de portable en portable, permit à l'équipe de recherche d'arriver et de les ramener au pensionnat.

— Et là ? questionna la jeune femme, méfiante.

— Eh bien, il y eut un long conciliabule dans le bureau de la directrice de l'orphelinat ; tous n'étaient pas d'accord, alors, chacun fut chargé d'y réfléchir et de donner sa solution le plus vite possible car après, il y aurait un vote ; c'est ça, madame le collectif ! Mais ce n'est pas forcément un bon truc, vous savez, parce que, avec les gosses on n'a pas tous la même objectivité, question d'affect. En attendant, Arsouille fut obligé de coucher au garage et les gosses autorisés à s'en occuper le jour et uniquement dans la cour ; mais naturellement cela ne devait qu'être temporaire.

— Oui, mais la suite ? s'impatienta Barbara

— Une vraie révolution !

— Vous dites ? s'exclama Barbara

— Oui, oui, je dis bien une vraie révolution ! confirma le surveillant.

Puis il expliqua que le verdict punitif mit du temps à éclore, plusieurs jours, et pendant ce temps-là, Lucie et Octave craignant qu'on leur enlève le chien dans leur dos pendant qu'ils dormiraient, décidèrent de prendre discrètement Arsouille la nuit avec eux. Mais encore une fois, ils furent découverts au petit matin, tous les trois, dans le lit de Lucie, en plein sommeil, tandis que le chien, tout heureux entre eux deux, lui, battait de la queue ! Faut les comprendre, madame, ce sont des enfants et ils ont besoin de dormir, alors ils se font surprendre ! Malheureusement pour eux, leur conduite accéléra le verdict. Aussi, lorsque la décision de remettre le chien à la Spa fut validée et qu'elle fut annoncée à Lucie et Octave contre un passer-outre sur leur désobéissance, dans l'heure qui suivit, une véritable bronca de tous les pensionnaires éclata ! Filles et garçons se réfugièrent dans les dortoirs du premier étage, retournèrent les lits en barricade sur le palier, juste à l'entrée du couloir, pour en interdire l'accès et protéger Arsouille ; Arsouille, devenu instantanément mascotte du pensionnat et que Lucie et Octave avaient caché derrière une montagne de draps et de couvertures. Barbara ne put s'empêcher discrètement d'en rire, éprouvant dans son for intérieur un indiscutable plaisir rebelle ! Une réminiscence de son enfance ? Possible, mais le surveillant n'eut pas eu l'air de s'en apercevoir et continuait de parler :

— Vous comprenez bien, que devant l'entêtement des enfants, malgré les menaces de punition en tout genre, la direction de l'orphelinat dut céder ; c'était sûr, quelle punition sérieuse pouvez-vous donner à des gosses qui sont déjà injustement punis par le destin ! et donc, conformément au vote des encadrants, la direction autorisa que le chien restât au pensionnat, à la condition que Lucie et Octave promissent de s'en occuper tel que défini dans la décision ; pas question qu'Arsouille se balade partout dans le pensionnat !

La jeune femme le félicita ainsi que ses collègues, en appuyant sur le fait que cette décision ne pouvait être que bénéfique pour ces enfants auxquels la vie n'avait, en effet, jusque-là pas fait de cadeau. Le surveillant la remercia mais rajouta que, de toute façon, le plus dur était encore à venir et que, d'ailleurs, cela n'allait pas tarder, parce que... mais il se reprit et s'excusa de ne pouvoir en dire plus pour le moment car il devait la laisser ; il lui fallait faire un premier point avec la responsable du club nautique. Subitement alertée par l'expression du surveillant « le plus dur était encore à venir », Barbara sentit aussitôt monter en elle une bouffée d'inquiétude pour les deux enfants ; aussi, elle aurait bien souhaité entendre la suite, mais ne voulant pas laisser apparaître son trouble et pour se garantir une occasion prochaine qui lui en ferait connaître la signification, elle se contenta d'une simple proposition :

— Laissez-moi Arsouille, si vous voulez, en attendant que vous soyez libéré ou que les enfants reviennent, proposa Barbara, trop contente aussi de trouver un motif pour revoir les « faux » frère et sœur.

Le surveillant hésita deux secondes pour le principe, puis la remercia en lui tendant la laisse du chien et s'éloigna vers la cabine du club nautique. Barbara accrocha, elle, sans difficulté la laisse au collier d'Arsouille qui, d'ailleurs, ne semblait pas du tout décidé à se passer de ses caresses pour patienter aux pieds d'un surveillant ! La jeune femme balaya alors du regard les flots pour localiser la flottille et en repérer le petit bateau de Lucie et Octave ; mais elle dut se faire une raison, si la flottille était bien visible, reconnaître les jeunes apprentis marins était impossible compte tenu de la distance et de la réverbération. Par contre, elle eut un sourire amusé, à remarquer dans son champ de vision une jolie et bien bronzée responsable de club nautique, sur le pas de la cabine du club en question, embrasser le surveillant aussi tendrement que l'autorisait le contexte public ! Barbara attendit le temps qu'ils reprennent une attitude plus conventionnelle, puis elle les rejoignit pour dire au surveillant qu'elle allait s'éloigner avec le chien vers ses amis, en amont à l'autre bout de la plage, mais qu'elle reviendrait dès que les petits voiliers des enfants auraient réabordé les galets ; ce qu'elle pourrait facilement voir de son emplacement. Tandis que le surveillant formulait son accord, la jeune et jolie monitrice en chef fit alors preuve d'une expertise très féminine consistant, dans un simple hochement de tête et dans un silence glacial, à décocher son plus beau sourire tout en jetant un regard de vipère assassine sur la nouvelle venue ; d'autant plus que la nouvelle venue en question avait l'affront de diffuser une indiscutable attirance ! Que les éventuelles concurrentes se le disent : « passe ton chemin, salope ! ». Barbara, femme aussi jusqu'au bout des ongles, en rit sous cape, ravie d'avoir, une fois de plus, la meilleure preuve de son indéniable beauté, et donc, après avoir eu l'acquiescement du surveillant, avec un vrai savoir-faire, elle tourna négligemment les talons, mais non sans élégance, et s'éloigna de sa démarche aussi souple que sensuelle ; et le surveillant fut immédiatement rappelé à l'ordre par un bon coup d'épaule de sa vipérine dulcinée des plages !

Barbara, ayant effectivement rejoint ses amis, fut accueillie par une joyeuse ovation qui mit Arsouille dans un état de gaieté si démonstratif que, pour faire la fête à tous, il retourna serviettes de bain, petits tas d'habits initialement bien empilés et sacs de plage divers et variés, sans omettre de renverser sur le dos l'un des amis qui, assis, bras ouverts pour l'accueillir, le reçut plein thorax, ses lunettes de soleil valsées par un affectueux coup de langue !

Le bain fut sympathique ; à plusieurs, l'eau froide paraît moins froide, bien que toujours aussi froide ! Étretat oblige ! Néanmoins, il est bien connu que, du Havre à Calais, si la Manche offre un extraordinaire éventail de couleurs variables suivant l'heure, la marée, les fonds marins, la blancheur des falaises et les tempêtes, elle garde sur toute la côte une identique fraîcheur de frigidaire... pour qui n'a, comme protection, que sa peau de pur-sang ! Tout le monde n'a pas la veine d'avoir un phoque dans sa lignée ; mais au-delà de la frontière nord, on s'en fout, car ce n'est plus chez nous ; tant pis pour eux ! Bref, après baignades et re baignades entrecoupées de discutions hautement philosophiques du genre de celles énoncées ci-dessus et typiques des cerveaux en vacances, Barbara, voyant la flottille se diriger vers la plage, réunit ses affaires et, Arsouille en bout de laisse, s'en retourna vers l'espace du club nautique.

Quand remontée des galets et débouchant du petit escalier, Barbara mit le pied sur le Perrey, Raoul, qui arrivait à l'instant, accueillit sa femme en l'embrassant ; mais surpris de la voir avec Arsouille en laisse, il lui en demanda bien évidemment la raison. Barbara prit alors son mari par le bras et, tout en lui expliquant le pourquoi, le dirigea vers les « Caloges[1] » pour boire un verre, le temps que les enfants abordent la plage et assurent leurs obligations d'apprentis marins de retour sur la terre ferme. Donc, trois minutes plus tard, une fois installés à une table, elle ajouta que, n'étant plus en exercice professionnel, il pouvait

1 Les caloges sont deux imposantes barques de pèches, des caïques de leur vrai nom d'origine, recouvertes d'un toit de chaume et reconverties en bar devant la mer, en bordure du Perrey.

maintenant enlever sa cravate ; sa propre tenue, un peignoir de bain, tout élégant qu'il était, dit-elle en riant, pouvait très bien s'accommoder d'un mari col ouvert ! Beau joueur et souriant, Raoul déposa sa veste sur le dossier de sa chaise et enleva sa cravate ; cravate que, d'un geste rapide autant que farceur, elle lui confisqua aussitôt de crainte qu'il ne la remit par réflexe quand ils repartiraient. Malicieuse intervention qui mit Arsouille en joie, croyant devoir courir rechercher la cravate qui, dans son esprit de chien, allait d'une seconde à l'autre, être jetée au loin. Mais Barbara qui, penchée vers son sac de plage, comptait bien y mettre la cravate à l'abri, n'en eut même pas le temps ! Encore plus vif qu'elle ne le fut pour en dessaisir son mari, d'un subit coup de mâchoire, Arsouille la lui vola et, dans la foulée, secoua frénétiquement la tête de gauche à droite et de droite à gauche, tout content de la mettre aussitôt en lambeaux, sous les rires étouffés des autres clients ! Effarement de Raoul ! Rire contenu de Barbara, les deux mains cachant son visage, mais laissant seulement ses grands yeux, surdimensionnés de stupeur, libres de surveiller la réaction de son mari. Mais à son grand étonnement, Barbara vit son mari prendre un air fataliste, très vite chassé par une mine réjouie et lui dire, tout en se retournant pour extraire quelque chose d'une poche de sa veste :

— Bon, évidemment, cette pauvre cravate aura eu une triste fin ; on aurait pu la mettre au placard en attendant que j'y retrouve de l'intérêt, mais finalement ce n'est pas bien grave, j'en étais lassé depuis un moment déjà. Tiens, regarde, en rentrant des Tennis je suis passé par le marché et j'ai acheté celle-ci ! Pas mal, non ? dit-il alors à Barbara tout en lui tendant une nouvelle cravate.

— Pas mal, en effet ; fais voir, dit Barbara, tout sourire, en tendant le bras.

— Holà ! Pas question ! s'exclama Raoul en remettant, par prudence, la nouvelle cravate dans la poche de sa veste.

— Allezzzz, chériiii de mon cœuuur ! Montre-moi ta nouvelle toquade ! insista langoureusement Barbara.

— Tu la verras d'autant mieux quand je la porterai ! Patiente ! Profite mieux à qui sait attendre ! Lui répondit Raoul avec un air ravi, en se recalant contre le dossier de sa chaise.

Barbara allait lui répondre quand Arsouille se mit à aboyer vers la zone du club nautique, mais les aboiements n'avaient rien d'affectif, bien au contraire ; ils alternaient avec des grognements, lèvres retroussées, dents menaçantes ! Barbara s'était levée pour retenir le chien et, tout comme Raoul, elle cherchait du regard à comprendre ; ils n'eurent pas longtemps à attendre : surgissant de derrière un gros voilier à l'échouage sur le haut de la plage, un groupe de gamins avec encore leur gilet de sauvetage sur le dos, semblait bousculer l'un d'entre eux jusqu'à ce qu'il tombe à la renverse sur les galets et se défende par des moulinets de jambes ! Cela ne devait pas être bien grave, les bagarres entre petits garçons sont courantes chez les pensionnaires ; mais quand même, au milieu des cris des gosses, des pleurs commençaient à poindre ; Arsouille tirait furieusement sur sa laisse, se faisant de plus en plus menaçant et Raoul, visage durci, se leva à son tour et héla fortement le groupe de gamins pour qu'ils cessent leur dispute ! Mais rien n'y fit. Contrarié de voir plusieurs gosses s'acharner sur un seul, il se dirigea alors vers le groupe de gamins, mais à mi-chemin, il s'arrêta net sur place ! un véritable missile, sorti de nulle part, s'était jeté sur le groupe et giflait à gauche, frappait du point à droite et finit par disperser le reste à la savate ! Les assaillants prirent la fuite et le combat cessa ! La furie se calma, s'accroupit près du petit rescapé qui tenait dans sa main une étoile de mer puis, se faisant maternelle, prit son p'tit frère dans les bras et, joue contre joue, le consola.

Raoul, ébloui par l'affective détermination de Lucie à protéger Octave, se rapprocha et la félicita de son énergie. Lucie, habituée aux réprimandes des surveillants et autres enseignants consistant à lui rappeler vertement qu'il ne faut pas se battre, mais au contraire raisonner les fautifs, leva vers Raoul ses grands yeux hiéroglyphes tout étonnés ; Raoul en fut saisi ! car alors qu'accroupie, elle enlaçait toujours son « p'tit frère », le cœur palpitant et le souffle saccadé, son visage satiné, encore enfiévré de sa lutte, flamboyait d'un extraordinaire éclat de tueuse le disputant à la tendresse ; une étrange fusion paradoxale portée par le velours profond de ses yeux sombres ; elle en resplendissait ! Raoul ne put secrètement s'empêcher de s'en inquiéter ; même pas treize ans et déjà la physionomie d'une guerrière Amazone resurgie du passé ! À quel avenir cette gamine va-t-elle donc être confrontée ? Mais gardant le silence sur son inquiétude, il lui fit gentiment signe de regarder vers les Caloges, ce qu'elle fit ; son visage, cette fois, reprit une bouille enfantine et, chuchotant à l'oreille d'Octave, elle lui indiqua d'un geste du bras, Barbara et Arsouille, et les deux enfants se levèrent précipitamment pour aussitôt courir vers eux. Si Raoul se posait des questions sur le devenir de Lucie, il laissa échapper un tendre sourire sur Octave à le voir renifler les restes de ses pleurs, les yeux encore humides, mais tout content de cavaler avec Lucie vers sa femme et le chien.

Barbara, qui avait enjambé le petit muret en bordure du Perrey et s'y était assise pour mieux suivre la scène, reçut les enfants dans ses bras ; puis, dans la foulée et de leur propre chef, les enfants s'assirent sur la pierre, Lucie à sa gauche et Octave à sa droite, ce qui, pour son plus grand plaisir, lui permit de les enlacer tous les deux. Mais sans qu'elle eût à le lui demander, Octave leva ses grands yeux bleus tout ronds vers Barbara et lui dit qu'« ils » avaient voulu lui piquer son étoile de mer ; étoile qu'il avait encore dans ses mains et qu'il lui montra comme un trésor. Quant à Arsouille, dressé sur ses pattes de derrière, il passait d'une paire de genoux à une autre pour échanger coups de lèche contre caresses !

Raoul, qui remontait plus lentement de la plage, s'enfonçant de tout son poids dans les galets, ne perdit néanmoins rien des retrouvailles. Dubitatif, ou amusé, ou bien autre chose encore qu'il ne semblait d'ailleurs pas vouloir dévoiler, il atteignit le Perrey ; mais il passa devant eux sans un mot, leur concédant toutefois un large sourire, et ne s'arrêta que quelques mètres plus loin sur le site des Caloges, pour, histoire de réunir tout le monde, installer deux autres chaises de plus à la table que sa femme et lui avaient abandonnée pour cause de « kids battle[2] ».

Voyant cela, Barbara invita les enfants à l'accompagner rejoindre son mari à la table en question ; ce qu'ils firent, sans hésitation, comme s'il s'agissait d'un rite habituel. Dès qu'ils furent assis sur leur chaise, Raoul annonça le programme :

— Pour commencer, Barbara, Bière ou cocktail ? demanda-t-il à sa femme.

— Bière, un demi ; s'il te plaît ; merci chéri ! répondit Barbara en réajustant son peignoir de bain. Puis elle s'adressa aux enfants :

— Et vous, mes petits amis, coca ou jus de fruit ?

— Bière aussi ! lança tout de suite le petit Octave, ses grands yeux bleus plissés de malice et la mine réjouie de sa blague !

— Mais non ! laissa aussitôt tomber Lucie, prenant les adultes de vitesse, tout en collant une bourrade sur l'épaule de son faux p'tit frère. Puis elle rajouta :

— J'veux bien un coca pour moi et un jus d'orange pour le p'tit fou ! Merci beaucoup, madame, et monsieur, c'est très gentil !

— Tu peux nous appeler par nos prénoms, si tu veux ; mon mari s'appelle Raoul, on l'appelle aussi Ralf, c'est son dimunitif, et moi, Barbara.

---

2 Bataille d'enfants

— Ben oui, c'est mieux, parce que la directrice nous a dit un jour qu'il ne fallait jamais dire m'sieurs-dames, mais madame et monsieur ; c'est pour ça que j'vous ai dit madame et monsieur ! Mais sûr, les prénoms, c'est plus facile et pis, c'est mieux quand on s'aime bien !

Barbara le prit en plein cœur et ne trouvait plus les mots pour répondre ; son mari s'en aperçut, il posa alors sa main sur la sienne et, avec son calme habituel, dit qu'il était exact que lui et sa femme les aimaient bien et que, puisqu'ils resteront quelques jours à Étretat, car il y avait des obligations, pendant qu'il travaillera, Barbara sera très heureuse de les revoir et de leur offrir une glace, ou autre chose, quand elle viendra sur la plage pour se baigner. Puis il précisa :

— D'ailleurs on va aller voir votre surveillant pour lui dire tout ça et obtenir son accord ; mais je suis certain qu'il n'y verra pas d'inconvénient ; j'en fais mon affaire !

— Houlà ! Quand Ralf prononce le mot affaire, vous pouvez être sûrs qu'il obtiendra gain de cause ! commenta Barbara avec un sourire lourd de sous-entendus.

— Chouette ! chouette ! chouette ! chouette ! s'exclamèrent, alors, Lucie et Octave s'étant fait subitement face pour, en cadence d'une mélodie secrète, se frapper, bien à plat, les paumes de leurs mains ; leurs mains gauches, puis leurs mains droites et encore les gauches et ainsi de suite… quand :

— Ah ! Eh bien, quand on parle du loup, on en voit… mais Raoul se retint de finir sa phrase ; bien inutilement, car :

— La queuuue ! s'écrièrent les deux enfants en levant les bras au ciel !

Et en effet, le surveillant les aborda en s'excusant et aussi pour remercier les deux adultes de la gentillesse qu'ils offraient aux enfants. Raoul lui expliqua son projet et Barbara ajouta qu'elle pourrait ainsi encore garder Arsouille. Le surveillant acquiesça, mais il eut un air embarrassé en jetant un bref regard en coin sur les enfants. Raoul aussitôt alerté, lui fit un signe discret pour que, comme lui, il se détournât des autres et à voix basse :

— Un problème ?

— Non… enfin si, mais pas tout de suite, répondit le surveillant, gêné.

Raoul prit discrètement le surveillant par le bras pour qu'ils s'écartent un peu tous les deux et la mine un peu tendue, lâcha :

— C'est-à-dire ?

— On va devoir les séparer… murmura à peine le surveillant en regardant ses pieds.

— Comment ça, les séparer ?

— Bon, je vous explique…

Chapitre III

Le surlendemain et les jours suivants.

Le troisième jour fut comme les suivants, sauf que la veille, lors de leur aparté, le surveillant avait, entre autres choses, annoncé à Raoul qu'il y avait des alternances d'activités de prévu pour les gosses, auxquelles Lucie et Octave s'opposaient avec entêtement ! Ils voulaient rester dans l'équipe du club nautique et faisaient des pieds et des mains pour cela ; et comme l'avait alors dit le surveillant :

— Que voulez-vous, Lucie ne se contente pas d'être combative, voire bagarreuse, elle est tout aussi capable d'être tellement aguicheuse, jusqu'à se mettre des faux cils et se maquiller pour encore accentuer la chaleur de son regard ; regard qu'elle accompagne, en plus, par des sourires en diable, vous vous rendez compte ! Franchement, on ne sait pas où elle a appris tout ça, mais à son âge, même pas treize ans, c'en est inquiétant ! Rajoutez, aussi, le charme mi espiègle mi supplique de son petit bonhomme d'Octave, et vous admettrez que personne dans le staff n'a réussi à résister à leur demande ; demande largement appuyée par les jappements d'Arsouille ! Enfin, faut comprendre aussi, pour une fois qu'on les voyait heureux...

— J'en connais une autre qui va en être également très heureuse !

Raoul avait répondu cela en jetant un regard sur sa femme, mais cela ne chassa pas pour autant la perplexité qu'il éprouvait sur l'avenir de Lucie ; d'autant que durant cet aparté, il avait appris quelque chose de bien plus inquiétant ; un fait inéluctable, mais dont il se garda bien pour le moment d'avertir sa femme.

Quoi qu'il en soit, tous les matins, Barbara descendait de l'hôtel pour attendre l'arrivée des casquettes orange et bleue et recevoir dans ses bras Lucie et Octave venus l'embrasser et lui confier Arsouille pendant qu'ils prépareraient leur petit voilier avant d'y embarquer pour une bonne heure ; Arsouille, vecteur d'amour et bon prétexte pour que, chaque jour, les enfants aillent cueillir une inespérée dose d'affection ! Barbara était aux anges !

Quant à Raoul, il en profitait pour préparer son dossier de reprise des tennis y compris les prévisions de travaux. Mais à chaque fois que son timing le lui permettait, cet implacable homme d'affaires tardait un peu le matin, aux Caloges avec sa femme, devant un autre café, histoire, l'air de rien, de voir les gosses débarquer joyeusement ; puis il se levait, les embrassait rapidement, prétendait être en retard, et s'en allait vers « ses obligations » toujours aussi placide. Il arrivait même, lorsqu'il n'avait pu s'attarder le matin, de revenir plutôt que prévu, prétextant avoir dû repasser à la mairie pour une broutille administrative avant fermeture des services. Et c'est lors d'une de ces occurrences, qu'arrivé à hauteur du club nautique pour aller vers les Caloges, qu'il se sentit obligé d'intervenir : en haut de l'espace nautique, un passant, un homme d'une trentaine d'années, s'était arrêté et parlait avec Lucie. Peut-être lui demandait-il un quelconque renseignement sur les activités marines, mais visiblement, cela durait et Lucie semblait bien complaisante et même, allez, inutile de se voiler la face, pensa Raoul, elle y mettait un certain plaisir qui se reflétait sur son visage, vu ses sourires enjôleurs et son regard de braise ; manifestement, elle jouait de son charme débordant, renforcé par une attitude qui se voulait bien lascive, mais, en tout cas, pas de son âge, s'insurgea alors Raoul ; d'autant que son comportement se fit, ni plus ni moins, langoureux, quand elle sollicita l'aide du passant pour se défaire de son gilet de sauvetage ! Là, c'était trop ! Raoul, qu'elle n'avait pas remarqué, tout à son manège qu'elle était, s'interposa aussitôt :

— Un renseignement, monsieur ?

L'homme, surpris, balbutia un remerciement et, sans demander son reste, passa son chemin ! Lucie, rouge de confusion, baissa alors la tête, ce qui prouvait bien qu'elle était tout à fait consciente de sa conduite. Mais Raoul mit cela sur le compte d'une précocité inconsciente et mal maîtrisée et, pour ne surtout pas appuyer sur l'inopportunité de la scène, avec un grand sourire, il l'invita à l'accompagner rejoindre Barbara et Octave à leur table :

— Viens, fillette ! un coca ?

Le mot fillette n'était pas anodin, tout affectif qu'il était, il ramenait Lucie à sa toute jeune adolescence. L'incident ne se renouvela pas et Lucie, comme s'il n'y avait jamais eu d'écart, redevint aussitôt l'affective enfant, qu'elle était toujours, et grande sœur protectrice pour le petit Octave. Raoul n'en dit rien à sa femme et fit mine d'oublier, car dans son for intérieur, la perplexité qu'il avait déjà ressentie, quant au devenir de Lucie, n'en était que renforcée.

Mais vint un soir, au cours du dîner, où Barbara, visage tout chagriné, annonça à son mari que dans quinze jours, les enfants ne pourraient plus venir en raison de la rentrée scolaire à préparer. Raoul ponctua cette nouvelle en soulignant qu'il fallait s'y attendre, mais que les enfants bénéficiaient encore de quinze jours de vacances et qu'elle devait en profiter ; et de plus, rajouta-t-il, il leur sera toujours possible de prendre de leurs nouvelles. Enfin… partiellement ; mais ça, il se garda bien de le dire !

Donc, avant la date fatidique du départ des petites casquettes orange et bleue, le protocole des rencontres se déroula avec toujours les mêmes affectives attentions. Mais lors des soirées tranquilles, après le dîner, devant un verre d'alcool pris confortablement installés sur la terrasse/esplanade de l'hôtel, sous les lumières intimistes des lampadaires de jardin, Barbara devenait mélancolique, d'autant que la nuit étoilée favorisait aussi les pensées secrètes. Raoul faisait ce qu'il pouvait pour redonner à sa femme vivacité et gaieté, mais dès l'histoire, la blague, la bonne nouvelle ou dernière info émise, son effet disparaissait et cédait de nouveau la place à la mélancolie. Alors, un soir, Raoul, qui jusqu'à ce jour, n'avait pas voulu pousser sa femme dans ses retranchements, lui prit doucement la main et lui dit :

— Barbara, ma chérie, si on s'occupait un peu de nous, maintenant ?

Barbara, qui avait le regard perdu dans les étoiles, savait très bien ce que signifiait la demande de Raoul ; elle s'attendait depuis, maintenant plus d'un mois, à devoir se décider.

Aussi, elle tourna doucement la tête vers son mari, laissa passer un moment de silence, le dévisageant comme pour y deviner sa réaction par avance ; mais elle hésita encore et, s'offrant un ultime temps de repli, elle murmura :

— C'est-à-dire ?

— Si tu me disais enfin ce qui te tracasse et t'empêche de choisir ?

Elle resta encore silencieuse quelques minutes, puis, consciente qu'elle ne pourrait plus reculer indéfiniment, elle lui retourna la question pour ne pas se sentir seule pour une telle décision :

— Et toi… tu préfèrerais quoi ?

– Te faire plaisir, ma chérie ; mais c'est toi qui devras faire l'effort et je comprendrais très bien que tu choisisses l'une ou l'autre solution. Mais tu le sais bien, on en a déjà souvent et longuement parlé. Je pense que, de toute façon, quel que soit ton choix, cela te sera bénéfique et je te suivrai, car je ne veux plus te voir mélancolique.

— Compte tenu de mes problèmes, le médecin m'avait bien avertie que le pourcentage de réussite ne serait pas de cent pour cent, précisa Barbara sur un ton dubitatif.

— De même que pour une fécondation naturelle, ma chérie ! Sinon, on aurait des classes maternelles de cent mille élèves ! commenta Raoul pour détendre l'atmosphère.

Barbara sourit, mais se tut ; elle s'était replongée dans sa réflexion. Puis :

— Même avec un parcours difficile, si j'avais eu une sœur, je crois que j'aurais accepté qu'elle portât notre bébé…

— C'eut été effectivement une bonne solution.

— Mais je n'ai pas de sœur… ça me gêne de confier notre bébé au ventre d'une étrangère.

— Ça, je le comprends très bien, ma chérie ! Donc, tu choisis l'adoption ?

— Oui, c'est plus raisonnable, si tu es toujours d'accord, bien sûr ! J'ai trop envie d'un petit ; les petites casquettes orange et bleues ont encore plus ravivé ce besoin.

— Eh bien, ma chérie, il faut considérer que c'est un cadeau que nous allons nous faire réciproquement ! Tu vois, la vie est belle !

Puis Raoul dit à sa femme que, dès rentrés à Paris, ils mettraient à exécution leur projet ; ce qui lui laissait encore un peu de temps pour affermir sa conviction. Barbara se jeta contre lui pour s'y blottir, les yeux encore humides, mais d'émotion cette fois ; puis elle se redressa, prit la main de son mari et lui dit avec un grand sourire tendre :

— Viens, on va s'aimer !

Le lendemain :

Raoul avait dû inopinément retourner à Paris pour ses affaires. S'il était capable de beaucoup de tendresse pour les siens, il était professionnellement intraitable et même souvent implacable ; son groupe de sociétés faisait vivre suffisamment de monde pour qu'il ne laissât apparaître, dans l'exercice de ses fonctions, aucune faiblesse, et il opposait à ses détracteurs que c'était la seule façon de garantir, à tous ses personnels, une sécurité et un confort durables. Pour ce faire, il n'hésitait pas à sortir des chemins traditionnels. Ainsi, son groupe avait pris une importance telle qu'il menaçait l'emprise de l'État sur les énergies et notamment sur leurs techniques d'importation et, d'autant plus, qu'il prévoyait absorber un concurrent néerlando-germanique ; il fut alors menacé de nationalisation. S'y attendant, il absorba quand même le concurrent néerlando-germanique, mais en ayant pris soin, avant, de mettre une parade au point : chacune des sociétés de son groupe avait une « jumelle », une société légalement en bonne et due forme, mais inactive, donc absente du combat économique et du fait même invisible. Le rôle de la jumelle était, en cas de nationalisation, de recevoir immédiatement par glissement, tous les trafics de la société première, sachant que les personnels disposaient également d'un double contrat qui les rendait opérationnels dans le « sosie » économique, sans qu'ils aient à se soucier d'une quelconque modification de leurs fonctions ! Bien entendu, il en allait de même dans les contrats avec la clientèle et les fournisseurs, qui y voyaient là une indiscutable sécurité ; tout associé étranger ne pouvait qu'évidemment apprécier que ses intérêts fussent à l'abri de la main de l'État français. Mais mieux encore ! Toutes les sociétés sosies avaient également en tiroir un autre double inconnu et ainsi de suite ! Raoul savait très bien que, si l'état s'aventurait à le nationaliser, se retrouvant aussitôt avec une coquille vide, pour un coût très conséquent, il réfléchirait sérieusement à sa bévue et ne recommencerait sûrement pas avant d'avoir trouvé le moyen juridique de contrer le dispositif de Raoul ; mais là, l'équipe d'avocats de Raoul avait si bien fait les choses qu'il faudrait au moins trois quinquennats pour trouver la faille, si faille il y avait ! D'autant qu'il eut fallu changer la Loi française qui garantissait la liberté de commerce, ce qui était impossible sans mettre en péril les principes même de la démocratie ! Or, en ce beau pays qu'est la France, rien n'empêche un contrat commercial quelconque d'être vendu, cédé ou renégocié totalement ou partiellement autant de fois que l'intérêt des signataires le demande !

Bref, Raoul réglant à Paris la question l'y ayant fait revenir, Barbara était donc seule, ce jour-là, mais elle avait retrouvé sa gaieté et, le matin au Caloges, Lucie, son petit Octave et les facéties d'Arsouille avaient encore renforcé sa bonne humeur. Il faisait déjà chaud et les enfants voulurent garder seulement leur maillot sous le gilet de sauvetage. Lucie enleva son tee-shirt qu'elle confia à Barbara et mit son gilet tandis qu'Octave se contorsionnait dans son tee-shirt qui semblait ne pas vouloir le quitter ! Lucie prit un air fataliste et :

— C'est toujours comme ça, m'da... euh, Barbara ! y s'coince toujours dans ses fringues ! dit-elle en finissant d'attacher son gilet.

Barbara, amusée, se pencha de sa chaise sur Octave et remit de l'ordre dans la procédure du déshabiller ! Mais curieusement, elle se figea, le regard sur l'épaule dénudée du petit ; ce fut court, quelques secondes seulement, pas plus, avant de lui enfiler son gilet et de le lui fixer avec un sourire de tendresse ; puis elle les laissa courir vers les voiliers. Arsouille posa alors doucement sa tête sur les genoux de Barbara, puis aussi une patte, comme pour demander qu'elle le prenne dans ses bras ; mais il était trop lourd, Barbara se contenta de le caresser, elle se courba même pour lui déposer un baiser entre les oreilles !

Sur la petite table, le serveur déposa la tasse de café commandée, et ne put se retenir de lui dire que le chien semblait beaucoup l'aimer, qu'elle avait dû le faire naître, ou l'avoir tout petit. Barbara murmura quelque chose de gentil en réponse, mais, en son for intérieur, elle reconnaissait que l'attirance, qu'Arsouille avait, d'emblée, manifesté à l'inconnue qu'elle était pour lui, était étonnante ; d'autant plus curieux, se dit-elle, qu'Arsouille était très attaché aux enfants ; il avait donc déjà trouvé une famille, mais à croire qu'il l'ait étendue jusqu'à moi, sa famille, se dit-elle encore en en ressentant un secret plaisir. C'est vrai que, lorsqu'elle les avait emmenés prendre une glace rue Alphonse Karr[1], Lucie, gourmande, gambadait devant, mais elle tenait Arsouille en laisse de sa main gauche et le petit Octave de sa main droite ; elle avait eu alors cette surprenante impression d'être, au milieu d'eux, le facteur déterminant d'un même courant allant de l'un à l'autre ! Une réminiscence inattendue de ses cours de math et de psycho en une fusion paradoxale ? Intéressant ! auraient commenté ses profs de l'époque ; elle en avait ri toute seule !

Sur la plage, quand, sous le contrôle de la jeune et jolie monitrice en chef, les enfants eurent mis leurs petits bateaux à la mer, Barbara alla rencontrer le surveillant ; ils eurent un très court aparté qui, au vu de leur sourire réciproque, sembla signifier un accord. Barbara, en effet, s'en retourna la mine indubitablement réjouie et, toujours accompagnée d'Arsouille, une fois remontée sur le Perrey, le traversa pour, juste derrière les Caloges, descendre dans le bourg en s'enfilant dans la rue Alphonse Karr, avec une idée bien en tête. Puis, la matinée se déroula

1 La rue Alphonse Karr est la rue principale commerçante d'Étretat qui va en droite ligne de la plage au centre du bourg.

comme prévu, les enfants prirent leur plaisir d'apprentis marins et Barbara put prendre son bain avec ses amis et même avec Arsouille, la mer aujourd'hui caressant doucement les galets par le va-et-vient de toutes petites vaguelettes !

À midi, Barbara se sécha, remit son peignoir de bain, redonna une forme acceptable à sa chevelure, puis utilisant la cabine d'une amie, elle se changea pour une tenue plus civile et réunissant ses affaires dans son sac de plage, elle salua ses amis et s'en retourna ; Arsouille, lui, se sécha en saluant tout le monde aussi, mais à sa façon : un brusque ébrouement et d'allègres battements de queue qui soulevèrent aussitôt de subites exclamations ; exclamations qui n'avaient évidemment manifestement rien d'une belle ovation !

Barbara éclata de rire et s'enfuit avec Arsouille en courant vers la rue Alphonse Karr.

Quand elle en revint, elle avait en plus de son sac de plage en bandoulière, un autre sac, volumineux, qu'elle tenait à la main et qu'Arsouille tentait, au bout de sa laisse, mais sans succès, d'en découvrir le contenu !

Barbara avait bien calculé son coup ! Le temps de se rhabiller sur la plage, d'aller chez le commerçant, de faire la queue et de revenir vers le centre nautique, les enfants finissaient leur déjeuner. Il est vrai qu'elle avait déjà passé sa commande ce matin. Bref, elle descendit sur les galets et, avec la complicité du surveillant, s'installa au milieu des enfants réunis au centre des petits voiliers remontés à l'échouage ; Octave et Lucie vinrent aussitôt s'asseoir à ses côtés. Barbara dit à Lucie de tenir Arsouille, qui, de coups de tête et de battements de queue, sentait le bon moment venir ; puis Barbara dévoila enfin le contenu du fameux sac : quatre gros fraisiers à partager entre les vingt et un enfants ! Cette fois, l'ovation prit tout son sens ! Et même la jeune et jolie monitrice en chef réussit à donner au vert panthère de ses yeux une touche de douceur ; c'est dire !

Lorsque les emballages carton des quatre gâteaux furent totalement vidés de leur contenu et de surcroît méticuleusement léchés par Arsouille, le surveillant appela les enfants à se réunir pour rejoindre l'autocar qui devait les attendre sur le parking Charles de Gaulle, juste en contrebas derrière les Caloges ; l'autocar devait les emmener à Fécamp pour une visite du port et un parcours en mer, au large de la côte d'Albâtre[2] à bord d'une vedette réservée à cet effet. Mais tandis que les casquettes orange et bleues se dirigeaient vers le parking dans une discipline très relative, le surveillant, resté en arrière, s'enquit auprès de Barbara si son mari serait là en fin de journée. Barbara lui répondit que Raoul ne rentrerait de Paris que tard dans la nuit, mais qu'elle pourrait lui transmettre un message si nécessaire. Le surveillant ne voulant pas l'importuner, lui demanda s'il pouvait l'appeler sur son portable ; c'était à propos des tennis, précisa-t-il. Pensant qu'il comptait peut-être y organiser quelque chose pour les enfants, Barbara lui communiqua l'un des trois numéros de son mari, celui destiné aux appels dits « monsieur tout le monde », c'est à dire non professionnels ni personnels. Le surveillant la remercia et rejoignit les enfants qui s'engouffraient joyeusement dans l'autocar.

Barbara, une fois de plus, mais toute contente, avait gardé le chien avec elle ; il était convenu qu'elle le leur ramènerait au camping, dès que le surveillant la préviendrait de leur retour par un message SMS. Puis elle prit le chemin du club de golf pour tenir compagnie à son amie Olivia pendant que Jean-Paul, son mari, s'évertuait à désherber le parcours du golf en question !

Arsouille ayant réintégré le camping des enfants, vint l'heure du dîner qui eut lieu sur la terrasse du restaurant du Casino, face à la

2 Région côtière du pays de Caux nommée ainsi en raison de la couleur des falaises.

mer, auquel, naturellement, participèrent Olivia et Jean-Paul, mais aussi trois autres de leurs amis. Jean-Paul, qui, on ne sait pourquoi, était couramment la visée préférée des goélands s'allégeant en plein vol, vérifia bien que l'envergure du parasol était suffisante pour les en protéger ! Et pendant que les convives s'amusaient des défenses anti aériennes de Jean-Paul, Barbara reçut un coup de téléphone de Raoul ; elle se leva et s'écarta pour répondre.

— Ma chérie, je ne serai pas rentré avant une ou deux heures du matin, car j'ai encore un dernier dîner de mise au point auquel je ne peux malheureusement pas déroger. Ne m'attends pas, je te retrouverai dans ton sommeil ! Par contre, demain nous avons rendez-vous avec l'A.S.E, L'Aide Sociale à l'Enfance pour une première approche des formalités d'adoption ; il s'agit seulement que nous nous rendions compte du contexte et soyons informés de la bonne marche à suivre pour être le plus à l'aise possible, le jour où nous aurons décidé de passer à l'action. Je t'en reparlerai demain matin. Passe une bonne soirée et un bon début de nuit, je me charge de la suite ! Je t'embrasse.

Barbara lui formula son accord et, trouvant l'idée du premier rendez-vous à l'A.S.E excellente, lui dit qu'elle l'attendait avec impatience ; et, bien sûr, elle l'embrassa virtuellement, pressée que le tangible y succéda !

Bien entendu, Raoul n'avait pas averti Barbara que, dans deux jours, la séparation de Lucie et du petit Octave aurait lieu ; ce fut en fait l'objet du coup de téléphone du surveillant sous prétexte de tennis. Le surveillant, conscient que Lucie et Octave s'étaient attachés à Raoul et Barbara et réciproquement, avait demandé à Raoul, lors de son coup de téléphone, s'il était possible qu'ils soient présents, lui et sa femme, ou en tout cas, au moins Barbara pour aider à amortir le choc des enfants, car, avait-il précisé, ils n'avaient pas été mis au courant pour éviter une fugue évidente. Raoul avait remercié le surveillant de son attention pour les petits et lui avait promis qu'ils seraient là. Puis en raccrochant, il avait décidé d'attendre le moment qu'il jugerait le plus opportun pour en informer Barbara.

Mais ça, c'était hier ! Il restait encore un jour et une nuit avant le drame des enfants, car cela ne pouvait être qu'un drame pour eux.

Raoul retrouva comme prévu sa femme au milieu de la nuit et put, comme prévu aussi et tout autant espéré, faire en sorte que le baiser virtuel de Barbara laissât bien la place au tangible !

Ce matin, ils ne restèrent aux Caloges que le temps d'un deuxième café et de recevoir dans leurs bras la charge de la brigade affective de Lucie et Octave emmenée par le chien ; mais vu le galop d'arrivée des enfants et d'Arsouille, pas si légère que ça, la brigade[3] ! Raoul et Barbara expliquèrent rapidement aux enfants qu'ils devaient se rendre tous les deux à un rendez-vous important. Barbara alla s'excuser auprès du surveillant qu'elle ne pourrait pas garder Arsouille, mais qu'ils se reverraient en fin soirée.

Deux heures plus tard Raoul et Barbara étaient dans le bureau d'une psychologue de l'A.S.E[4]du Havre. Ils s'expliquèrent sur le désir d'enfant avec suffisamment de conviction pour que la psychologue ne doutât point de leur volonté.

— Vous avez vu toutes les questions administratives qui vous attendent ; mais je suis convaincue, que, malgré la lourdeur de ces procédures, vous ferez face sans problème, d'autant que les services sont là pour vous aider, mais vous avez, tous les deux, un niveau culturel bien au-dessus de la moyenne, donc je ne me fais pas de souci. Ce n'est donc pas pour cela que je tenais à m'entretenir avec vous, surtout vous madame.

---

3 Référence humoristique au nom du film « La charge de la brigade légère » mais pas du tout au synopsis !

4 Aide Sociale de l'Enfance.

La psy se recula sur son fauteuil et laissa passer quelques secondes de silence ; son regard noisette allait de Raoul à Barbara et inversement. D'une petite quarantaine, elle était assez jolie ; chevelure auburn foncé ramenée en chignon souple sur la nuque, avec une petite mèche un peu rebelle qui s'échappait sur sa tempe, comme si elle trahissait une espièglerie secrète priée de se tenir coite durant l'exercice de sa fonction. Un caraco noir largement décolleté sous sa blouse blanche ouverte, allié à une petite émeraude finement cerclée d'or en pendentif, lui donnait une certaine élégance, mais sans altérer la douceur avenante de sa physionomie. Elle reprit la parole :

— Madame, puis-je vous appeler Barbara ?

— Pas de problème, répondit Barbara, impatiente de la suite.

—Barbara, si vous préférez que je m'entretienne seule avec vous, nous pouvons demander à votre mari s'il veut bien nous laisser un instant ; bien sûr, nous le rappellerons ensuite, proposa la psy tout en regardant Raoul avec un air interrogateur, mais éclairé d'un grand et beau sourire.

— C'est inutile, docteur ; mon mari est aussi concerné, objecta Barbara.

Mais Raoul se leva avec un signe à l'égard de la psy formulant son accord, embrassa sa femme et sortit. La psy remercia Raoul qui referma la porte du cabinet derrière lui pour aller s'installer sur une chaise dans le couloir.

— Cela pourrait être plus facile, comme ça Barbara. Vous pouvez m'appeler Océane, si vous le désirez, cela nous rappellera que nous sommes toutes les deux des femmes sur un sujet principalement de femme, même si votre mari est évidemment concerné. Vous vous sentez prête, Barbara ? On rentre dans le sujet ?

— Allons-y !

— Je tiens à ce que vous sachiez quelque chose qui en général passe inaperçu dans les demandes d'adoption et qui a une grande importance.

C'est une question que nous cherchons maintenant toujours à mettre en évidence pour éviter toute déception.

Chez la femme aspirant à l'adoption le besoin d'enfant peut être de deux natures : ou il s'agit principalement d'une pure envie d'enfant avec tout le parcours éducatif et affectif que cela comprend y compris le legs de soi-même, ou bien, il s'agit principalement d'une réponse inconsciente, mais évidemment inadaptée, à un désir physiologique non analysé de porter un enfant ; ce qui est tout à fait louable et n'exclut pas forcément l'envie de l'enfant en question, bien que secondairement. Pour faire court, c'est l'état de grossesse qui constitue le désir premier, mais, comme je vous le soulignais, totalement inconsciemment. Lorsque c'est le cas, ce phénomène entretient chez la mère adoptive un sentiment d'insatisfaction permanent, et peut même, quelquefois, aller jusqu'à un déséquilibre psychique et entraîner une défaillance de soins, voire d'éducation de l'enfant, alors que, la plupart du temps, l'affection à son égard reste entière.

C'est une situation que nous rencontrons plus souvent qu'on ne peut le penser avant d'en découvrir la raison. Barbara, si vous le désirez, je peux vous aider à faire le clair en vous-même pour vous assurer de votre…

— Aucun risque, Océane ! Il n'y a pour moi aucune confusion ; il m'est médicalement impossible de porter un enfant jusqu'à terme. J'ai donc eu des expériences de grossesse, plusieurs fois, mais malheureusement, suivies d'échec, et même une grossesse nerveuse, avant que le verdict médical ne soit sans appel. Maintenant, j'en ai pris mon parti et n'ai aucune envie de retrouver une sensation de grossesse. J'ai définitivement admis ce triste sort, mais je maintiens contre vents et marées mon désir d'enfant. Je veux un enfant et si je pouvais le sculpter pour lui donner vie sans le porter, je le ferais ! s'exclama Barbara.

— Je vois que l'artiste a du ressort ! Bravo Barbara ! commenta la psy.

La psy se leva, alla ouvrir la porte du cabinet et fit entrer Raoul. Et tandis qu'elle reprenait sa place derrière son bureau, Raoul, une main sur l'épaule de sa femme dont il était sûr des convictions, s'adressa à la psy :

— Barbara vous a demandé comment adopter des triplés ? C'est bien ça ? dit-il en souriant.

La psychologue sourit à son tour, confirma que les intentions de Barbara étaient solides et claires et leur proposa de la suivre dans le service de puériculture annexé au bâtiment de l'A.S.E., histoire de se mettre en condition réelle, bien que ce ne fût pas le jour de la grande décision.

Ils firent en effet le tour des berceaux et Barbara s'attarda un peu sur l'un, ou bien sur un autre, laissant un doigt se faire enserrer dans la main d'un bébé, ou caressant doucement la joue d'un autre ; bref Raoul et Barbara firent leur petite visite, certes avec affect, mais comment dans cette petite nurserie pouvait-il en être autrement ! Mais ce n'était qu'une visite. Océane, la psychologue, les suivait avec discrétion, le regard un brin analyste quand même. Quand ce fut fini, il y avait si peu d'enfants, ils se saluèrent, la psy leur rappelant qu'ils pouvaient la joindre quand ils le voulaient et que, de toute façon, elle serait heureuse de les revoir. Puis ils se séparèrent et Raoul et Barbara remontèrent en voiture.

Sur le chemin du retour, Barbara restait silencieuse, la mine préoccupée, quelque chose trottait dans sa tête qu'elle semblait avoir du mal à clarifier ; ce fut suffisamment long pour que son mari s'en aperçoive et décide de l'aider !

— Quelque chose qui ne va pas, ma chérie ? Un peu troublée par tous ces bébés abandonnés ? Ce ne serait pas anormal, tu sais ! lui dit-il en la regardant brièvement avant de reporter son regard sur la route.

— Tu as bien fait de m'y emmener, répondit-elle un peu à côté de la question.

S'en suivit encore un silence. Raoul attendit encore un moment le temps que sa femme se décide à préciser sa pensée, mais rien ne venant, il supposa qu'elle avait besoin de s'apaiser ; aussi, il lui proposa d'en parler plus tard, s'il elle préférait, mais elle se raviva aussitôt :

— Non, non, je maintiens, on a bien fait d'y aller. Confirma-t-elle d'une voix assurée.

— Oui, et donc ? Qu'est-ce que tu en retiens ? lui demanda alors Raoul.

— Un sentiment étrange... laissa tomber Barbara d'un ton neutre.

— Oh là, ma chérie, tu m'as l'air déçue !

— Non, pas exactement ; mais tous ces petits bébés... si mignons soient-ils... comment dire... dans ma tête, aucun ne m'a tendu les bras... c'est dur ! lâcha Barbara et elle se cacha aussitôt le visage dans les mains ; elle pleurait.

Raoul bifurqua aussitôt sur un petit chemin de ferme bien à propos, s'arrêta, prit sa femme dans ses bras et s'efforça de la consoler. Tout d'abord, il se borna à la garder contre lui jusqu'à ce qu'elle se calme. Quand il jugea le moment propice, il lui rappela juste qu'il n'y avait, ni obligation, ni urgence et qu'elle disposait de tout le temps qu'elle désirerait pour mettre de l'ordre dans ses pensées et qu'ils en reparleraient plus tard quand elle se sentirait prête. Mais en lui-même, il avait interprété l'abattement de Barbara, comme l'abandon de l'idée même d'adoption et, naturellement aussi, comme une bouffée de culpabilité qu'elle ne pouvait que ressentir. Puis, Barbara ayant séché ses larmes, il avait redémarré et reprit la route vers Étretat ; Barbara n'avait rien dit, mais elle avait posé simplement sa main sur sa cuisse ; un geste affectueux pour faire oublier son silence qui dura jusqu'à leur arrivée.

À l'hôtel, Barbara retrouva un peu de sa vivacité. Elle alla se changer pour une rapide baignade et proposa à Raoul de l'accompagner avant de retrouver les enfants ; voyant là l'occasion d'une détente, Raoul acquiesça aussitôt, se changea aussi, puis tous les deux descendirent à la plage pour se baigner. Vu la température de l'eau sous l'influence d'une brise du nord et d'un courant venant d'aval, le bain fut rapide ! Mais le soleil encore très présent en cette fin d'après-midi, leur permit de se sécher en s'allongeant côte à côte sur les galets ; et ce petit moment de relâche balnéaire libéra Barbara :

— Tu sais, si j'ai été déçue, auprès de tous ces tout-petits, de ne pas ressentir ce que j'avais imaginé, peut-être même phantasmé, je n'en ai pas gommé pour autant mon envie d'adoption ; j'y ai bien réfléchi sur la route, ce qui explique mon silence ; cette envie est toujours très vivante en moi et je ne renoncerai pas ! Si tu me suis toujours, bien sûr, parce que je ne la conçois qu'en partageant avec toi un même amour pour notre futur enfant.

En recevant ces paroles inattendues, Raoul tomba dans l'expectative durant plusieurs secondes ; l'expression silencieuse de sa surprise ! Il avait tout faux ! Barbara venait de contredire tout ce qu'il avait traduit de sa détresse sur la route du retour. Mais ce temps de latence ne dura pas. Il se reprit très vite et se redressa sur les avant-bras, puis se tourna sur le côté vers sa femme, croisa son regard et se pencha pour l'embrasser et lui assurer que son choix serait le sien et qu'il était ravi de sa décision. Ils décidèrent alors d'un commun accord qu'ils revisiteraient d'autres nurseries jusqu'à ce que, sans raison précise ou analysable, un simple déclic provoque chez Barbara une irrésistible réponse à ce qu'elle aurait instinctivement perçu d'un bébé, comme une secrète demande d'être pris dans ses bras.

— Le temps n'a pas son mot à dire ; ça viendra quand ça viendra, lui dit alors Raoul en souriant.

Barbara enlaça son mari, l'embrassa à son tour et lui murmura contre sa joue qu'il était l'heure de retrouver les enfants. Ils se levèrent, enfilèrent leur peignoir, mirent leurs espadrilles et, Barbara son sac de plage sur l'épaule, puis ils remontèrent sur le Perrey pour se rendre aux Caloges. Là, ils s'installèrent à une table, Raoul commanda deux verres de Sauvignon ; mais ils n'étaient pas encore servis que, plein galop, Arsouille se précipita sur eux pour leur faire la fête, allant de l'un à l'autre distribuer ses coups de langue ! Et naturellement, les joyeux assauts du chien furent suivis dans la foulée de ceux, tout aussi démonstratifs, de Lucie et Octave aussitôt enlacés ! Le protocole, maintenant habituel, fut mis en place ; et donc, le coca pour Lucie et le jus d'orange pour Octave rejoignirent sur la table les deux verres de Sauvignon, et le serveur mit même à terre une gamelle d'eau pour Arsouille, qui se fit un plaisir d'arroser autant les contours de la gamelle que de désaltérer son gosier !

La conversation joyeuse et légère battait son plein quand le surveillant arriva à son tour. Comme à son habitude, il s'excusa de « déranger » et signala qu'il allait ramener son groupe au camping. Mais si Raoul et Barbara voulaient bien ramener eux-mêmes Lucie et Octave au camping un peu plus tard, il leur faisait confiance et la directrice était d'accord ; comme ça, ajouta-t-il en regardant Raoul, ils pourraient rester encore tous ensemble un peu plus longtemps et même pour le dîner s'ils le souhaitaient, mais à condition qu'ils rentrent avant vingt et une heures trente. Puis, il donna un Post-it à Raoul :

— C'est pour le numéro de la tente au camping, dit-il, le regard toujours insistant sur Raoul.

Puis, il salua Barbara, recommanda aux enfants d'être sages et s'en retourna chercher son groupe.

Et pendant que Barbara et les deux enfants fêtaient la nouvelle par de bruyantes olas, Raoul, discrètement, jeta un œil sur le Post-it ; il y était mentionné au crayon : « tente numéro sept, mais je serai à l'entrée du camping jusqu'à vingt et une heures. Surtout, n'oubliez pas demain matin, douze heures. »

Chapitre IV

Fin de vacances.

La veille au soir, après avoir ramené Lucie et Octave au camping, Raoul et Barbara allèrent boire un verre au *Highlander*, un pub piano-bar ; ils y retrouvèrent quelques amis, avec lesquels, quand les verres furent vides, ils allèrent au Casino pour défier les machines à sous. L'idée venant de Raoul, Barbara tomba des nues ! Elle savait que Raoul n'était pas du tout joueur, même si, par contre, il aimait l'ambiance du lieu ; une atmosphère de polar, disait-il en riant. Barbara s'attendait donc, pendant qu'elle et ses amis tenteraient leur chance, à ce qu'il s'installa au bar pour, léger sourire aux lèvres, mi amusé mi cynique, imaginer la vie des clients en décryptant sur leur visage les soubresauts de leur destin personnel ! Rien de tel qu'une salle de jeux, une boîte de nuit ou un bar plus ou moins bobinard, pour trouver l'inspiration d'un roman de gare, prétendait-il. Mais deuxième surprise, et pas des moindres ! Raoul l'accompagna risquer quelques euros !

Toutefois, Raoul décréta une règle de jeu consistant à ce que tous utilisent la même machine, chacun à son tour, et comme ils étaient huit, cela multipliait les chances que l'un d'entre eux récupère l'argent des copains ; purement fictif, mais stimulant !

En réalité, Raoul était le seul à savoir la véritable raison de cette règle : faire durer la soirée un maximum pour que, la fatigue et les quelques verres d'alcool aidant, Barbara tombât de sommeil en rentrant à l'hôtel le plus tard possible et qu'elle dorme encore demain matin, si possible, jusqu'à onze heures ; il lui resterait une heure pour se préparer et descendre aux Caloges.

Barbara savait que les enfants quitteraient Étretat le lendemain. Elle avait d'ailleurs très bien interprété, comme un acte de gentillesse à l'égard de Raoul et d'elle-même, comme à celui des enfants, l'autorisation spéciale, formulée par le surveillant, de les garder plus longtemps ce dernier soir. Mais elle ignorait encore tout de la séparation prévue entre Lucie et Octave ! Raoul ne lui en avait volontairement pas parlé, afin de lui éviter de longues heures de détresse risquant de l'affaiblir, alors qu'il allait avoir besoin d'elle pour tenter d'amortir le choc que ressentiront, à coup sûr, les deux enfants ; car eux aussi ignoraient ce que demain leur réservait ! Et si Raoul avait si vite organisé la visite à l'A.S.E. et à la nurserie, c'était parce qu'il avait espéré que l'affect de Barbara serait en bonne partie absorbé par cette première approche d'adoption, ce qui aurait pu lui faire relativiser plus facilement les effets du drame qui se jouerait inévitablement demain matin. Mais non, Barbara, malgré son désir d'adoption toujours en vigueur, n'avait pas réagi comme il s'y attendait. Il ne lui restait plus qu'à compter sur les capacités de générosité et de réactivité de sa femme, qu'il savait réelles et efficaces, devant la soudaineté d'une situation difficile ; il la connaissait suffisamment bien pour savoir que ce serait dans l'action qu'elle souffrirait le moins ; d'où le silence maintenu jusqu'à demain matin.

Et la stratégie fut la bonne !

Barbara s'était endormie comme un bébé et ce matin, comme il l'avait prévu, il la réveilla en lui chuchotant à l'oreille qu'il était déjà onze heures ; Barbara en eut comme un choc électrique ! Elle sursauta, vérifia machinalement l'heure sur sa montre posée sur la table de nuit et jaillit aussitôt hors du lit en s'exclamant :

— Zut de chez zut ! On a raté l'arrivée des enfants !

— Mais non, ma chérie, on a tous rendez-vous à midi !

— À midi ? Comprends pas… pourquoi midi ? s'étonna Barbara.

— Bon, je t'explique, ma chérie… assieds-toi !

Raoul prit sa femme par les épaules et la fit se rassoir sur le lit ; il fit de même à côté d'elle et lui prenant ses mains dans les siennes, il lui avoua que ce qu'il avait à lui dire n'était pas facile et que c'était pour retarder le plus possible ce triste moment qu'il s'était retenu de lui en faire part ; mais maintenant, ils allaient devoir y faire face, justement à midi où ils devront être présents pour essayer d'amortir le choc que les enfants allaient ressentir. Au mot « choc », Barbara lâcha aussitôt les mains de son mari et se saisit de son bras, le serrant d'une main crispée d'angoisse ; elle tremblait !

— Qu'est-ce qui leur est arrivé ! Ralf, dis-moi vite ! Qu'est-ce qui s'est passé !

— Rien encore, ma chérie ; répondit-il ; puis il la prit dans ses bras et rajouta :

— Mais à midi, Lucie et le petit Octave vont être séparés !

— Quoi !

— Hélas si ; c'est justement pour ça que nous devons être là. Le surveillant me l'avait demandé en accord avec sa directrice qui sera là aussi.

— Tu te rends compte du drame pour Lucie et Octave ! Ils sont comme frère et sœur ! Comment peut-on faire une chose pareille ! s'insurgea Barbara en larmes.

Naturellement Raoul approuva. Puis il expliqua à Barbara, maintenant livide et complètement abattue, que Lucie devait être confiée à un autre établissement, en raison de son âge et parce qu'elle est une fille, lui avait-on dit. Il avait alors demandé les coordonnées du nouveau pensionnat pour pouvoir prendre de ses nouvelles, mais le surveillant avait précisé d'un air navré qu'il lui avait été clairement souligné qu'il n'avait pas à le savoir. Et c'est justement cette réponse du surveillant, qu'il estimait de bonne foi, qui décida Raoul à en savoir plus. Il confia donc à Barbara que le vrai motif de son retour à Paris avait été de rencontrer, grâce à une de ses relations au ministère de l'industrie, un membre du ministère des solidarités et de la santé dont dépend l'aide à l'enfance, donc tous les établissements anciennement dits orphelinats. La question ne fut pas évoquée au cours de ce fameux dîner à l'Hôtel Ritz qui le fit rentrer tard dans la nuit. Mais, après le repas, dans un petit salon, un aparté s'en suivit avec un diplomate du quai d'Orsay qui lui livra confidentiellement que Lucie serait très bien traitée dans son nouveau cadre de vie ; mais ce diplomate s'excusa de ne pouvoir en dire plus et notamment pourquoi le Quai d'Orsay était au courant de la situation de la petite Lucie.

— Le mieux que l'on puisse maintenant faire, ma chérie, est de ne pas perdre de temps et de descendre aux Caloges où est prévu le rendez-vous. Il faut absolument être présents quand les enfants apprendront ce qui les attend ; ils auront besoin de toi.

Le visage abattu, humide et pâle de Barbara se raviva d'un seul coup ; la tristesse avait subitement laissé la place à l'effervescence de la colère ! Le sursaut que Raoul avait prévu venait de se manifester ; Raoul se garda bien de temporiser le sentiment de révolte de sa femme ; il savait que ce sentiment allait instinctivement se métamorphoser en réconfort ; elle allait donner tout d'elle-même pour consoler les petits. Barbara se leva, traversa la chambre précipitamment pour se jeter sous la douche, en ressortit très vite, et après une rapide remise en ordre de sa chevelure, assortie d'un léger maquillage, elle rafla son sac et lâcha :

— On y va !

Quand ils arrivèrent devant les Caloges, à midi moins dix, six personnes, dont deux femmes, étaient déjà présentes, debout, en train d'échanger des propos d'usage. Barbara chercha tout de suite du regard les enfants ; ils n'étaient pas avec eux, mais encore sur la zone nautique de l'autre côté du Perrey et semblaient discuter avec le surveillant ; nul doute qu'il les occupait, jouant avec le chien tout en surveillant du coin de l'œil l'arrivée de Raoul et Barbara. D'ailleurs, dès qu'il les vit, il fit un signe aux enfants qui coururent aussitôt se jeter dans les bras de Barbara, bien entendu, suivis d'Arsouille, mais cette fois tenu en laisse par le surveillant. Visiblement, ni Lucie ni Octave n'étaient au courant, sauf évidemment de la fin des vacances.

L'une des femmes, madame Lemaitre, la directrice du surveillant, se présenta d'elle-même à Barbara et à Raoul ; son visage était pâle et tendu, mais son sourire se voulait accueillant. Elle repéra tout de suite l'attitude protectrice, limite défensive, de Barbara qui maintenait collés contre elle les deux enfants. Madame Lemaitre remercia Barbara pour l'affective attention qu'elle avait donnée à Lucie et Octave ; le surveillant, mal à l'aise, ne disait mot et tenait toujours Arsouille, mais l'avait néanmoins laissé se coucher en bout de laisse aux pieds des enfants. Les autres personnages attendaient en silence un peu à l'écart, sans la moindre marque de sympathie, comme s'ils n'étaient pas concernés de ce qu'il allait advenir.

Raoul trouva que l'ambiance était trop pesante et risquait de prendre une atmosphère de deuil qui ne ferait qu'aggraver la situation, d'autant que les traits de Barbara trahissaient une tension de plus en plus intense. Aussi, il fit deux pas vers les autres personnages, se présenta, les incitant à en faire autant.

La femme, qui fut évidemment la première abordée, s'annonça, sous le nom de Clotilde Marial, comme intendante du futur établissement de Lucie. Elle devait avoir une petite cinquantaine ; son attitude un peu raide et sa tenue stricte d'une triste neutralité, étaient en tout point conforme à l'image que l'on prête généralement à ce genre de fonction. Clotilde Marial justifia sa présence en précisant qu'elle accompagnait monsieur Norbert Drone, Agent des Affaires Sociales, vers lequel elle se tourna pour le désigner. Monsieur Drone salua silencieusement Raoul. Mais le personnage suivant s'avança de lui-même, tendit la main vers Raoul d'un geste nettement affirmé qui semblait être le signe d'une probable droiture ; il eut aussi, à l'adresse de Barbara, une légère inclinaison et se présenta comme étant le Commandant Constant, membre de la DGSI[1] et, pour la circonstance, Délégué de l'Intérieur ; puis il indiqua que le gendarme qui l'accompagnait s'était chargé de le conduire jusqu'ici. Raoul haussa les sourcils d'étonnement de constater la présence d'un membre de la DGSI pour une occasion pareille ! mais il se promit d'approfondir la question plus tard ; quant à Barbara, instinctivement, elle enserra encore plus les enfants en reculant de deux pas ! Une réaction qui n'échappa pas au Commandant Constant qui intervint aussitôt :

— Madame, n'ayez aucune crainte ; je suis justement là pour garantir la sécurité de la petite et de m'assurer que le protocole prévu à cet effet soit respecté, dit-il alors d'un ton qui se voulait rassurant.

— Je... je ne comprends pas, Commandant... de quoi, parlez-vous ? bredouilla Barbara dont l'inquiétude commençait à le disputer à l'énervement.

Raoul s'interposa aussitôt ; il enlaça doucement sa femme et lui dit à voix basse de le laisser faire. Puis il demanda au Commandant

1 Direction Générale de la Sécurité Intérieure.

Constant de s'expliquer. Le Commandant Constant lui assura alors que le centre éducatif où devait être menée Lucie était sous contrôle de la DGSI pour des raisons qu'il ne pouvait révéler, mais que la petite y serait très bien traitée et pourrait bénéficier d'une éducation de qualité. Raoul ne commenta pas, mais sa volonté d'en savoir plus le moment venu n'en fut que renforcée.

Les deux enfants toujours à l'abri des bras de Barbara, ne disaient mot, mais, visiblement, ressentaient quelque chose d'inhabituel. Lucie, pas très sûre de comprendre ce qu'elle venait d'entendre, leva quand même la tête vers Barbara, cherchant son regard, comme pour inconsciemment s'assurer son secours. Octave, sans trop savoir pourquoi, ne lâchait pas sa « sœur ».

Voyant cela, la directrice, madame Lemaitre, ne put tenir plus longtemps ; encore plus livide que tout à l'heure, les yeux humides, elle vint s'accroupir devant Lucie, lui prit gentiment une main sur laquelle elle déposa un doux baiser et se lança :

— Écoute-moi bien, ma petite Lucie ; tu sais que j'ai toujours essayé de faire le maximum pour que toi et ton petit Octave, bénéficiez de notre attention et de notre affection de la part des surveillants et de moi-même, et aussi de notre indulgence pour vos facéties ; on ne veut que vous aider à grandir pour un bel avenir ! Dans deux mois, tu auras treize ans ; c'est l'âge, ma petite chérie, où les fillettes doivent être regroupées ensemble dans un pensionnat adapté pour vous faire évoluer au mieux. Je suis certaine que tu vas y trouver de nouvelles amies.

Toujours sous l'affectueuse protection des bras de Barbara, Lucie écoutait gravement sa directrice. Cet étonnant mariage d'enfance et de maturité qui recouvraient habituellement son joli visage avait totalement disparu ; seule subsistait la gravité de ses traits trahissant une évidente latence ; silencieuse, elle attendait quelque chose. Mais madame Lemaitre continuait à lui prédire de beaux jours, de nouvelles choses à apprendre, de nouveaux horizons à découvrir dans un contexte tout neuf, et aussi, qu'elle bénéficierait de l'aide d'encadrants de grande qualité ; bref madame Lemaitre faisait tout ce qu'elle pouvait pour arrondir les angles d'un moment difficile. Mais rien ne venant répondre à sa secrète attente, Lucie sortit de sa réserve et d'une toute petite voix où perçait une indéniable inquiétude :

— Oui, mais Octave...

La directrice toujours accroupie devant elle, respira profondément, dissimula sa gêne en regardant le sol, puis elle releva la tête et se lança :

— Ma petite Lucie, c'est un endroit réservé aux filles ; Octave ne pourra...

— Non ! Non ! Nonnn !!!! s'écria aussitôt Lucie en larmes en se retournant d'un seul coup contre Barbara et tirant Octave contre elle.

La directrice submergée d'émotion, rebaissa la tête, ne sachant plus quoi faire. Barbara lui vint alors en aide ; elle s'accroupit à son tour en gardant toujours les deux enfants contre elle et tenta de les calmer en leur chuchotant plein de mots gentils, des mots de tendresse, rien que des mots d'amour ; les deux enfants pleuraient, Barbara aussi !

Clotilde Marial, l'intendante, trouvant que cela tardait trop, s'avança et, certes, sans brutalité, mais toujours avec raideur, voulut prendre Lucie par le bras ; la directrice s'y opposa aussitôt, arguant qu'il ne fallait pas brusquer les enfants, qu'il n'y avait pas de train ni d'avion à prendre, qu'on avait tout le temps et... et le ton montait ! Monsieur Drone, l'Agent des Affaires sociales, s'avança à son tour, fit un signe à l'Intendante de se retenir et, timidement, essaya de calmer la directrice. Raoul qui bouillait sur place se tourna vers le Commandant Constant avec un regard éloquent pour qu'il s'en mêle ; mais le Commandant lui répondit que malheureusement ce n'était pas de son ressort et qu'il le regrettait, mais que monsieur Drone, l'Agent des Affaires Sociales était là pour ça.

Seulement, devant le manque de charisme, voire la pusillanimité de monsieur Drone, l'intendante, exaspérée, se dégagea de la directrice et de monsieur Drone et fit un pas en avant vers Lucie ; immédiatement Barbara fit, d'un seul coup, volter les enfants derrière elle et dans un flot de larmes et le regard flamboyant d'hostilité braqué sur l'Intendante, prête à mordre, elle hurla :

— Pas question ! Reculez !

Puis, elle se retourna sur les enfants comme si elle voulait les recouvrir en opposant son dos à l'Intendante, et les resserrant encore plus contre elle, elle s'exclama :

— Ralf, ça y est ! Ralf ! On les garde !

Raoul comprit immédiatement ce que cela signifiait pour Barbara. Aussi, calmement, il s'approcha de sa femme ; elle était encore accroupie contre les petits. Raoul s'accroupit à son tour, lui enlaça les épaules, l'embrassa sur la tempe et, le plus bas possible, lui murmura à l'oreille :

— Tu es sûre de toi ?

— Oui, certaine ! s'il te plaît, chéri, s'il te plaît, on les adopte ! Je sais maintenant que ce sont eux que je veux ! Ce sont eux, je l'sais ! lui répondit-elle à voix basse mais d'un ton convaincu, avec une petite pointe de supplique quand même.

— Ce ne sont plus des tout petits bébés, se risqua Raoul, toujours à mi-voix dans son oreille.

— Oui, mais on les aime, Ralf ! On les aime ! balbutia cette fois Barbara dans un sanglot étranglé.

— Eux aussi, ma chérie, ils t'aiment ; alors, OK ; je m'en occupe !

Raoul déposa une caresse sur la tête des deux enfants, puis se leva et, se tournant vers madame Lemaitre, la directrice, il déclara, à haute et intelligible voix pour être bien entendu de tous et surtout des enfants, que sa femme et lui refusaient de les laisser partir. Lucie et Octave eurent un sursaut de surprise, la mine subitement aux anges et la directrice en resta coite quelques secondes, tandis que l'intendante se braqua et, se tournant vers l'Agent des Affaires Sociales, avança l'irrégularité de cette décision. Mais avant même que monsieur Drone n'ouvrit la bouche, Raoul affirma clairement sa résolution d'adoption officielle. Il y eut alors un blanc dans l'assistance complètement décontenancée.

Le premier à se manifester fut, cette fois, l'Agent des Affaires Sociales, monsieur Drone qui souligna que son administration n'avait pas prévu cette demande et que par conséquent… mais la directrice, qui s'était reprise, ne le laissa pas finir et donc, lui coupant la parole, elle s'adressa à Raoul tout en ouvrant sa sacoche pour en sortir un bloc-notes :

— Je vais vous faire tout de suite une autorisation de gardiennage temporaire des enfants en attendant que votre demande d'adoption soit officiellement reconnue ; tant qu'ils sont encore là, ils se trouvent sous ma seule responsabilité ! précisa-t-elle avec un air de victoire vers l'Intendante. Puis elle rajouta :

— Monsieur l'Agent des Affaires sociales va pouvoir vous donner la marche à suivre pour l'adoption ; n'est-ce pas monsieur Drone ? insista-t-elle en regardant monsieur Drone. Barbara s'était redressée, tenant les deux enfants par la main, impatiente de la réponse de l'Agent des Affaires Sociales.

Mais monsieur Drone, l'air gêné, signifia qu'il ne pouvait naturellement pas s'opposer à la position de Madame Lemaitre, qui était effectivement dans l'exercice de ses fonctions, mais que par contre… et là, il se retint quelques secondes, le regard à terre, cherchant sûrement un peu de courage et les bons mots, puis il se décida :

— Mais seulement pour le petit Octave… pour la jeune Lucie, c'est impossible.

— Pourquoi ? s'exclamèrent d'une même voix scandalisée, la directrice et Raoul ; Barbara resta sans voix en reprenant aussitôt contre elle Lucie et Octave retombés dans les larmes.

Monsieur Drone se tourna alors vers le Commandant Constant d'un air impuissant ; celui-ci comprenant alors qu'il lui fallait intervenir, d'une voix calme et posée rappela que la petite Lucie était maintenant sous la responsabilité de la DGSI et qu'elle… mais Raoul l'interrompit :

— J'en déduis, mon Commandant, que Lucie est orpheline, probablement issue de membres de la DGSI ; elle serait donc pupille de la Nation ; aussi je ne vois pas ce qui s'opposerait à ma demande d'adoption.

— Non, monsieur, cette enfant n'est pas pupille de la Nation. Mais elle est bien, à partir de maintenant, sous la responsabilité et la protection de la DGSI.

— Pour quelle raison ? s'enquit Raoul.

— Je suis désolé, monsieur, il m'est impossible de vous la révéler. Voici ma carte, monsieur, je vous conseille de vous rapprocher des références qui y sont portées ; je pense que vous n'en saurez pas plus, mais par contre il vous sera confirmé que nous tenons à ce que Lucie soit très bien traitée ; j'y veillerai personnellement. Je comprends très bien votre déception, mais sachez que vous pourrez me joindre pour avoir des nouvelles de Lucie. Maintenant monsieur, il serait préférable que nous écourtions ce moment pénible. S'il vous plaît, dites au revoir à cette enfant, car il n'y a aucune autre solution possible. Je suis désolé, monsieur.

Le Commandant se recula fit un signe à l'intendante qui se rapprocha de Barbara et des enfants, mais elle attendit en silence qu'ils se séparent d'eux-mêmes.

Raoul vint enlacer sa femme et les petits ; la directrice les rejoignit et dit à Barbara :

— Je suis aussi infirmière, madame. Tenez ! Ayez confiance, ce n'est qu'un simple calmant, très léger et sans danger pour les petits ; donnez-leur une pilule ; cela les aidera. Puis elle s'écarta pour cacher son propre trouble. Barbara se fit violence, mais elle eut cette extraordinaire adresse de leur donner le calmant comme on donne un bonbon ; elle en prit d'abord un et réussit, dans un triste sourire, à dire que c'était bon ! Et Lucie et Octave avalèrent le leur ; un dernier partage !

Ce fut évidemment très dur ; comment aurait-il pu en être autrement ! Très dur, au point que Barbara ne se décidait pas à lâcher Lucie qui, elle-même, refusait de quitter son abri, fusionnant sa détresse avec son petit Octave en larmes, dont elle enlaçait les épaules comme si elle craignait qu'on le lui arrache aussi ! Monsieur Drone, l'Agent des affaires Sociales, n'osait agir et ne mouftait pas. Tolérant mais attentif, le Commandant Constant restait impassible et le gendarme évidemment aussi. L'Intendante s'impatientait visiblement, mais se retenait encore ; du regard, Raoul la maintenait à distance. Cependant, quand il constata un début d'apaisement des enfants, il chuchota à l'oreille de Barbara que le moment était venu, que l'effet des pilules commençait à se faire sentir, mais que cela pouvait être très court, qu'il fallait en profiter pour limiter leur détresse. Barbara de nouveau en larmes, embrassa Lucie longuement, très longuement ; puis Raoul prit délicatement Lucie dans ses bras qui se laissa faire sous l'effet du calmant ; il l'embrassa aussi longuement et tandis que Barbara tenait contre elle Octave, qui lui aussi s'affaiblissait, il fit signe à l'Intendante qui s'approcha et voulut prendre Lucie par la main ; Raoul s'y opposa, arguant qu'elle n'était plus en état de marcher toute seule. Lucie avait fermé ses grands et beaux yeux hiéroglyphes ; dans les bras de Raoul, somnolente, elle s'était accrochée à son cou. Voyant l'Intendante déconcertée, l'Agent des Affaire Sociale vint pour porter Lucie lui-même jusqu'à la voiture, garée sur le parking derrière les Caloges, et qui devait les emmener, la petite, l'intendante et lui. Raoul aurait pu lui-même la porter dans la voiture, mais il ne voulait pas faire cette démarche ; on n'abandonne pas une enfant qu'on aime dans un simple véhicule administratif ! C'est bête, mais ce n'est pas admissible ; c'est en tout cas ce qu'il ressentait. Quand Lucie, dans son demi-sommeil, glissa tout doucement des bras de Raoul à ceux de monsieur Drone, Raoul, pour la première fois depuis, depuis… depuis des années, sentit des larmes couler sur son visage.

Mais subitement, Arsouille bondit en avant, arrachant sa laisse des mains du surveillant pris de court et se précipita sur l'Agent des Affaires Sociales qui se figea sur place ! Le chien se cabra, mais pour couvrir de coups de lèche le visage de Lucie ! Le surveillant arrivé aussitôt derrière Arsouille, rassura monsieur Drone, lui dit qu'il ne risquait rien et de laisser faire le chien. Puis comme si encore, le chien répondait à une perception secrète, il retomba sur ses quatre pattes et, sans bouger, comme statufié, suivit du regard Lucie s'éloigner dans les bras de l'Agent des Affaires Sociales accompagné de l'Intendante. Et, sans même que le surveillant n'ait à reprendre la laisse, sans un jappement, sans un gémissement, mais sans un seul battement de queue, il s'en retourna pour se coucher, le regard éteint et silencieux, la tête sur les pieds du petit Octave qui dormait assis contre Barbara à nouveau accroupie.

Raoul s'était repris, car il avait sa femme et le petit Octave à épauler ; et puis, madame Lemaitre, la directrice, qui aussi, de son côté, dut faire des efforts pour maîtriser son émotion et assumer son rôle, vint à lui pour lui remettre son autorisation de gardiennage temporaire du petit Octave. Elle lui promit de le conseiller s'il le désirait pour ses démarches d'adoption. Pour Lucie, elle avoua qu'elle n'était au courant de rien sur les détails de son devenir ; elle n'avait même pas pu savoir dans quel établissement elle serait mise. La seule chose, qui lui fut dite, était que la DGSI contrôlait l'opération ; pourquoi la DGSI ? Alors ça, mystère !

Quant au Commandant Constant, il réitéra ses dires et salua la directrice, Barbara et Raoul, leur assurant qu'il aurait préféré les connaître en une circonstance différente ; puis il s'excusa de devoir les laisser, car il devait convoyer le véhicule des Affaires Sociales où se trouvait la jeune Lucie, et il s'éloigna accompagné du gendarme.

Le surveillant s'approcha de Barbara, lui remit la laisse du chien et lui dit d'un ton aussi doux que possible, qu'il serait bien pour Octave qu'elle adoptât aussi Arsouille. Il avait les yeux humides, et même très humides, le surveillant ! Barbara le remercia et naturellement acquiesça. Le surveillant la salua et s'en retourna tristement vers la zone nautique. Là, la jeune et jolie monitrice nautique qui l'attendait, le prit dans ses bras.

Chapitre V

Des années plus tard à Paris.

— Tout d'abord, Octave, je tiens à vous féliciter pour la réussite de votre ECN[1], avec un joli score qui vous a permis d'être accepté en psychiatrie ; bravo ! tous n'y arrivent pas, en tout cas du premier coup ! Votre objectif, m'avez-vous dit, est la psychiatrie de l'enfant et de l'adolescent ; c'est une très belle spécialité. Cependant, si votre choix semble bien affirmé, il est fort probable que votre parcours personnel particulier n'y est pas étranger ; c'est la raison pour laquelle, nous avons décidé de vous proposer dès cette première année d'internat de commencer votre analyse didactique. Puisque vous m'avez choisi comme tuteur pour votre formation, ce dont je vous remercie pour la confiance que cela implique à mon égard, je peux collaborer avec vous pour ce

1 Épreuves classantes nationales (fin de 6e année de médecine pour accès au DES ; entrée en internat.)

parcours analytique, naturellement si vous le souhaitez ; dans le cas contraire, vous pourriez désigner un autre de mes confrères ; croyez bien que je ne m'en formaliserais pas. Nous ne serions évidemment pas dans un rapport médecin/malade, mais uniquement dans un lien prof/étudiant. Cela vous irait-il ?

— Pas de problème, Professeur ! affirma Octave.

Octave, le petit orphelin fripon, espiègle gavroche attendrissant, était devenu, grâce au merveilleux cocon de sa famille adoptive, un grand, très grand et très courtois interne en psychiatrie d'une placidité légendaire !

Le Professeur Deschamps hocha la tête et continua :

— Parfait, Octave ! Alors je vous explique : Il s'agit d'une simple démarche d'inspiration psychanalytique qui devrait vous aider à prendre du recul par rapport à votre vécu et ainsi vous doter d'une faculté de perceptivité libérée de tous les auto-préjugés liés à votre passé. Vous êtes, à ce jour, sur la ligne de départ de quatre années d'études de cette belle science que certains éminents spécialistes ont baptisée : science de l'âme ; vous êtes donc encore profane, je vais alors éviter d'utiliser des termes trop techniques. Comprenez-moi bien, il n'est pas question de vous demander d'oublier, il vous faut seulement classer, archiver, en bref, faire le tri et ranger dans les bons tiroirs de votre psychisme les éléments de votre vie passée ; ainsi votre regard inconsciemment enrichi, disons, de l'ordonnancement de ce qui vous fit tel que vous êtes aujourd'hui, sera à la fois armé de réserve, caractéristique absolument nécessaire à l'exercice de la psychiatrie, mais aussi empreint de la non moins indispensable empathie à l'égard de vos futurs patients ; un équilibre que tout praticien se doit de maintenir ; il s'agit de ce que j'appellerais l'objectivité dans la subjectivité, et pour cela, il faut bien se connaître.

Puis le Professeur Deschamps se tut ; se calant contre le dossier de son fauteuil, il laissait ainsi à Octave un champ libre pour qu'il s'exprimât à son tour. Octave, impassible et silencieux, réfléchissait ; *« l'objectivité dans la subjectivité »*, avait précisé le Professeur. Mais après ce court instant de mutisme : *« tout un programme ! »* se dit-il alors, et tout en affichant une moue perplexe, il sortit de sa réserve :

— Je comprends, Professeur ; mais quel sera le planning de nos rencontres ? car j'ai bien conscience que les études dans lesquelles je me lance seront très prenantes.

— Votre souci est tout à fait légitime, Octave. Mais vous vous doutez bien qu'il nous faudra plusieurs séances pour aller au bout de votre introspection ; dites-vous bien que retourner sur son parcours personnel rappelle des moments de vie qui semblaient oubliés, mais qui, très souvent, sous-tendent des raisonnements, des prises de position ou des actions du présent. En conséquence, il nous est impossible, dès maintenant, de définir le temps qui sera nécessaire pour mener à terme, à bien devrais-je dire, cette réflexion sur vous-même. Aussi, puisque, comme déjà dit, il ne s'agit pas de soins, mais d'un accompagnement dans vos études, je vous propose de prendre tout le temps qu'il faudra pour répondre aux besoins que vos avancées dans vos cours réclameront.

— Par quoi commencerons-nous, Professeur ? Devons-nous respecter une chronologie ?

— Pas nécessairement ; on part d'un point qui peut mener au suivant ou au contraire inciter à revoir ce qui l'a fait naître ; l'essentiel est de ne rien laisser traîner sur le parquet, tout remettre sur la bonne étagère ! précisa le professeur avec un grand sourire.

Octave, très conscient de l'incroyable désordre qui régnait dans sa chambre, faillit éclater de rire de la métaphore du professeur, mais il se retint et répondit :

— Vous me donnez le feu vert ?

— Allez-y ! Choisissez un départ !

— Tout de suite ?

— Pour savoir si la mer est froide, il faut bien se décider à plonger, non ?

— À Étretat, la mer est toujours froide, Professeur !

— Vous connaissez Étretat, Octave ?

— Ô là, oui ! s'exclama Octave.

— Votre réponse est éloquente, Octave ; n'y aurait-il pas là, un point important ?

— Ma deuxième naissance Professeur !

— En effet ! Vous pouvez m'expliquer ? demanda le professeur d'un ton le plus neutre possible.

Octave expliqua que ce fut à Étretat, lorsque son pensionnat y emmena ses petits orphelins pour quinze jours de vacances, qu'il rencontra ses parents adoptifs ; il avait à peine neuf ans. Puis, plus rien, il se tut et un silence s'installa ; Octave restait muet. Sur sa chaise, il s'était penché en avant, les avant-bras posés sur ses genoux, les deux mains jointes et le regard à terre ; le professeur attendait tout en le surveillant ; cependant, Octave n'avait pas l'air abattu, seulement pensif ; la pause durait encore et le professeur attendait toujours. Mais le moment vint où, lentement, Octave se redressa et lâcha :

— Je crois que je hais mes géniteurs et les remercie en même temps !

Il avait dit cela d'un ton uniforme, comme s'il annonçait une banalité journalière ; seul, mais durant une fraction de seconde, le bleu de ses yeux avait explosé comme un coup de feu ! Pas sûr que le professeur eut le temps de s'en apercevoir. En plus, sa bouille de gamin, qu'il avait encore un peu gardée malgré ses vingt-quatre ans, n'en fut nullement modifiée. Puis Octave se leva, ou plutôt déplia sa grande carcasse, remercia le professeur pour son aide et lui assura qu'il solliciterait un rendez-vous très bientôt. Le professeur Deschamps, la mine complaisante, acquiesça du chef ; Octave lui tourna le dos et d'une seule, lente et longue enjambée sortit du bureau.

Dans les couloirs de l'hôpital Necker, en débouchant d'un tournant de son habituelle allure placide, Octave reçut Ophélie en pleine face ! et du coup, (sans jeu de mot) par réflexe, les longs bras d'Octave l'enserrèrent aussitôt. Par réflexe ? Oui, sans aucun doute, n'importe qui aurait fait la même chose pour éviter à la jeune femme une chute qui aurait pu être brutale ; c'est que notre étudiant psychiatre était un vrai mur avec son mètre quatre-vingt-onze ! Donc, par réflexe ? Eh bien, s'il fallait en juger par le langoureux baiser qu'ils échangèrent à l'instant, le mot réflexe ne serait pas vraiment le bon ; à moins, bien entendu, qu'il ne soit le fruit d'un mutuel automatisme amoureux ! Et d'ailleurs :

— Je te cherchais, mon grand girafon ! annonça Ophélie, qui s'était un peu reculée pour mieux plonger son regard dans l'immensité bleue de celui d'Octave.

Enfin… « plonger son regard » n'était qu'une expression, parce que, vu la différence de taille, il s'agissait plus d'une envolée vers le regard du grand girafon en question ! Ophélie n'était pas petite, un mètre soixante-huit, mais, évidemment, comparé au mètre quatre-vingt-onze d'Octave, la tendre fusion de leurs lèvres obligeait l'un à se courber, voire à plier les genoux, tandis que l'autre s'exerçait à faire des pointes ! Un bel exercice, mais qui, compte tenu de sa durée, ne parut pas leur être très difficile ; quelle belle jeunesse !

— Tu me cherchais, mon p'tit mulot ?

— T'exagères, Octave ! Je ne suis pas si petite que ça ! répondit Ophélie sur un ton de reproche, mais compensé par un joli sourire amusé.

— Bon d'accord ; biquette alors !

— C'est vrai qu'une biquette, ça dépasse les brins d'herbe, mais ça fait un peu chevrette et, franchement, chevrette…

— Je vois ; on va dire bichette ; ça te va, bichette ?

— Aaaah ! Pas mal ! Il y a quelque chose de gracieux chez la jeune biche ; ça me va !

— C'est vrai que la grâce te va bien ; surtout quand tu fais des pointes pour m'embrasser ! Donc tu me cherchais ? Seulement pour faire des pointes, ma bichette ? s'enquit Octave, la mine innocente, mais un brin enjouée quand même.

Ophélie se désenserra à regret des bras d'Octave, retomba sur ses talons et, lui prenant la main, le tira en direction de la cafétéria. Octave se laissa faire, mais signala quand même qu'un rapide café ferait l'affaire, car ils devaient faire vite ; il avait promis à Barbara de venir l'aider à vider une bibliothèque qu'elle voulait repeindre. Raoul lui avait pourtant dit qu'un peintre professionnel aurait très bien pu l'alléger de cette corvée, mais Barbara avait refusé tout net qu'un étranger touche à « sa » bibliothèque. Alors Raoul, conciliant, bien qu'un chouïa dubitatif, avait cédé et Octave, toujours très affectueux et protecteur avec sa mère adoptive s'était proposé de l'aider.

Les deux étudiants s'installèrent, avec en effet deux cafés, à une table de bar ronde. Ophélie aimait bien ce genre de table, car sa hauteur ainsi que celle des tabourets, une fois assise les jambes décollées du sol, la grandissait suffisamment pour la rapprocher de la taille d'Octave qui lui, en face d'elle, avait, par contre, encore les jambes pliées jusqu'à terre et, à chaque fois, Ophélie s'en amusait !

Ophélie était ce qu'on appelle couramment « un beau brin de fille », chevelure blonde épaisse et un regard de chatte malicieuse et câline en accord avec son sourire, mais en plus, elle avait une élégance naturelle indiscutable et un net penchant pour la gaieté. Ophélie et Octave se connaissaient depuis longtemps ; ils avaient partagé les bancs de la même fac et avaient fait leurs six années de médecine générale ensemble, mais ne s'étaient amoureusement liés qu'en quatrième année ; Ophélie avait dû passer deux mois d'été à New York chez une de ses tantes, histoire de parfaire son anglais pour ajouter à son cursus un certificat d'anglais médical, et cet éloignement leur fit réciproquement prendre conscience du profond besoin qu'ils avaient l'un de l'autre ; quand Ophélie rentra en France, leur premier enlacement avait changé de nature !

Tous les deux avaient de réelles facilités pour les études, mais Ophélie était une fille et donc… au même niveau avec un an de moins ! Elle était donc aussi interne en première année, mais en pédiatrie. Pris par leurs études, ils n'avaient encore défini aucun projet d'avenir et vivaient partiellement ensemble ; les deux avaient la chance d'avoir chacun un petit studio dans le quartier latin où ils se retrouvaient un coup chez l'un, un coup chez l'autre, au gré de leurs lubies ! Ce qui ne les empêchait pas, de temps en temps, de rentrer un jour ou deux chez leurs parents respectifs pour le simple plaisir d'être en famille ; Octave un peu plus souvent qu'Ophélie, tant il était affectivement proche de Barbara et Raoul qu'il avait considérés, très vite après son adoption, comme ses vrais parents, au point que, très tôt et de lui-même, les mots « maman et papa » avaient remplacé les prénoms.

En mettant entre parenthèses la période de l'orphelinat pour Octave, Ophélie et Octave étaient des jeunes privilégiés et jouissaient de jours heureux pour la plus grande satisfaction de leurs parents. Les deux familles se connaissaient très bien. Le père d'Ophélie était Général à l'Etat-major général des armées et avait fait Saint Cyr en même temps que Raoul ; Raoul qui, à sa sortie de l'école, ne resta dans l'armée que le temps imposé avant de se diriger vers le monde des affaires, où il réussit comme on le sait. Il était indéniable que les deux familles ne rêvaient que du mariage d'Octave et d'Ophélie, alors qu'eux, semblait-il, ne vivaient, dans les bras l'un de l'autre, que le rêve de leurs heures présentes.

Si Octave fit de brillantes études, il le devait évidemment à ses parents adoptifs, mais aussi à Ophélie. Raoul, conscient que le parcours de la toute petite enfance d'Octave fut difficile, avait décidé qu'une année de remise à niveau scolaire ne pourrait que lui être bénéfique, à la condition sine qua non, qu'elle se déroulât dans des conditions d'un rassurant confort affectif. Or, à la même époque, Ophélie, fille de son coreligionnaire et complice de Saint Cyr avait été sérieusement blessée par un poney, ce qui lui valut un trimestre entier de mobilité très réduite, suivi d'une longue période de rééducation. Ophélie, pendant toute l'année scolaire de son accident, fut alors instruite à domicile par un précepteur. Raoul s'était donc mis d'accord avec le Général Jean de Parmain-Villers, le père d'Ophélie, pour que les deux enfants soient instruits ensemble, car Ophélie avait, certes, un an de moins qu'Octave, mais par contre une année d'avance ; de ce fait, leur programme scolaire était le même, et à deux, ils se sentiraient moins esseulés. Et comme il se doit en une telle circonstance, le petit garçon bénéficia de l'entraide et de l'exemple de la petite fille durant toute cette année de remise, à niveau pour Octave, et en forme pour Ophélie. De plus, sans même que ni l'une ni l'autre n'en soient conscients, dans ce tandem fraternel, Ophélie compensait, pour Octave, un peu la perte de Lucie ; Lucie, cependant toujours très présente dans l'esprit d'Octave ; Octave qui, petit à petit, apprit à vivre avec son absence... mais non à s'en détacher !

Ophélie, bien entendu, sans jamais l'avoir rencontrée, connaissait l'existence de Lucie ; elle l'avait apprise directement d'Octave lors de l'un de ses coups de cafard. Le précepteur les avait quittés et les deux enfants étaient seuls dans la chambre d'Ophélie à faire en silence leurs devoirs d'arithmétique, côte à côte sur une petite table. Ophélie, très concentrée sur ses exercices, fut subitement intriguée par les reniflements d'Octave, et naturellement, elle se tourna vers lui pour constater, stupéfaite, les yeux humides de son petit camarade ! Elle eut alors immédiatement ce réflexe affectif de lui enlacer les épaules tout en le questionnant ; ce qui eut pour effet d'abattre les dernières retenues du petit garçon qui, tombant en pleurs, lui livra, entre deux hoquets de sanglots, non pas une quelconque difficulté à faire son devoir, car il n'en avait aucune, mais la vraie raison de sa détresse : Lucie ! Et cette situation se renouvellera évidemment plusieurs fois pendant leur scolarité, tant Lucie, à l'orphelinat, avait compté pour son pseudo « p'tit frère » !

Mais durant les années lycée qui suivirent, Ophélie et Octave restèrent très liés, tout comme en fac de médecine où leur amitié réciproque changea de nature ; ce qui ne les empêcha pas de choisir chacun un internat de spécialité différente, mais où, curieusement, pour chacune d'elles, l'enfant se trouvait au centre ! Ce choix soulignait, là encore, que leurs sensibilités propres convergeaient sur les mêmes intérêts et confirmait une interaction interpersonnelle, offrant symétrie et complémentarité dans leur relation qui permirent à Ophélie de soutenir Octave dans ses moments difficiles. Par affection et ensuite par amour pour lui, Ophélie avait, tout au long de leur parcours, intégré Lucie dans leur domaine intime ; une attitude intelligente et généreuse, annihilant tout risque de conflit, qui permit à Octave, de mois en mois et d'année en année, de classifier, de lui-même, sa pseudo grande sœur Lucie, en un beau souvenir d'enfance auquel, à tout moment, il pouvait faire référence sans pour autant s'assombrir.

Ainsi, grâce à l'adresse d'Ophélie et sans pour autant qu'il ne minimisât ce que Lucie avait représenté, et représentait encore à ce jour pour lui, Octave avait si bien pris du recul, qu'il pouvait, sans se perturber, parler librement d'elle avec Raoul, lorsque père et fils se trouvaient tous les deux seuls ; mais pour Barbara, c'était différent. Octave, toujours très protecteur avec Barbara, évitait autant que possible de parler de Lucie devant elle, la sachant très fragile sur ce sujet.

Tout au long de la croissance d'Octave, Raoul, régulièrement, avait pris des nouvelles de Lucie par l'intermédiaire du commandant Constant, qui fidèle à sa promesse, se renseignait et répondait au souci de Raoul : Lucie allait bien et poursuivait sa scolarité normalement, mais il était toujours impossible de savoir où, ni la raison du black-out sur cette question. Raoul qui, comme Barbara et bien sûr Octave, restait très attaché, et au souvenir de Lucie et à connaître son devenir, avait essayé, par différentes relations ministérielles, et notamment la Défense en raison de ses contrats d'approvisionnement en énergie, d'en savoir plus ; mais rien d'autre que la confirmation de ce qu'il savait déjà ne fut obtenu, et son ami, le père d'Ophélie, tout Général à l'Etat-major qu'il était, ne fut pas plus efficace.

Mais depuis quelques années, Raoul était très inquiet. Lorsqu'elle avait eu dix-huit ans, le commandant Constant l'avait informé que Lucie avait obtenu son bac, assez brillamment, via une session spéciale et était en perfectionnement accéléré des trois langues étrangères dont elle avait été déjà instruite en cours de scolarité. En réponse, Raoul, avait souligné que Lucie était maintenant majeure et que donc, peut-être serait-il possible qu'elle le contacte lui ou un membre de sa famille ; le commandant Constant avait répliqué qu'il comprenait le désir de Raoul, mais que cela était impossible. Et puis, en y mettant quelques formes, il en était arrivé à conseiller à Raoul de considérer que Lucie, pour des motifs personnels, avait tourné la page de sa vie antérieure et qu'elle ne souhaitait pas s'y replonger, pas plus que de reprendre le moindre contact.

Raoul avait reçu ça comme un choc ; il en avait été naturellement peiné, non pas d'un retournement d'affect de la part de Lucie à son égard ou celui de sa famille – il n'y croyait tout simplement pas ! – mais que Lucie ait pu être mise dans une situation d'une telle contrainte ; et pourquoi ? Bien entendu, Raoul avait gardé cette information pour lui.

Puis le commandant Constant avait ajouté qu'il ferait ce qu'il pourrait, mais qu'à partir de maintenant, il lui serait plus difficile d'obtenir des nouvelles régulièrement en raison de multiples stages auxquels Lucie devra participer.

Au cours des trois années qui suivirent cette information, le commandant Constant tint parole autant que cela lui fut possible, comme il l'avait d'ailleurs prévu ; c'est-à-dire très irrégulièrement. Puis il n'y eut plus aucune nouvelle. Une fois encore, Raoul sollicita ses relations pout tenter d'en connaître la raison, mais c'est le père d'Ophélie qui obtint le renseignement : le commandant Constant était devenu injoignable ; il serait passé de la DGSI à la DGSE[2] et aurait été envoyé quelque part dans le monde pour une énigmatique mission…

Raoul dut alors expliquer à Octave qui souhaitait des nouvelles, que le silence qui durait était probablement dû à un très long et très éloigné voyage de Lucie qui devait avoir à ce moment vingt-deux ans ; Octave s'en contenta avec une certaine placidité, ayant en apparence, déjà depuis un bon moment, relativisé sa relation avec Lucie, tout en la gardant très vivante tant dans son esprit que dans son cœur ; Barbara, quant à elle, restait en retrait, s'installant dans un triste mutisme dès qu'il était question de Lucie, alors que Raoul, s'il gardait sa réserve, n'était nullement prêt à « archiver » le cas Lucie, comme le lui avait sous-entendu le commandant Constant ! En bref, la famille avait aussi adopté virtuellement Lucie.

Cependant, l'inquiétude de Raoul perdurait, car il lui revenait régulièrement en mémoire l'étrange comportement de Lucie incompatible avec son âge de l'époque : à peine treize ans ! Il avait attribué cela à un don inné de séduction que peut-être sa situation d'orpheline avait précocement développé, mais qui pourrait bien se révéler dangereux, d'autant plus que, outre la chaleur de son grand regard sombre que

2 Direction Générale de la Sécurité Extérieure.

diffusaient ses longs yeux hiéroglyphes, son physique, bien qu'encore de gamine, promettait une belle silhouette de femme et que les traits singuliers de son visage joliment découpé et typé de hautes pommettes, s'ils signaient, à n'en pas douter, une origine d'« ailleurs », lui donnaient beaucoup de caractère allié à une étonnante maturité pour son âge ; troublant ! En ajoutant à tout cela une aptitude innée au combat, il ne serait donc pas impossible qu'elle évoluât vers un type de femme détonnant ! D'où l'inquiétude de Raoul.

Comme déjà dit, Lucie et Octave avaient été tellement indissociables, que Raoul et Barbara, en adoptant Octave, avaient aussi affectivement adopté Lucie, même si l'adoption officielle de Lucie leur avait été refusée pour des raisons non avouées, et cela, malgré la déchirante séparation d'avec son pseudo « p'tit frère » Octave. En plus de ce qu'avait évidemment ressenti Octave, Raoul et Barbara avaient eu la pénible impression qu'on leur enlevait ni plus ni moins leur fillette ! Depuis, Raoul en ressentait un engagement à l'égard de Lucie et estimait qu'il fallait absolument que cette gosse, à la personnalité très attachante, soit protégée et bien encadrée, comme il aurait souhaité le faire lui-même.

Et puis, Raoul comptait bien qu'un jour viendrait où Lucie pourrait rejoindre son « p'tit frère », et Barbara cesserait enfin de verser des larmes silencieuses à chaque évocation de Lucie. C'était pour cela que, jusqu'au « départ » du commandant Constant, il avait gardé un contact avec lui, espérant que l'intérêt qu'il manifestait à Lucie, inciterait cet officier à être son interprète dans le milieu où elle se trouvait.

Mais depuis qu'un silence total s'était fait sur le devenir de Lucie, d'année en année, un sentiment de plus en plus alarmiste la concernant s'était insidieusement installé dans l'esprit de Raoul. L'eau avait coulé ; Lucie devait maintenant avoir pas loin de vingt-sept ans ! Un âge signifiant qu'une étape avait, évidemment, déjà été franchie ; oui mais laquelle, de quelle nature ? en tout cas un parcours bien entamé, certes, inconnu, mais justement, que Raoul trouvait, pour le moins, préoccupant et qui, en dépit de ses espoirs, l'incita, dans son for intérieur, à remplacer les termes « protégée et encadrée » par celui de « sauver » ! Pourquoi sauver ? Raoul ne se l'expliquait pas ou peut-être bien se le refusait, préférant s'en tenir à son sentiment sans trop l'analyser. Et puis, il y avait cette image qui ne le quittait pas et renforçait encore sa volonté de « sauver » Lucie ! À Étretat, alors que Barbara et lui discutaient debout devant la mer avec des amis, quelques mètres plus loin, Lucie, Octave et une petite fille d'un des amis en question jouaient à la marelle dessinée sur le sol du Perrey ; mais probablement lassée, la petite fille amie, abandonnant ses petits camarades, avait rejoint son père pour lui prendre la main et s'y pendre tout en regardant Lucie. Lucie s'était alors figée, deux trois secondes, avant de quitter la marelle à son tour, pour se rapprocher de Raoul et, sans un mot, s'en approprier aussi la main ; les deux petites filles ne s'étaient pas quittées des yeux, mais ceux de Lucie flamboyaient de défi et en exprimaient tout son sens : « moi aussi, l'est à moi ! ». Ce fut si violent, une véritable flèche d'arbalète ! que la petite camarade baissa la tête et se retourna contra la jambe de son père ! Raoul avait affiché un simple sourire amusé, mais, au fond de lui-même, il en avait été très touché et, aujourd'hui encore, le contact de cette petite main dans la sienne, tout à la fois à l'abri et possessive, restait imprimé dans sa mémoire ; impossible d'oublier !

Et donc, il s'entêta à rechercher toute information concernant Lucie ; Lucie que Barbara et lui auraient tant voulu pour fille ; Lucie, la « grande sœur » d'Octave, mais il le faisait secrètement, tout en mentant pour la bonne cause : protéger Barbara et Octave. Alors bien sûr, pour eux deux, Lucie se trouvait toujours très loin en poste à l'étranger, probablement pour une belle carrière. Mais, lui, très pessimiste, malgré son manque d'argument concret, craignait en silence qu'il faille supprimer l'adjectif « belle » au mot carrière ; à ses yeux, il n'en était que plus urgent de retrouver Lucie et l'extirper, s'il était encore temps, de ce qui devait être sa vie ;

quelle vie ? Raoul, sûrement pour instinctivement la conjurer, se refusait toujours à la définir ; d'autant qu'ayant encore à l'esprit le souvenir de Lucie, Lucie la guerrière et son regard de fauve en défendant son « p'tit frère », Lucie, les yeux flamboyants de défi, s'appropriant sa main ; et il gardait encore un peu d'espoir qu'elle ait pu résister ; mais à quoi ? Aussi, dans le plus grand secret, avec le père d'Ophélie, son ami Jean de Parmain-Villers, le Général d'Etat-Major, il allait s'atteler à clarifier ses inquiétudes.

Et notre Arsouille ? Le bon chien Arsouille que l'on aurait pu oublier tant il était devenu discret ; Arsouille, quinze ans ! si vieilli, qu'il ne se déplaçait que très lentement ; Arsouille, le souffle court, allant des pieds de Barbara à ceux d'Octave, et inversement, pour s'y laisser lourdement tomber ; Arsouille, couché sur la moquette, la tête au sol, les yeux fermés et la queue immobile. Le pauvre chien était manifestement au bout du rouleau, comme il est courant de dire pour déguiser l'inévitable aboutissement, mais malgré cela, il semblait toujours attendre quelque chose, mais quoi ? Sauf que, curieusement, à la seconde où Raoul prit sa décision de retrouver Lucie coûte que coûte, Arsouille rouvrit les yeux et, du bout de sa queue, se remit à battre le sol, ô ! doucement, à peine, si peu que personne n'en fut alerté, alors même que Raoul n'était pas dans la pièce et n'avait pris sa décision que dans le silence de sa conscience ! Était-ce un concours de circonstances, un simple fait du hasard, ou bien la démonstration du fameux phénomène de synchronicité ? Allez donc savoir ! Mais Arsouille respirait encore et s'offrait même le luxe d'accompagner, certes, à pas de vieillard, mais accompagner quand même, de temps en temps, Raoul, Barbara ou Octave pour une courte sortie ; on eut dit même qu'à ces occasions, malgré ses douleurs diverses, se réveillait dans ses yeux une petite flamme de curiosité ; espérait-il quelque chose de ces petites balades ? Avant de revenir, la petite flamme éteinte, peut-être même déçu, s'abandonner sur la moquette, impassible à attendre, encore attendre...

Chapitre VI

Un mercredi.

— Comment s'est passée cette semaine, Octave ?

— Nickel Professeur, répondit Octave de son ton toujours aussi calme.

— Parfait, Octave. Ma secrétaire m'a dit que vous aviez sollicité spécialement ce mercredi pour notre rencontre ; y a-t-il une raison particulière ?

— Oui, c'est exact, Professeur ; mais ce n'était qu'une sollicitation, pas plus.

— Je comprends ; et ?

— Et ?... Ah, oui ! Tout simplement parce qu'Ophélie assiste, avec ses collègues internes, à une séance de démonstration pédagogique faite par leur Professeur, devant de jeunes mères avec leurs enfants ; le mercredi, les enfants ne sont pas en classe, ce qui explique le choix du mercredi ; du coup, je suis plus libre de mon temps.

— Je vois ; donc je comprends qu'Ophélie, que je n'ai pas le privilège de connaître, est aussi interne, mais en pédiatrie ; très bien ça, très bien. En tout cas, j'en déduis qu'elle semble beaucoup compter pour vous, Octave ; je me trompe ?

— Je ne me pose même pas la question, Professeur ; je la connais depuis déjà longtemps et elle est devenue pour moi tout simplement, mais profondément « Ophélie », ce qui est beaucoup et ne se définit pas !

— Vous avez, Octave, une considération de l'amour très philosophique !

— C'est grave docteur ? demanda Octave en riant.

— Tout dépend de ce qu'on entend par le mot « grave » répliqua le Professeur Deschamps en riant à son tour.

— Aurais-je dû me diriger sur la philo plutôt que la psycho, Professeur ? demanda Octave, mais pour la forme car, en lui-même, pas convaincu du tout !

— Ce sont deux disciplines cousines, Octave ; la philo s'assure des vérités, la psychologie les suppose… et la psychiatrie soigne les deux ! Ça vous va comme ça, Octave ? conclut le Professeur Deschamps avec un sourire en coin.

— Magnifique réponse, Professeur ! Vous n'auriez pas aussi fait l'ENA, par hasard ? lâcha Octave, la mine farceuse.

Éclat de rire du Professeur Deschamps !

— Vous ne manquez pas d'humour Octave ! Une qualité qui vous servira dans l'exercice de vos fonctions futures ; enfin, je voulais dire : pas pendant, mais après l'exercice, car vous aurez aussi des moments difficiles. L'humour est une excellente arme pour se garder une solidité.

— Je m'en doutais, Professeur ; c'est pourquoi je maintiens mon choix de Psychiatrie !

— Parfait ! Donc, vous avez redemandé à me voir ; fort bien. Aviez-vous une pensée bien précise à me soumettre ?

Octave réfléchit quelques secondes puis dit qu'il ne savait pas trop pourquoi, mais qu'il lui paraissait bon de profiter de ce laps de temps libre, qu'il n'avait pas prévu, pour reprendre contact avec son tuteur. Le Professeur Deschamps se recula sur son siège, garda à son tour quelques secondes de silence avant d'avancer qu'il s'agissait d'une situation classique et que, peut-être, il pourrait l'aider à en trouver la vraie raison. Octave acquiesça d'un geste, la mine accommodante. Le Professeur Descamps se réavança alors sur son siège, posa les avant-bras sur son bureau et, faisant pirouetter son stylo Bic entre ses doigts, dit :

—Peut-être était-ce un désir inconscient de revenir sur ce que vous m'avez livré lors de notre dernier rendez-vous ?

Octave cherchait dans sa mémoire ; enfin, plus précisément, Octave se demandait s'il était vraiment opportun de revenir là-dessus. Mais le Professeur Deschamps s'y attendait et, reprenant ses métaphores antérieures, lui donna un petit coup de pouce :

— Pour fermer la porte d'un placard, il est toujours prudent de bien identifier l'importance de ce qu'on y met ; faute de quoi, le contenu mal plié, avec le temps, risque d'avoir trop de pression sur la porte qui va alors se rouvrir et tout déverser quand on s'y attend le moins.

— Autrement dit, Professeur, vous me demandez si mes parents biologiques sont bien rangés dans une malle de mon grenier cérébral ? C'est bien ça, Professeur ?

— En quelque sorte, Octave ! Toutefois, je ne suis pas certain que vous ayez bien fermé le couvercle ; ce serait une bonne chose de le vérifier, non ?

— Je pense, Professeur, que la malle est trop petite pour contenir la haine que m'inspirent mes géniteurs et les remerciements que je leur dois ; le tout déborde encore beaucoup trop ! Ou plus simplement, cette contradiction prend trop de place.

— Pourriez-vous m'en dire plus sur cette contradiction ? questionna Le Professeur Deschamps d'un ton très posé.

Octave, qui s'était exprimé, comme à son habitude, penché en avant, appuyé sur ses cuisses et mains croisées entre ses genoux, laissa passer un court instant de silence, puis il releva lentement le regard et dit :

— Il y aurait bien une solution ; puis il se tut.

Le Professeur Descamps ne réagit pas ; il attendait ; pas question d'entraver la pensée d'Octave ! Mais Octave s'était replongé dans sa réflexion, le regard cette fois à terre ; lui aussi attendait ; mais quoi ? Que le Professeur Deschamps le libère de ses hésitations ? Ou bien qu'il se décide lui-même ? À moins qu'il ne s'assure encore du bien-fondé, en tout cas à ses yeux, de ce qui, depuis si longtemps, frappait à la porte de son cerveau pour enfin en sortir.

Les minutes s'écoulèrent ainsi, sans qu'une parole de l'un comme de l'autre ne vint relancer le sujet, provoquant une atmosphère assez lourde ; le seul bruit entendu était le bourdonnement d'une mouche contre les carreaux de la fenêtre. Mais au bout d'un long moment, le Professeur constata qu'Octave, installé dans sa méditation, ne manifestait ni impatience ni prémices d'un départ, et de ce fait, il en déduisit qu'il avait un réel besoin d'exprimer quelque chose, probablement en lien avec « sa solution ». Aussi, comme il lui revenait, à lui, le Professeur, d'éviter qu'Octave ne reparte en situation d'échec, il se décida à essayer de le débloquer ; souvent un mot suffit...

— Laquelle ? relança-t-il alors.

— Laquelle ?... Laquelle quoi ? s'étonna Octave, avec la plus belle mauvaise foi, histoire de gagner encore quelques secondes de plus.

— Mais votre solution, Octave !

— Ah ! oui, bien sûr...

— Et ?

— Eh bien...

— Oui ?

— Faire de la place ! lâcha alors, d'un seul coup, Octave, aussi violemment que le coup de feu qui jaillit instantanément de son regard !

Cette fois, le Professeur Deschamps prit, en pleine face, la brutalité de la réponse d'Octave, tout comme simultanément l'agressivité de son regard ; un regard dont l'explosion, aussi fugitive qu'elle était, n'en était pas moins une véritable détonation silencieuse ; de quoi être sérieusement secoué par son écho mortifère ! Mais ses années de pratique permirent au Professeur Deschamps d'avorter son réflexe de recul. Il est vrai que le ton et la physionomie qu'avait eus Octave, rapprochés de son expression « Faire de la place ! » avaient, au minimum, de quoi surprendre, mais surtout, se poser des questions sur le sens qu'il avait voulu y mettre. Octave venait de lui révéler une facette de son personnage à laquelle il ne s'attendait pas, mais que, par contre, il estima prudent, en première intention, de considérer comme réellement inquiétante. L'expérience parlant, inévitablement le Professeur Deschamps ne put s'empêcher de se dire qu'il y eut plus d'un passage à l'acte, dont les signes prévisibles, pourtant antérieurement signifiés, ne furent pas à temps détectés. En conséquence de quoi, même s'il n'affirmait rien encore d'un tel diagnostic, pour l'heure, il voulut s'assurer qu'Octave baissât de tension avant de repartir, ou bien alors, qu'il se livrât plus avant sur ce qui le tourmentait, afin qu'il sorte de son bureau plus apaisé ; on verrait plus tard comment approfondir le sujet. Mais Octave, redevenu fidèle à lui-même, s'était déjà déplié et, sa grande carcasse penchée au-dessus du bureau, la main tendue vers le professeur, le salua d'un air des plus affables en lui souhaitant : « à la prochaine fois, Professeur ! » Puis, il tourna les talons et, toujours d'une longue et lente enjambée, sortit de la pièce aussi calme et souriant que s'il se réveillait de sa sieste sous la caresse d'un doux rayon de soleil printanier ! Sacré Octave !

De son côté, encore assis à son bureau, le Professeur Deschamps, immobile, restait plongé dans un profond questionnement concernant

Octave ; questionnement dont il n'entrevoyait pas encore l'issue, mais qui, cependant, le laissait perplexe sur le niveau d'inquiétude qu'il convenait de retenir.

Quant à Octave, quelques minutes plus tard, totalement détaché de son entretien avec le Professeur Deschamps, il s'acheminait tranquillement à pied vers son petit studio ; il avait à revoir un de ses cours sur les caractéristiques différenciant la névrose de la psychose. De l'hôpital Necker au Quartier Latin où se trouvait son studio, par ce beau temps de fin de journée, à pied de son allure flegmatique compensée par la longueur de sa foulée, il lui faudrait une bonne demi-heure. Après quoi, il lui resterait deux bonnes heures pour faire le tri entre les obsessions, les hystéries et les phobies pour les névroses et entre la schizophrénie, la paranoïa et autres hallucinations psychotiques et délires paraphrènes, pour les psychoses ; bref, tout un programme qu'il lui fallait appréhender avec précision, mais avec hauteur pour rester objectif sur toutes ces appréciations subjectives ! « Rester objectif dans la subjectivité » avait dit le Professeur Deschamps ! Quant à prendre de la hauteur, pour Octave ce n'était pas un problème, ni sur le plan intellectuel et encore moins sur le plan physique ! À croire qu'il survolait le monde dont il ne considèrerait, en baissant le regard, que ses seules composantes s'extrayant un peu plus que les autres d'un tout uniforme, en tout cas, suffisamment, pour qu'il leur concéda un peu de son attention du haut de son petit nirvana.

Depuis son adoption, Octave vivait dans un cocon bienheureux, une sorte d'Olympe où Barbara, Raoul, Ophélie, Arsouille et lui-même, bien sûr sans oublier l'ombre de Lucie, se nourrissaient de leurs affections réciproques ; le reste de l'humanité n'avait n'intérêt pour Octave qu'en cas d'éventuelles occurrences susceptibles de chatouiller sa curiosité, histoire d'exercer son indiscutable intelligence. Néanmoins, lorsque l'occasion se présentait, il ne privait jamais les tiers de sa courtoisie naturelle, ce qui, sans qu'elle n'en soit en aucun cas le but, masquait, du même coup, son détachement pour ne pas dire sa profonde indifférence. Ophélie, qui s'en amusait, à chaque fois qu'elle était témoin d'une telle circonstance où son grand girafon faisait, en apparence, preuve d'une grande civilité, se demandait, secrètement, si le petit Octave abandonné à la naissance ne serait pas d'origine anglaise !

Il faut dire qu'Ophélie tenait de son père Général la considération que l'Angleterre vivait depuis des siècles dans un mensonge permanent ! Effectivement, son père, le Général Jean de Parmain-Villers, prétendait, à juste raison d'ailleurs, que l'Angleterre, en faisant court, fut française avant d'être anglaise, puisque conquise par le Normand Guillaume devenu français, puis assujettie à la couronne de France par le règne d'une dynastie française, vassale du roi de France, et cela jusqu'à la guerre de cent ans qui ne fut qu'une guerre franco-française entre deux dynasties concurrentes. Sur ce point-là, nos amis anglais n'insistent jamais trop et changent assez facilement de conversation pour la simple raison que ce fut la dynastie française, côté continent, qui finit par gagner cette guerre. Mais à cela, le père d'Ophélie ajoutait le deuxième plus grand mensonge, encore entretenu aujourd'hui de l'autre côté de la manche (que nos anciens vassaux appellent la Chanel), à savoir que Waterloo était une victoire anglaise, ce qui est totalement faux. Malheureusement, en raison de L'Entente Cordiale[1] et des trois guerres successives avec l'Allemagne et spécialement les deux dernières, des deux côtés de la Manche/Chanel, il fut de bon ton de ne pas rappeler dans les manuels d'histoire, une victoire germanique enterrée par les ans et la mauvaise foi anglaise. Eh oui ! Car à Waterloo, c'est en effet Blücher, général prussien, et même Maréchal,

1 L'Entente cordiale est le succès diplomatique par lequel la France et le Royaume-Uni tentèrent de régler leurs antagonismes, d'abord sous la monarchie de Juillet, sous le Second Empire, et plus tard sous la Troisième République.

qui surgit de nulle part au dernier moment avec ses troupes intactes pour renverser le cours de la bataille ; mais que faisait Grouchy ! Grouchy, Maréchal d'Empire qui aurait dû stopper les troupes de Blücher avant qu'elles n'atteignent Waterloo, mais qui s'égara dans des estimations des plus oiseuses sur la direction que prenaient les Prussiens ! Car ce qu'on ne dit pas, c'est que les Anglais pliaient, à ce moment, sous les assauts français, et envisageaient déjà de rembarquer ! La victoire de Waterloo fut donc en fait une victoire prussienne et le mémorial de Wellington à Londres, statufiant ce mensonge, ne changera rien à l'histoire ! Mais soyons grands seigneurs, reconnaissons que l'humour anglais, quand on leur souligne cette contre-vérité, recouvre sans détour, toute impertinence à ce sujet ; impertinence… à leurs yeux ! Il faut bien sauver la face !

Mais revenons à Octave ! Quand ses heures studieuses se furent écoulées, Octave, d'un air aussi détaché que s'il venait d'avoir lu Tintin, se leva de sa chaise, rafla au passage son blouson, sortit de son studio, en referma la porte et, tandis qu'il descendait l'escalier, appela Barbara sur son portable pour un simple affectueux « coucou » et, en passant, lui dire qu'il rejoignait Ophélie pour dîner avec elle chez ses parents et qu'elle ne devait donc pas se faire de souci. Barbara, satisfaite de l'entendre, acquiesça et l'embrassa à distance ; Barbara qui s'angoissait pour un rien, craignant toujours qu'Octave se fasse renverser en traversant, que, vu sa taille, il s'assomme contre une des poutres de son petit studio, ou bien que, par grand vent, une tuile d'un toit lui tombe sur la tête en marchant dans la rue, ou encore, disait Octave en souriant, qu'un Dinosaure sorti de nulle part le happe d'un coup de langue !

Sa mère rassurée, enfin, au moins pour le temps qu'elle l'eut au téléphone, Octave se dirigea vers la Place de la Contrescarpe où, sur le chemin, il devait attendre Ophélie au bar de « La Queue du Chien [2]» ; un

2 Voir « Le Bal des Cloportes » du même auteur ; éditions Libre2Lire.

bistrot connu spécialement des initiés du Quartier Latin, mais aussi des touristes bien informés ! De son petit studio, Octave ne mit pas plus de dix minutes pour pousser la porte du bistrot « La Queue du Chien » et, ô surprise, Ophélie, qui l'avait devancé, se jeta aussitôt à son cou pour l'embrasser ; sauter serait plus juste, car, en bonne sportive qu'elle était, avec de l'élan, elle lui enserra les hanches de ses propres jambes, tout en s'accrochant à son buste et son cou, comme on le fait d'une corde lisse ou d'un mat d'exercice ! Sauf qu'il est bien rare de ventouser de ses lèvres, si belles soient-elles, une corde lisse ou un mat d'exercice ! Donc laissons-là la comparaison, car, vu le temps que dura l'escalade, Octave, manifestement, avait, pour son plus grand plaisir, une considération très, très, personnelle de la démonstration gymnique d'Ophélie ! Mais vint le moment où il fallut bien respirer ! Aussi Octave « reposa » Ophélie à terre, non sans la garder contre lui ; d'ailleurs, il n'avait pas le choix, il n'était pas question pour Ophélie de laisser, ne serait-ce qu'un centimètre entre elle et lui, quelquefois qu'une perverse et invisible entité féminine, extraite insidieusement des enfers, vienne traîtreusement s'interposer !

Amusé, Romain, le patron du bar, qui les connaissait bien, plaça deux verres à cocktail sur le comptoir et sous la représentation métallique du célèbre chien, fit pivoter la clef de la position de « self-service » sur celle de « staff », puis actionna deux fois la queue du chien, ce qui lui fit aussitôt lever la patte, deux fois, et... remplir les deux verres[3] ! Ophélie et Octave célébrèrent alors la miction très spéciale du chien par une ola démonstrative, comme il était devenu d'usage de le faire en remerciement, puis s'approchèrent pour prendre les verres et aller s'asseoir à une table dans la salle.

— À nous ! dit aussitôt Ophélie dès qu'ils furent assis et en tendant son verre vers celui d'Octave ; lequel Octave en fit autant, mais rajouta :

3 Explications détaillées dans « Le Bal des cloportes » du même auteur !

— Et cette conférence ? Avec toutes ces femmes, ton prof a pu quand même en placer une ?

— Parfaitement ! Sache, mon grand girafon, que l'intelligence légendaire des femmes leur a permis de détecter instantanément l'intérêt qu'elles auraient à laisser parler le Maître. Et c'est ce qu'elles ont fait ; maintenant, ce qu'elles en auront retenu au quotidien, ça, Dieu seul le sait !

— Et en rigole encore !

— Octave !

— Qu'est-ce que j'ai dit ?

— Laisse Dieu tranquille !

— Mais, mon p'tit mulot, c'était juste pour faire comme lui...

— Comment ça ?

— Ben, en rire !

— Macho ! Et pour te punir, tu ne pourras plus m'embrasser avant... euh... avant...

— Avant la prochaine fois !

— Bon d'ac, mon grand girafon, mais exceptionnellement, alors ! Et tu sais quoi ?

— Non.

— Eh bien, à voir toutes ces mères et futures mères, ça m'a donné envie !

— Euh... de quoi ? s'enquit Octave, sur un ton où perçait une indéniable inquiétude.

— Mais voyons, Octave ! d'avoir un bébé, pardi !... Mais ?... Octave ! Où vas-tu ? Eh ! reviens !

Eh oui ! Octave s'était immédiatement levé et, à pas de loup, comme s'il n'avait ni vu ni entendu, s'était éloigné... de quelques mètres seulement ! car ce n'était que de l'humour ; et donc il retourna s'asseoir et, au moment où il allait dire quelque chose :

— Ne t'affole pas comme ça, mon grand girafon chéri ! C'était juste une envie ; je n'ai « posé » aucune date ! précisa Ophélie en se retenant de rire ; puis, se penchant vers lui par-dessus la table, elle lui confia à voix basse, pour ne pas dire chuchotée, mais avec un sourire gourmand :

— Il n'y a pas le feu ; même si te regarder me transforme en braises !

Octave se pencha à son tour au-dessus de la table pour déposer ses lèvres sur celles d'Ophélie ; un tendre mais rapide baiser accompagné d'un « rappel à la Loi » :

— On y va, mon p'tit mulot ; tes parents nous attendent !

— Dac, mais… pour le bébé… on pourrait… bon OK, plus tard !

Octave regarda en l'air, façon de ne pas être là, et tous les deux se levèrent et adressèrent un geste d'au revoir à Romain, qui fit de même, sans oublier de mettre les consommations sur le compte d'Octave, « comme d'hab » !

En descendant la rue Mouffetard, rapidement, Octave, qui enlaçait Ophélie de son bras gauche, la fit décoller du sol, tout en pivotant sur sa droite, pour s'engouffrer dans la rue de l'Arbalète qu'ils parcoururent en riant ; mais Octave, par un nouveau décollage, fit pirouetter Ophélie de sa gauche à sa droite, histoire d'être prêt, en arrivant au croisement de la rue Berthollet, à la renvoyer sur sa gauche en une autre très gracieuse volte aérienne ! Puis enfin, en droite ligne, ils dégringolèrent la rue Berthollet, en accélérant le pas pour Octave, mais en courant pour Ophélie ! Et cette valse à deux temps, scandée des éclats de rire d'Ophélie, les mena jusqu'au boulevard de Port Royal qu'ils n'eurent qu'à traverser pour atteindre l'immeuble des parents d'Ophélie.

Un grand porche d'entrée, deux étages dans un ascenseur à l'ancienne avec double grille et sept pièces en enfilade avec balcon sur le boulevard. En dehors du grand salon/réception, de la salle à manger, de son petit salon avec alcôve-bureau-bibliothèque, et des trois chambres, le général Jean de Parmain-Villers octroyait royalement à sa femme, Eugénie, une dernière pièce où cette discrète artiste pouvait peindre à loisir. Et c'est justement Eugénie qui allait les accueillir ; mais avant, ce fut Amalia, l'une des deux domestiques, qui vint de leur ouvrir la porte ; Ophélie l'embrassa, elle la connaissait depuis sa naissance ! Ils étaient encore dans l'entrée quand, un pinceau à la main droite et palette dans la main gauche, blouse maculée de peinture de toutes les couleurs, plus une belle trace d'un vert crocodile sur le front malgré un foulard de protection sur sa tête, Eugénie sortit précipitamment de sa pièce/atelier pour les enlacer, avec autant d'élégance naturelle que d'inopportunité, vu son état du moment !

— Maman ! Tu t'es maquillée à la gouache ! s'exclama Ophélie en la tenant à distance avec ses bras.

— Oh diable ! Mes chéris, je suis si distraite ! Mon cœur vous embrasse, je vais me préparer, je reviens très vite ! lança alors Eugénie en voltant gracieusement sur place pour se diriger vers sa salle de bain.

Mais sortant de son bureau-bibliothèque et voyant passer sa femme avec un visage lumineux, le général, souriant, ne put s'empêcher de lâcher :

— Très vite, très vite ! Ce serait bien surprenant ! Venez, mes enfants ! allons au salon, un bon cocktail nous aidera à lui pardonner !

Ils burent effectivement un bon cocktail savamment préparé par le général. Mais après avoir demandé à Octave des nouvelles de ses parents, le général lui rappela que le dernier challenge, qu'ils s'étaient tous les trois donnés, réclamait une revanche, et que donc, après le dîner, ils pourraient effectivement s'y atteler !

Eugénie réapparut, toujours aussi affectueuse sans que cela n'altère en rien l'élégance de son comportement, mais cette fois en une tenue plus civile, et même, dès plus classiques, sauf que son chignon était traversé, pour le tenir, d'un petit pinceau rouge, heureusement de sa teinte d'origine, ce qui donnait à son port de tête au naturel très « aristocratique », un petit côté original assez charmant. Ni son mari, ni sa fille ne semblèrent étonnés du choix de sa très spéciale pique à chignon ; quant à Octave, sa placidité couvrant son envie de rire, il se dit que, dans le cas, tout à fait envisageable, où Eugénie aurait confondu ses matériaux de peinture et de toilettage, Ophélie et son père devaient y être habitués et donc en tirer le meilleur parti, à savoir : un tendre regard amusé, auquel, d'ailleurs, il s'associait sans hésitation. Octave aimait bien Eugénie ; il trouvait qu'elle avait donné à Ophélie une part de sa gaieté naturelle, cette façon de survoler les réalités de la vie avec le même sourire qui, sans même qu'elle ne s'en rende compte, lui servait à se faire ouvrir toutes les portes ! Heureusement, le général avait aussi transmis à sa fille son caractère affirmé et son pragmatisme, ce qui, fusionnant avec l'héritage de sa mère, venait équilibrer le comportement d'Ophélie animé par une pensée optimiste, mais réfléchie, et ô combien réfléchie ! En bref, Ophélie était un excellent produit, aurait dit Gustave, son ami jockey qui rapportait tout aux chevaux !

Gustave avait le même âge qu'Octave. Ils avaient été dans le même orphelinat et si, à cette époque, ils n'avaient été que des petits camarades et non des amis, ils le devinrent plus tard, à l'âge adulte, où ils se retrouvèrent à l'occasion de l'achat par le général, mais pour Ophélie, d'un pur-sang de six ans du nom de « Jubert », réformé des courses.

Ophélie était la filleule de l'entraîneur de cette écurie réputée de chevaux de course d'obstacles à Maison Laffitte et bénéficiait, grâce à son parrain, de reprises de pur-sang doués pour le cross, mais dont l'âge de courir sur hippodrome était arrivé à terme ; Ophélie étant cavalière de C.C.E[4] trouvait, dans cette aubaine, des chevaux de qualité triés sur le volet ! Pas question pour son parrain de lui laisser acheter des chevaux incertains ; le C.C.E étant bien assez dangereux comme ça !

4 Le concours complet d'équitation comporte aujourd'hui trois épreuves avec le même cheval : dressage, cross, jumping. Initialement, il comportait deux épreuves de plus : un routier et un steeple.

Le jour de l'achat du cheval en question, Octave qui aimait bien les chevaux, mais ne les montait qu'en dilettante pour de placides balades avec Ophélie, était présent. Or, le jockey qui présenta le cheval, ô surprise, n'était autre que Gustave ! Les deux garçons eurent un instant d'hésitation, mais lorsque l'entraîneur prononça le prénom de Gustave pour lui dire de prendre le galop, Octave n'eut plus aucun doute et se fit connaître ! Depuis cette inattendue rencontre, des années après avoir été séparés du fait de l'adoption d'Octave, les deux garçons devenus des hommes, s'étaient revus à plusieurs reprises, jusqu'à devenir, cette fois, des amis.

Gustave n'avait pas eu la même chance qu'Octave, mais ne s'en était pas si mal tiré quand même. Lorsqu'il avait bénéficié de séances de découverte et familiarisation au club hippique d'Étretat, pendant les vacances organisées par l'orphelinat, tandis qu'Octave, sans oublier Lucie, profitait de la zone nautique, son esprit, son affect, avaient été durablement imprimés du monde des chevaux. Il n'oublia jamais ce qu'il ressentit, au point que, dès l'âge de treize ans, lorsqu'il fallut le changer d'établissement, il demanda à intégrer une école pour être jockey ; ce qui lui fut accordé, d'autant plus facilement, qu'il n'avait pas manifesté, durant sa petite scolarité, un goût prononcé pour des études longues. Gustave rentra donc à l'école des jockeys et apprentis de l'AFASEC[5] à Gouvieux à côté de Chantilly ; il y brilla assez rapidement tant sa motivation était forte. Quand il en sortit, diplômé, il entra dans l'écurie du parrain d'Ophélie, à Maisons-Laffitte, comme apprenti, puis cavalier d'entraînement. En fin de croissance, il mesurait un mètre soixante-deux avec un poids assez léger et de plus avait un vrai feeling

5 L'AFASEC, Association de Formation et d'Action Sociale des Ecuries de Courses, est une association indépendante sous la tutelle du Ministère de l'Agriculture et du Ministère de l'Economie et des Finances.

à cheval, ; il lui fut alors réservé les meilleurs chevaux tous les matins. Puis on lui donna sa chance en course… et il y fit honneur !

Pour l'heure, c'est au dîner que les convives firent honneur ! Vicenta, l'autre domestique, était très bonne cuisinière et vivait, comme Amalia, avec cette famille depuis si longtemps qu'elle en connaissait tous les goûts. Le repas se passa donc au mieux et le vin, bien choisi par le général, fit en sorte que, dès les digestifs avalés, le même général se leva joyeusement en frappant dans ses mains pour annoncer :

— Allez ! À la salle de tir !

— Eh bien, bonne chance, mes chéris ! lança alors Eugénie qui s'installa bien confortablement sur le canapé du salon, les jambes allongées sur un pouf à cet effet, puis alluma la télévision pour suivre une émission sur l'art baroque qu'elle avait enregistrée au préalable.

— Embrassez-moi, mes chéris, avant de descendre à la salle de tir, car peut-être dormirai-je quand vous remonterez.

Et tous les trois l'embrassèrent avant de quitter le salon ; puis ils sortirent de l'appartement pour prendre l'ascenseur jusqu'au rez-de-chaussée. Là, jubilant par avance, le général, avec une grosse clef, actionna la serrure d'une petite porte dans le fond du hall qui s'ouvrit sur un vieil escalier tournant aux marches de pierre usées par les ans. Le général enclencha la lumière et tous les trois dévalèrent l'escalier pour se trouver en bas dans un couloir souterrain au plafond arrondi les menant jusqu'à la salle de tir ; une salle bien protégée par une porte métallique et une fermeture de sécurité, le tout sous surveillance électronique.

Une fois à l'intérieur, porte refermée, le général composa le code d'ouverture d'un coffre-fort pour en sortir les armes et les munitions ; des pistolets automatiques avec balles de vingt millimètres. Chacun prit sa place délimitée devant le stand de tir, bien en face de sa propre cible. Les sons, dans cette pièce très privée et totalement insonorisée, étaient feutrés et demandaient, de ce fait, à chaque participant d'être très clair en articulant bien les mots quand il avait à dire quelque chose. Le général, qui fut, dans sa jeunesse, champion de tir et avait gardé la passion des armes, rappela les consignes de sécurité, les règles du challenge et souhaita bonne chance à sa fille et Octave, tout en espérant secrètement le contraire ! Tous mirent leur casque sur les oreilles et les tirs se succédèrent !

Chapitre VII

Jeudi Matin.

— Hello, mon grand girafon ! Faut sortir du lit ! Je dois allez à la fac et toi à l'hôpital !

La conviction était forte, mais le ton plein de douceur. Ophélie s'était retournée contre Octave et lui enlaçait les épaules tout en l'embrassant amoureusement dans le cou ; Octave qui, allongé sur le ventre en travers du lit, un bras abandonné jusqu'au sol, avait du mal à s'extraire de ceux de Morphée, probablement pour avoir tant profité de ceux d'Ophélie ! Mais Ophélie, dans le seul but de réveiller son grand girafon, ne cessait, par de douces caresses et autres effleurements des lèvres, de parcourir ses épaules, son dos, ses reins, jusqu'à ses fesses, où là, elle se redressa, les considéra quelques secondes d'un regard malicieux, puis d'un seul coup, lui en mordilla une !

Et ce fut efficace ! mais sans pour autant qu'Octave ne fasse un bond hors du lit. Il se contenta de lever un peu la tête, puis lentement se retourner, croiser le regard amusé d'Ophélie, avant d'essayer de l'enlacer pour la ramener contre lui. Mais Ophélie s'y attendait ! Aussi, elle résista, calée par ses deux bras tendus sur le matelas, un de chaque côté d'Octave et, ainsi, le buste à demi redressé au-dessus de lui, elle réitéra son alerte avec, toutefois, une légère modification dans l'expression de sa tendresse :

— Debout faignant ! On a du boulot, mec !

Mais Octave, maintenant bien installé sur le dos, n'avait de considération que pour la très belle poitrine d'Ophélie ; et naturellement, Ophélie sentit que les mains de son grand girafon, qui caressaient gentiment ses épaules, allaient très vite et insidieusement se dérouter à des fins auxquelles elle aurait, évidemment, bien du mal à résister ! Aussi, devinant par avance le retard que cet exercice amoureux de manquerait pas de provoquer, elle s'obligea, non sans regret, mais avec malice, à en exprimer la parade :

— Oh, merdas ! Je viens de réaliser qu'hier, j'ai oublié ma pilule !

D'un seul coup, métamorphosé en kangourou, le grand girafon d'un bond s'était redressé et, dans la foulée, éjecté hors du lit, sans toutefois, par réflexe, avoir lâché Ophélie ! Ophélie, encore « accrochée » à son grand girafon-marsupialisé enfin debout, riait, certes, sous cape, mais se contenta d'afficher un tendre sourire et, pour retrouver le sol, se dégagea en douceur de ses bras, tout en lui avouant que « le coup de la pilule » n'était qu'une blague pour qu'il émergeât de ses draps !

Rassuré, Octave le prit très bien ; et pour le prouver, il voulut reprendre Ophélie dans ses bras pour l'embrasser ; mais Ophélie, consciente du risque évident que comportait à l'instant le chaud et sensuel contact de leurs deux corps, eut juste le temps d'attraper une serviette de bain dont elle se para aussitôt, un peu comme tombe le rideau à la fin d'une pièce de théâtre ! Mais tout en tenant la serviette contre sa poitrine, elle se haussa sur la pointe des pieds et lui délivra quand même un baiser sur la joue... enfin, en direction de la joue, question de centimètres ! mais en tout cas, en guise de point final !

Octave fit contre mauvaise fortune bon cœur et s'étant rassis sur le lit, s'étirait avec langueur, cherchant vainement une quelconque motivation à se bouger, quand, voyant Ophélie en passe d'entrer dans la douche italienne, il se leva aussitôt, plus vif que jamais, et en deux enjambées voulut la rejoindre sous la douche ; eh zut ! Trop tard ! Juste devant lui, la porte s'était refermée ! et il ne put distinguer, à travers la vitre embuée, qu'une main s'agitant en une gestuelle d'au revoir et une vague silhouette, mais ô combien tentante, dont il devina le sourire taquin !

Octave, beau joueur encore une fois, alla alors préparer deux cafés, sortir du réfrigérateur le beurre, un pot de confiture et actionner le grille-pain. Après avoir réussi à tout installer dans le bon ordre sur la petite table qu'il avait tirée de dessous la fenêtre, il s'assit sur une chaise et, écroulé sur la table, l'air lassé, il surveillait le vieux grille-pain en attendant qu'il se décidât à éjecter les tranches de pain toutes chaudes et bien brunies.

Quand Ophélie sortit de la douche, elle le vit ainsi, à deux doigts de se réendormir ; aussi, d'un air désespéré, mais teinté d'une indiscutable compassion, elle laissa tomber :

— Je pense que tu devrais commencer par prendre ta douche, mon chéri-encore-endormi ; cela te remettrait les idées en place ; le grille-pain chauffe du vide ! Tu as oublié d'y mettre les tranches de pain !

— Ah, ben, tout s'explique ! s'exclama Octave, imperturbable, en se levant pour aller prendre sa douche.

— Sans aucun doute, mais ce n'est pas tout ! commenta Ophélie en riant.

Et, en effet, ce n'était pas tout ! Car elle lui dit qu'elle allait s'occuper elle-même du petit déjeuner, parce que, outre le grille-pain sans pain, le pot de confiture sorti n'avait rien de confiture, mais tout d'une mayonnaise ! Et c'est d'un air tout aussi dubitatif qu'attendri, qu'elle regarda longuement Octave s'éloigner, toujours aussi placide, mais en marquant son impuissance d'un geste des deux bras.

Une bonne demi-heure plus tard, Ophélie et Octave dévalèrent l'escalier de l'immeuble. Dans le hall d'entrée, Ophélie décrocha l'antivol de son vélo et sortit avec sa bicyclette dans la rue, suivie d'Octave ; là, elle enfourcha sa bécane, embrassa Octave dans la foulée et donna son premier coup de pédale… pour s'arrêter aussitôt et se retourner vers lui :

— Ah ! J'oubliais ! Je passerai d'abord par mon appart après la fac. Je te rappelle que nous avons rendez-vous ce soir pour la soirée annuelle du « Trou du Chat[1] ». Attends-moi chez toi ; mais si tu as un peu de temps, un p'tit coup de rangement dans ton studio serait le bienvenu ; un vrai bordel ! À ce soir mon grand girafon !

— Euh…

La réponse d'Octave n'alla pas plus loin, Ophélie s'était déjà éloignée ; aussi, il ne jugea pas utile d'y donner une suite, d'autant que ça l'arrangeait de n'avoir éventuellement pas entendu, ou, au mieux, bien compris ce qu'Ophélie sous-entendait par « un vrai bordel ! » Et donc, sa conscience hypocritement au beau fixe, Octave, d'un geste brusque des épaules remonta le col de son blouson pour y enfoncer son long cou et, mains dans les poches et sourire serein, se mit en marche de ses longues et tranquilles enjambées. Sauf que, quelques mètres plus loin, il s'arrêta tout net et, la mine en pleine réflexion, réalisa que s'il avait bien enregistré qu'il devait attendre Ophélie chez lui ce soir, avant d'aller au « Trou du Chat », il ne pouvait plus prétendre ne pas avoir entendu ou compris le « un vrai bordel » d'Ophélie et ce qui s'y rapportait ! Piégé,

1 Voir « Le Bal des cloportes » du même auteur ; Editions Libre2Lire.

Octave ! Il allait donc devoir faire quand même un petit effort de rangement et, peut-être même, pour obtenir des félicitations qu'il espérait langoureuses, un coup d'aspirateur en plus ; et toujours optimiste à l'idée de la forme que pourraient prendre les félicitations en question, Octave reprit sa marche d'un pas, certes, toujours aussi décontracté, mais surtout la mine aux anges !

Quant à son père, Raoul, rentré hier soir d'un voyage d'affaires à New York, il était dans son salon à raconter à sa femme, Barbara, ses impressions et appréciations de ce déplacement. Il parla du dîner, qui précéda son retour, notamment pour un fait qui l'amusa, certes, discrètement, mais le divertit des matières abordées qui n'avaient rien de très distrayant. En effet, le marché mondial des énergies, s'il est techniquement et politiquement très intéressant, reste un sujet de grande gravité. D'ailleurs, précisa-t-il, ce n'était pas pour rien qu'étaient présents en plus des hommes d'affaires et autres officiels américains, le premier secrétaire d'ambassade de France, connu pour être très au fait des conséquences stratégiques des marchés d'énergies, et qui plus est, toujours accompagné d'un expert, conseiller d'ambassade, colonel du Corps des Ingénieurs Militaires ; sachant, ajouta-t-il, que le colonel en question, tout conseiller d'ambassade qu'il était, appartenait à la DGSE[2], ce qui n'était un secret pour personne ! Mais de toute façon, cela n'avait que peu d'importance puisque, chacun savait aussi que, côté américain, tout comme du côté mexicain également concerné par le projet encours, participaient au dîner, sous couverture de divers titres de spécialités fantômes, des agents de renseignements du Centro de Investigacion y Segurida Nacional et de la CIA… alors !

Barbara écoutait sagement. Mais, beaucoup plus attirée par les lettres et les arts, ce qui, d'ailleurs, la rapprochait d'Eugénie, l'épouse

2 Direction Générale de la Sécurité Extérieure. (Bref : services secrets)

du général Jean de Parmain-Villers et mère d'Ophélie, elle écoutait son mari d'une oreille distraite ; cependant, elle saisit quand même l'occasion de manifester de l'intérêt aux paroles de Raoul en se rapportant à ce qui l'avait amusé au cours du fameux repas.

— Tu me disais, glacial homme d'affaires, mais mon chéri quand même, qu'au cours du dîner, quelque chose avait réussi à te faire sourire, au moins en secret ; qu'est-ce que c'était ?

— Ah, oui ! L'un des représentants des affaires mexicaines, le Mexique étant très concerné par l'accord en cours d'élaboration, faisait une véritable tête d'enterrement ! Il semblerait, comme me le confia avant de se mettre à table, notre agent de la DGSE, déguisé en conseiller d'ambassade, que l'accompagnatrice du Mexicain, qui lui fut affecté en qualité d'interprète quadrilingue durant son séjour d'une petite semaine à New York, eut subitement un malaise l'empêchant d'assister au dîner de clôture ; et donc, l'absence imprévue de cette collaboratrice aurait été la raison de l'abattement du malheureux représentant mexicain !

— Et tu trouves ça drôle, homme sans cœur ! Pauvre fille ! s'exclama, outrée Barbara.

— Mais non ma chérie, c'était la tête du Mexicain qui m'amusait ! se défendit Raoul en prenant la main de sa femme pour l'embrasser, tout en se retenant de rire.

— Mais peut-être, l'appréciait-il ? Ou même s'y était-il attaché ! Et s'inquiétait ! Comment était-elle avant son malaise ? Avait-elle l'air fatigué ? Tu es vraiment fait de marbre quand il s'agit de ton job !

— Pas du tout, ma chérie, je suis aussi sensible que tout le monde, mais seulement quand les circonstances le permettent. Tiens, regarde ! Arsouille, lui, il le sait ! Tu as vu comme il est venu affectivement se coucher sur mes pieds quand je t'ai parlé du malaise de la belle interprète ?

— Ah, bon ! Elle était belle ? Tu m'as dit que tu ne l'avais jamais vue !

— Ah ! Ah ! Tu es bien femme jusqu'au bout des ongles, Barbara, ma chérie-femme-un-brin-jalouse ! Je t'explique : Ces auxiliaires interprètes, en général très compétentes, sont toujours très belles et savent même être mondaines et, en tout cas, d'agréable compagnie ; c'est une règle bien connue pour mettre à l'aise les personnages invités ; c'est toujours plus facile de négocier avec quelqu'un qui se sent détendu ! Mais rassure-toi, ma chérie, je connais très bien New York, j'y ai des amis et je parle couramment l'anglais et l'espagnol, je n'ai donc pas besoin d'interprète, ni de guide pour mes heures de détente ! Mais je ne peux pas te répondre sur l'état de santé de cette interprète avant son malaise, ma chérie, car je n'en sais rien ; pour cette première approche de l'accord, les Mexicains ne traitaient pas avec les Français, mais avec les Américains ; je ne l'ai donc pas vue.

— Curieux ça… parce que si j'ai bien compris, il s'agit d'un accord, ou, pour le moment, de la préparation d'un accord tripartite entre les USA, la France et le Mexique, non ?

— Tout à fait, ma chérie ; mais comme tu l'as bien compris, nous n'en sommes qu'au début des négociations. Or, les Américains, qui se méfient des Mexicains et cherchent en permanence à les contrôler secrètement, tenaient, en premier lieu, à s'entendre avec eux sans témoin, avant d'avancer vers un accord tripartite officiel. Le dîner de clôture, réunissant, cette fois, tout le monde, n'avait pour but que de favoriser de bonnes relations entre les représentants des nations intéressées et de nous encourager diplomatiquement à continuer nos pourparlers. C'est donc au cours de ce dîner que j'aurais pu voir la belle interprète-accompagnatrice du mexicain, si elle n'avait pas eu ce malaise ; malaise vraiment mal à propos puisqu'elle aurait été juste en face de moi ! rajouta Raoul en riant pour provoquer Barbara.

Puis pour changer de sujet et replonger dans son cadre familial, Raoul se cala dans le canapé, s'étira et s'enquit des siens :

— Les enfants ? Tout va bien ?

— Ça en a tout l'air ! Octave et Ophélie ont dîné hier soir chez les Parmain-Villers ; il était prévu, je crois, une séance de leur challenge de tir après le repas. Puis ils ont passé la nuit chez Octave. Aujourd'hui, si je ne me trompe pas, Ophélie est à la fac et Octave à l'hôpital ; ce soir ils ont rendez-vous au « Trou du Chat » avec leurs amis. Je n'en sais pas plus.

— Eh bien, c'est déjà pas mal ! conclut Raoul.

Puis Raoul, la joue caressée par un rayon de soleil transverse, s'abandonna les yeux fermés dans son canapé pour tenter de récupérer des méfaits du décalage horaire.

Quant à Ophélie, à la fac, elle passa sa journée à assister à un cours magistral en deux temps, trois heures le matin et trois heures l'après-midi, sur la détection d'anomalies ou pathologies congénitales in utero tout au long de la grossesse. À la suite de quoi, après un petit café pour remonter ses batteries, elle participa avec un petit groupe d'étudiants à une synthèse du cours à partir de ce que chacun avait retenu et/ou enregistré sur son ordi-portable ; une journée bien remplie !

Concernant Octave, même si, comme Ophélie, il avait vocation à soigner les enfants et les adolescents, bien que dans une spécialité différente, il y eut curieusement dans son programme du jour, comme une similitude avec celui d'Ophélie ! Sa journée se passa en assistance de consultation d'enfants et d'adolescents psychiquement atteints d'anomalies ou pathologies congénitales ! À croire que le déroulement de leurs études suivait une même évolution ! Sauf qu'aujourd'hui, Octave n'eut pas de cours magistral en fac comme Ophélie, mais, avec trois de ses camarades, une mise en situation à l'hôpital, comme élèves assistants d'un praticien chevronné ; une dure journée aussi !

Une fois leurs heures studieuses écoulées, comme prévu, Octave et Ophélie se retrouvèrent dans le studio d'Octave ; et se prendre mutuellement dans les bras et rester ainsi, l'un contre l'autre un long moment en silence leur fit le plus grand bien. Il y a, pour les étudiants en médecine, toujours des moments difficiles ; surtout lorsqu'il s'agit de l'enfance et ce qu'elle implique. Ophélie, sans que son désir d'enfant n'en fût pour autant atteint, fut évidemment mise à mal par cette journée qui mit en relief, non pas l'admirable éclosion d'une vie, mais, au contraire, tout ce que le commun des mortels ne tient pas à savoir, ou plus dur encore, tout ce qu'on ne dit pas sur les dérapages et autres ratés de la nature. De son côté, Octave, tout au long de ses visites eut aussi son lot de douleur : le regard des enfants en perdition de soi-même ; terrible !

Mais tous les deux avaient une vraie vocation et c'est Octave, avec son calme naturel qui, en serrant Ophélie encore plus contre lui, résuma la question :

— Tu vois, mon p'tit mulot, si l'hôpital Necker, comme les autres hôpitaux pour enfants malades, renferment beaucoup de larmes, ils ont cet immense privilège, grâce à leurs soignants, bientôt nous, mon p'tit mulot ! d'offrir sur le perron de sortie, de touchants sourires, certes, sur des visages encore un peu pâlots, mais des visages d'enfants heureux d'être enfin guéris et de voir la lumière d'un nouvel avenir !

Ophélie leva alors tout doucement les yeux vers lui ; elle pleurait, mais ses larmes encadraient aussi un merveilleux sourire !

Puis Octave se détachant un peu tout en gardant un bras sur les épaules d'Ophélie, eut un geste large de son autre bras pour désigner l'espace de son petit studio et dit :

— Tu vois ! Nickel ! Ça n'a jamais été aussi beau !

— Formidable ! Mais… mais dis-moi mon grand girafon, qu'est-ce que c'est, ça ? s'exclama Ophélie avec malice tout en montrant une chaussette qui dépassait d'un tiroir mal fermé, preuve d'un indiscutable « bourrage » intérieur !

— Euh... On nous attend au « Trou du Chat », mon p'tit mulot ; viens, on va être en retard ! s'en tira Octave en entraînant Ophélie vers la porte !

Ophélie obtempéra, mais non sans lui adresser un regard ironico-réprobateur, auquel, cependant, elle ne put s'empêcher d'adjoindre une indéniable petite touche amoureuse !

Au « Trou du Chat », ils furent accueillis par une ola de bienvenue qui leur fit le plus grand bien, après leur journée difficile. Celia, perspicace comme pas deux, attrapa aussitôt Ophélie par le bras et l'entraîna vers le bar, histoire, avec l'aide d'un bon petit cocktail, de lui transmettre un peu de son optimiste naturel ! Celia, avec son charme et sa gentillesse innée, aurait fait, par son sourire hédoniste appuyé d'un regard de défi amusé, reculer un nuage atomique ! Douée d'un pragmatisme positif, elle avait l'art de rebondir des aléas de la vie avec autant d'adresse et de conviction que sa propre jument sur les obstacles de concours ! Celia, longiligne et gracieuse, était une cavalière de CSO[3] dotée d'un feeling étonnant ; et c'est grâce à ce sport qu'elle rencontra Ophélie, cavalière aussi, mais de CCE[4], et devint son amie.

Octave, lui, retrouva Gustave, son condisciple d'orphelinat devenu jockey. Avec humour, le petit Gustave lui confia qu'il l'avait attendu avec impatience pour, dans la foule des convives, être, à ses côtés, enfin protégé du piétinement des autres... ce en quoi, dans le même esprit, Octave lui répartit que l'amitié valait bien de fortes courbatures dorsales et un blocage de nuque dont il souffrirait inévitablement à force de

---

3 CSO : concours de sauts d'obstacles ou jumping en anglais.

4 CCE : Le concours complet d'équitation comporte aujourd'hui trois épreuves avec le même cheval : dressage, cross, jumping. Initialement, il comportait deux épreuves de plus : un routier et un steeple, soit un total de cinq épreuves comptant pour le classement final.

se pencher vers lui ! Il faut dire que tous les deux, en pleine discussion, pouvaient très bien représenter l'allégorie des extrêmes ! Mais quand les deux amis se rapprochèrent du bar, le petit jockey dans le sillage d'Octave s'arrêta tout net en lui retenant le bras et, les yeux agrandis de surprise, désignant le barman, il s'exclama :

— Ça alors ! Tu le reconnais ? C'est Gilles !

— Gilles ?

— Mais oui, Gilles ; il était à l'orphelinat avec nous ! Tu ne t'en souviens pas ? Viens, on va voir si lui te reconnaît !

Et le Gilles en question les reconnut tous les deux ! Pour Gustave ce n'était pas une réelle surprise, mais un simple étonnement de le trouver là, en barman ; Gustave l'avait déjà rencontré dans un autre job. Mais Octave, avec sa placidité habituelle, opposa un silence poli aux explications de Gilles. Gilles, en effet, lui dit qu'il comprenait qu'il ne se souvint pas de lui ; ils n'avaient pas été dans le même dortoir et il avait deux ans de plus qu'Octave. Puis, Gilles lui présenta des excuses, à retardement, certes, mais quand même, en lui avouant avoir fait partie du petit groupe de gamins qui l'avaient molesté pour lui piquer son étoile de mer ! Il en était aujourd'hui désolé ; « nous étions gosses, il faut bien le comprendre ! » insista-t-il avec un air contrit. Octave resta impassible, visage impénétrable : impossible de savoir s'il s'en foutait ou s'il mijotait une vengeance ! Au point que Gille estima qu'Octave avait gommé l'incident de sa mémoire et qu'il pouvait donc entamer une nouvelle camaraderie, quand Octave lâcha :

— Lucie ? Des Nouvelles ?

Mais avant que Gilles, un peu déstabilisé par l'inattendue question, lui réponde, Gustave, en retrait, oscilla négativement la tête en pinçant de deux doigts ses lèvres, pour lui faire discrètement signe de ne rien dire. Gilles, qui reçut le message, se contenta alors d'une gestuelle évasive trahissant son impuissance à répondre par l'affirmative. Octave, égal à lui-même, n'eut pas l'air de s'en formaliser ; il prit son verre de cocktail que lui avait préparé Gilles et tourna le dos au bar pour s'en éloigner ; Gustave fit de même, mais en adressant cependant à Gilles un signe de tête du genre « merci pour les verres ».

Gustave entraîna alors Octave à l'extérieur de l'établissement et, une fois sur le trottoir, tendit son paquet de cigarettes à Octave qui déclina l'offre ; Gustave, lui, en prit une qu'il alluma et après avoir expulsé une profonde bouffée de tabac, dit à Octave :

— Trop de monde à l'intérieur pour parler tranquillement.

— À propos ?

— De Gilles. Répondit Gustave en surveillant l'entrée du « Trou du Chat ».

— Et ?

— Gilles a quelques problèmes pour se stabiliser ; il va d'un boulot à un autre sans arriver à se fixer définitivement. Enfin, c'est l'impression qu'il donne, parce qu'en fait, il semblerait qu'il ait un job très particulier auquel il revient régulièrement, ou, plus exactement, un job pour lequel il serait « appelé » pour, disons, des missions diverses ; en bref il serait une espèce de contractuel/intérimaire des services de renseignements alternant des temps d'activité et des périodes « dormantes ».

— Et tu as appris ça comment ? s'enquit Octave, toujours aussi flegmatique

— Un soir, au « Chantilly », un bar PMU du quartier Clichy, j'allais, pour un match de billard, rejoindre un ancien jockey [5]bien connu dans la profession, un gars qui ne monte plus en course mais grenouille dans le milieu des jeux, après avoir eu quelques problèmes dans le commerce de chevaux avec le Maroc. Cet ancien jockey a voulu me présenter Gilles

5 Voir « Le Bal des cloportes » du même auteur ; EditionsLibre2Lire.

qui concourait aussi dans le match de billard, mais naturellement nous nous sommes tout de suite mutuellement identifiés.

— Et alors ?

— Eh bien, après un combat mémorable au billard, nous avons tous les trois bu un verre au bar, enfin… plusieurs verres ; mais à raconter nos histoires de jockey et les souvenirs de l'orphelinat, nous n'avons pas vu l'heure avancée. Aussi, au bout d'un moment, le patron du « Chantilly », qui cependant participait aussi à nos franches rigolades, nous a quand même aimablement invités à rentrer chez nous ! Et là, quand on s'est levés, on s'est aperçu que Gilles en avait un vrai coup dans le nez ! Donc, on l'a ramené chez lui, un petit deux-pièces en rez-de-chaussée à Montreuil. On est resté un peu avec lui, le temps de s'assurer que tout irait bien. Puis, Gilles a voulu enlever son blouson, mais maladroitement, et son portefeuille est tombé à terre sans qu'il s'en aperçoive. Naturellement, je me suis penché pour le ramasser et y remettre ses papiers éparpillés au sol ; et là, oh, surprise ! une carte de la DGSE ! Et c'est ainsi, que devant mon étonnement, Gilles nous a expliqué qu'il ne fallait pas se laisser impressionner, qu'il n'était qu'une petite main du Service pour des petites missions de rien du tout ; bref un coursier amélioré ! Aveu suivi d'un silence qui aura duré suffisamment pour que, n'y tenant plus, il me livrât quand même qu'il lui arrivait de croiser dans ce milieu des personnalités que l'on n'aurait pas imaginé y voir ; d'ailleurs, rajouta Gilles : « je suis sûr d'avoir aperçu Lucie ! ».

— Lucie ! s'exclama aussitôt Octave, la mine en alerte et redressé de toute sa hauteur !

— Oui, c'est ce qu'il nous a dit, mais…

— Et pourquoi ne me l'a-t-il pas dit tout à l'heure ? le coupa brusquement Octave. Dont la placidité avait disparu au profit d'une indéniable tension.

Gustave lui expliqua qu'il avait fait signe à Gilles de se taire, car il n'avait aucune confiance dans la façon dont il pouvait rapporter la rencontre ; il y avait un risque qu'il déguise la réalité en en rajoutant pour se faire valoir, et Gustave ne tenait pas du tout à ce qu'Octave en fasse les frais ; l'ancien jockey, qui connaissait bien Gilles, l'avait averti, lorsqu'ils étaient tous les deux repartis, que Gilles avait tendance à enjoliver les situations à son profit et qu'il fallait donc s'en méfier. C'est pour cette raison que Gustave avait préféré le lui dire lui-même.

Octave hocha la tête pour signifier qu'il admettait l'intervention de Gustave, mais, toujours aussi tendu, il l'invita, un peu nerveusement quand même, à lui rapporter ce qu'avait dit Gilles concernant Lucie.

— En fait, en attendant dans les couloirs de la DGSE qu'il lui soit expliqué ce qu'on attendait de lui, Gilles aurait entrevu rapidement trois personnes, deux hommes et une femme qui discutaient ensemble dans un salon dont la porte était restée entrouverte ; les deux hommes, d'âge mûr, costumes civils et cravatés, étaient plutôt carrés, l'un plus grand que l'autre, et la femme, très bien habillée, lui sembla, bien que presque de dos, jeune et très jolie, brune avec une très belle silhouette ; mais, à sa grande stupéfaction, lorsque la jeune femme passa devant l'entrebâillement de la porte pour aller poser son verre sur une commode, Gilles fut certain de reconnaître Lucie. Mais attention, Octave ! Si ce que Gilles nous a dit, et que je te rapporte, est sûrement vrai en raison de la présence de l'ancien jockey devant lequel il n'aurait pas osé baratiner, il n'est pas impossible qu'il n'ait eu qu'une impression de ressemblance concernant Lucie, et il aurait pu sincèrement y croire ; il n'y a donc aucune certitude qu'il se fut agi de Lucie !

Octave restait silencieux, visiblement perturbé, puis, subitement, se tournant vers Gustave et même se penchant un peu pour mieux voir son regard, Octave lui demanda s'il savait pourquoi, Gilles était utilisé par la DGSE. Gustave lui répondit que d'après l'ancien jockey, qui, grenouillant dans des milieux pas très clairs, glanait certaines informations de l'ombre, la DGSE recrutait souvent d'anciens pensionnaires d'orphelinat, justement parce qu'orphelins, donc sans liens inopportuns puisque sans famille ; et, raison supplémentaire, très souvent, les orphelins sont inconsciemment enquête d'une existence hors normes leur donnant, enfin, une personnalité singulière ; et si en plus, l'orphelin avait eu un début de vie un chouïa crapuleux, l'occasion lui était ainsi offerte de se racheter et de reprendre un parcours de vie respectable, mais tout en gardant une spécificité particulière. Partant de cette constatation, il semblerait que Gilles fût concerné.

Puis Gustave prit le bras d'Octave (l'épaule était trop haute !) et lui proposa de garder des contacts avec Gilles, l'air de rien, histoire d'être au courant d'éventuelles autres rencontres avec la jeune femme, la pseudo Lucie ; et en plus, de son côté, Gustave, via l'ancien jockey, pourrait peut-être aussi recueillir quelques informations sur le sujet. Et pour finir, les deux amis rentrèrent au « Trou du Chat » se mêler aux autres, dans un assourdissant vacarme électronique que certains appellent « musique » tout en libérant leur corps dans des contorsions des plus diverses frisant les crises de délire vaudouiste ! Et là, Octave qui s'était amouraché d'une photo représentant une arrière-grand-tante de Barbara, toute jeune, mariée à un officier de la Cour Impériale d'Autriche, dansant, à Vienne, une valse avec son mari en uniforme, ne put s'empêcher de murmurer : « Que sont donc devenues les belles valses de Vienne ! ».

Chapitre VIII

Lundi matin.

— Eh bien, Octave, comment s'est passé ce week-end prolongé ?

— Ma foi, très bien, Professeur.

— Votre soirée annuelle au « Trou du Chat » ; sympa ?

— Impeccable, Professeur, comme d'hab ; mais les trois jours suivants étaient les bienvenus pour récupérer !

— Je vois, commenta le Professeur Deschamps le sourire en coin ; puis il rajouta :

— Ophélie, ses parents et les vôtres, tous vont bien ?

— Ophélie ? Un peu secouée par son cours sur les pathologies in utero, mais la soirée qui suivit au « Trou du Chat » l'a « remise en avant », comme disent ses copines cavalières ! Ses parents sont en pleine forme ; nous avons dîné chez eux et, après, disputé une nouvelle étape dans notre challenge de tir. En ce qui concerne les miens, ma mère a « chouchouté » sa bibliothèque et mon père est juste rentré d'un voyage d'affaires à New York. Quant à Arsouille, égal à lui-même ; on dirait qu'il s'économise !

— Il n'est plus très jeune votre chien, d'après ce que vous m'aviez dit !

— Ça c'est sûr ! Pas loin de quinze ans !

— Ou alors, peut-être attend-il quelque chose… proposa le professeur d'un ton évasif.

—Ah, oui ? Vous croyez ça possible, Professeur ?

— Oh, vous savez, Octave, il arrive que les chiens nous surprennent quelques fois, répondit le professeur d'un ton qui se voulait anodin. Puis il rajouta :

— Bon, eh bien, Octave, puisque tout va bien pour vous, et je m'en félicite, je vous propose que nous nous penchions sur les deux fondamentaux où les enfants et les adolescents puisent leur force pour grandir ; je veux parler de l'inné et de l'acquis.

Et le professeur d'expliquer à Octave que, dans son cas, il était particulièrement important de faire le clair sur ce sujet, car ignorant son ascendance génétique, il risquait de mal analyser ses propres pulsions par défaut d'identification de leurs origines ou, dans certaines situations, d'interagir, inconsciemment, de façon biaisée, en raison d'un déséquilibre non maîtrisé des composantes innées ou acquises influant sa réflexion.

Octave écoutait, toujours aussi calme ; puis le professeur l'invita, tout en l'épaulant par ses observations, à faire lui-même son analyse, mais en lui rappelant qu'il devait être très attentif à ne pas se laisser emporter par la plus grande part de son acquis, certes, de grande qualité, en raison de son milieu d'adoption intellectuellement et socialement très favorisé, car il avait alors un risque d'occulter la part de son inné et, de fait, de se faire surprendre.

Octave étant coopératif et peu excitable, l'entretien dura presque deux heures ; deux heures d'échanges, de concentration et de réflexion qui mettraient à plat n'importe quel étudiant ; mais pas Octave ! En apparence tout au moins, car le moment vint où le professeur s'aperçut que son élève commençait à faire de la « politique », ce qu'il faut entendre par : savamment fausser l'objet de l'entretien en sortant finement du sujet par des réponses à côté de la question ; ce qui sous-entendait que cela commençait à l'emmerdater sérieusement, mais que sa placidité légendaire lui permettait de faire durer indéfiniment un entretien qui, pourtant, n'avait pour lui, plus aucun intérêt, si ce n'était de se divertir en trichant !

Le professeur, secrètement amusé par l'adroite duplicité d'Octave, mit fin à la séance ; mais tandis qu'Octave se levait pour prendre la main qu'il lui tendait, il laissa tomber :

— Vous êtes bon tireur, Octave ?

Octave, bien que toujours impassible, mit quand même quelques secondes avant de répondre :

— Ça progresse, Professeur, ça progresse...

Le professeur ne commenta pas ; Octave lui serra la main et sortit de son bureau, aussi calme que s'il venait de gagner facilement une partie d'échecs ! Le professeur, lui, resté assis derrière son bureau, la mine dubitative, se répétait à voix basse les derniers mots d'Octave : « ça progresse, Professeur, ça progresse... ».

Deux minutes plus tard, dans le couloir, un autre interne qui sortait de la chambre d'un malade, le salua amicalement et, marchant à ses côtés dans la même direction, lui demanda :

— Toujours aussi inquiet, le professeur ?

— Deschamps ?

— Oui, oui, Deschamps ; la semaine dernière, je lui avais porté dans son bureau le dossier d'un patient, juste après que tu en sois sorti et je lui avais trouvé un visage particulièrement fermé, comme s'il avait un gros souci.

— Ah, bon ! commenta Octave, la mine indifférente.

— Tu ne lui aurais pas piqué sa maîtresse, par hasard ? lâcha l'autre interne, le regard malicieux.

— Pas que je sache. Il a une maîtresse, Deschamps ? questionna Octave, un chouïa amusé quand même.

— Ô que oui ! et superbe en plus ! Sauf que… trente ans de moins ! Alors évidemment, la belle maîtresse, vu le milieu des étudiants en médecine… très, très, et même encore plus… sollicitée !

— Jamais vue ; qu'est-ce qu'elle fait ?

— Toute jeune infirmière anesthésiste ; c'est vrai qu'à croiser son regard, on tomberait au sol en plein rêve sans résister !

— D'après ce que je comprends, toi, tu te serais déjà fait des bosses ! ironisa Octave ; puis il lui colla une claque amicale sur l'épaule et le quitta en obliquant sur sa gauche dans un autre couloir pour rejoindre le service de pédiatrie.

Arrivé dans le service en question, Octave reconnut une infirmière amie, mais puéricultrice, celle-ci ! Elle avait un nourrisson dans les bras, tout mignon avec sa tototte dans la bouche. Octave ne put s'empêcher de faire semblant de lui enlever sa tototte en la tirant tout doucement, juste un peu, pour voir le bébé grimacer les prémices d'un pleur en agitant ses petits bras et ses petits pieds ; il le trouva encore plus mignon ! Puis, s'adressant à l'infirmière qui, pour défendre son bébé, venait de lui écarter la main en fronçant les sourcils avec un regard de panthère prête à bondir :

— Surtout, Ariane, n'en parle pas à Ophélie ; hein, s'te plaît Ariane ! Tu ne diras rien !

— Pas sûr ! lui lança-t-elle avec un regard de défi et un sourire narquois, tout en caressant, très maternelle, d'un revers de doigt la joue du nourrisson. Mais Octave en profita pour s'enquérir d'Ophélie :

— Dis-moi, Arianne, il est où, mon p'tit mulot ?

— Partie avec un rat ! lâcha l'infirmière pour se venger, mais en s'étranglant de rire.

— Non, mais en vrai ? insista Octave, avec un sourire conciliant.

— Ben c'est vrai, puisqu'elle est descendue à la radio avec le docteur Ruttas !

Le docteur Ruttas dont le nom pourrait être le produit d'une dyslexie sur le mot « rattus » définissant scientifiquement la famille des rats communs, avait malheureusement pour lui, tout de cet animal ; en d'autres termes, le docteur Ruttas était de taille moyenne avec un buste anormalement grand pour des jambes toutes petites et torses et des mains minuscules, le tout lui donnait l'apparence d'être dressé sur ses pattes postérieures ; le pauvre était laid et sale d'aspect : des oreilles longues sur les côtés d'une tête ovalisée vers l'arrière, un visage pointu comme un obus avec une bouche disparaissant sous une moustache grisonnante aux poils irréguliers, rêches, hirsutes et filandreux sur les coins, un reste de chevelure rase et des yeux noirs globuleux ! Mais en plus, histoire de se rapprocher encore de son totem, le docteur Ruttas était particulièrement désagréable, bien qu'heureusement très compétent ; cette dernière qualité permettant à son entourage de le supporter et même, il faut le dire, de tirer avantage de son expertise.

Contente de sa référence au docteur Ruttas, Ariane, l'amie infirmière puéricultrice, après avoir laissé à Octave quelques secondes pour se remémorer la merveilleuse description du docteur Ruttas, d'un ton aussi léger qu'amusé, lui précisa quand même :

— Mais rassure-toi, Octave, ton p'tit mulot va remonter très vite, car il semble nettement préférer les échafaudages à deux pattes !

Puis elle s'éloigna en serrant tendrement le nourrisson contre elle et, visiblement, ravie de sa conclusion.

Octave en sourit en silence et, en attendant Ophélie, il fit une petite incursion dans la salle de nurserie dont était sortie Ariane. En entrant, il adressa un clin d'œil rassurant à la puéricultrice restée en place et qui le surveillait d'un air suspicieux ; puis, il alla, avec précaution, de berceau en berceau, cherchant d'un regard affectueux sur ces tout petits visages, quelque chose, un indice éventuel d'une composante de leur inné qui pourrait déjà révéler un futur vacillement psychique. Mais non, rien encore, en tout cas d'apparent ; à moins, bien sûr, se dit-il, que leur vie in utero, le choc de leur naissance et leurs quelques jours d'existence, constituant les premiers fondements de leurs acquis, n'aient déjà imprimé leurs marques et, peut-être même, déjà impacté leur avenir. Une question dont il pourrait débattre avec le professeur Deschamps, mais, surtout, qu'il comptait bien poser à Ophélie, dont les derniers cours traitaient du sujet, certes, sous un autre angle que la psychiatrie, mais qu'elle a dû recevoir avec sa sensibilité de pédiatre, mais surtout de femme. En tout cas, une question, certes, intéressante pour déceler le plus vite possible les risques d'une éventuelle pathologie, mais une question qui en posait une autre, et pas des moindres : in utero, quand commence la vie ! Au début du fonctionnement cérébral, ou plus tardivement au cours de la constitution biologique de l'organisme ? et si cérébral, à quel stade du développement du cerveau ? et entraînerait-il simultanément la mise en route de la conscience ? Et donc, la vie naîtrait-elle avant ou avec l'état de conscience ?

— Ah ! Ah ! Piégé la main dans le sac, mon grand girafon !

— Non, non, non, mon p'tit mulot ! Ce n'est pas ce que tu crois ; pas du tout !

— Si, si ! Allez, avoue que tu en veux un ! Et puis, oublie le p'tit mulot pour la bichette ; parce que, si tu veux que je te fasse un bébé aussi grand que toi, il me faut au moins la taille d'une biche !

— Euh... oui, mais... non... pas tout de suite mon p'tit mul... euh bichette ; on a du boulot !

— Oui, oui, je sais ; mais tu sais, les enfants, mon grand girafon, ça vient quand ça vient et...

—Tu... non... euh... tu déconnes, là ? s'exclama Octave en se figeant sur place !

—T'inquiète ! Je plaisantais ; dommage ! Mais c'est vrai on a du boulot ! On va déjeuner ?

Ophélie s'accrocha au bras d'Octave, la mine ravie de sa taquinerie et tous les deux sortirent de la nurserie pour se diriger vers la cafétéria.

Une fois assis devant une salade niçoise et un verre de bière, ils discutèrent sur les questions que s'était posées Octave au cours de sa visite des nourrissons et, notamment, de la part innée ou acquise des bébés in utero. Ophélie, en tant que pédiatre, s'en remettait à la conformité de ses cours, à savoir que l'inné relevait de l'origine génétique et aussi de la vie intra-utérine ; elle partait donc du principe que l'acquis ne prenait son départ qu'à la naissance. Octave, de par sa spécialité, avait, au contraire d'Ophélie, une appréciation purement subjective du sujet qui impliquait des limites extensibles à toute analyse, puisque le « non connu » ne pouvait prouver de fait son inexistence, puisque justement inconnu ! À partir de cette conception du raisonnement, Octave estimait qu'il y avait, dans la construction in utero de la personnalité du futur nourrisson, une période génitale de mixité où s'additionnaient, voire s'opposaient, « son inné » et son premier acquis obtenu par perception de celles de sa mère et de son environnement. Or, avançait Octave, si ce que transmettait la mère à son enfant était fortement constitué de son propre inné, pour des raisons dont l'analyse n'est pas l'objet dans ce raisonnement, l'acquis in utero de l'enfant viendrait alors renforcer pour une part, son inné personnel ! Ophélie, ne serait-ce que pour le plaisir intellectuel de la joute, contre-attaquait en soulignant les fondamentaux de sa pratique clinique de médecine pédiatrique basés sur l'identification du syndrome, renforcé si besoin par l'imagerie médicale, la biologie moléculaire ou cellulaire, en bref : l'objectivité. Puis, les assiettes étant vides et le temps presque écoulé, ils se levèrent pour aller rendre leur plateau ; cela fait, Ophélie se tourna vers Octave le regarda dans les yeux et, la mine malicieuse, lui dit :

— Mais je suis une femme !

— Et ?

—Donc, au contraire de mes confrères pédiatres hommes, pourvue d'un indiscutable plus !

— Lequel ?

— L'intuition !

— Et alors ?

— Et alors, et alors, mon chéri, si je constate que mon analyse clinique ne révèle rien d'objectif, alors que manifestement, persiste un inconfort, mon intuition me chuchote à l'oreille qu'il conviendrait de confier l'enfant à l'examen d'un grand girafon, comme par exemple, mon pédopsychiatre préféré !

Octave sourit et lui répondit qu'elle venait de prouver la supériorité de la femme et, devant le regard interrogateur autant que surpris d'Ophélie, il lui souligna que reconnaître ses limites était la meilleure preuve d'intelligence ; puis il la prit dans ses bras. Bien sûr, elle ne se défendit pas ! Ohlà, non ! Mais cette passionnante discussion, voire controverse pour le plaisir, les mena jusqu'au terme de leur temps de pause. En repartant, pour chacun reprendre son poste, durant le cours trajet qu'ils firent ensemble, Ophélie dit négligemment à Octave, en se référant à leur conversation sur l'acquis et l'inné, que, en tout cas, le professeur Deschamps savait poser des problèmes intéressants.

— Et des questions saugrenues aussi ! compléta Octave.

— Ah, bon ? Du genre ?

Octave en ricanant lui rapporta que juste avant de le quitter, le professeur Deschamps, après un silence en fin d'entretien, avait laissé tomber « Vous êtes bon tireur, Octave ? »

Ophélie reçut la remarque, les yeux tout agrandis de surprise ; surprise qu'elle exprima aussitôt :

— Inattendue, en effet ! Et qu'est-ce que tu lui as répondu ?

— Une réponse évasive.

— C'est-à-dire ? demanda Ophélie en levant les yeux vers Octave.

— « Ça progresse, Professeur, ça progresse... », si je me souviens bien, mon p'tit mulot.

— Pas si évasif que ça, mon grand girafon ! objecta Ophélie en fronçant les sourcils.

Mais après un petit moment de silence avant d'arriver au carrefour de leurs couloirs respectifs, Ophélie, d'un ton qui se voulait badin, laissa tomber :

— Au fait, ça me revient maintenant ; pourquoi lui avais-tu dit que tu voulais « faire de la place » ? Ce sont bien tes mots, non ? c'est toi qui me l'avais rapporté ; Ça voulait dire quoi ?

— Hein ? Ah, oui ! C'était à propos de je ne sais plus quoi ; c'est sans importance ; oublie, mon p'tit mulot !

Ophélie n'ajouta rien ; mais quant à oublier, pas certain... cependant, ce n'était plus l'heure de se prendre la tête. À la croisée des couloirs, ils s'arrêtèrent ; Octave se courba pour embrasser Ophélie ; mais elle veillait ! et il dut se contenter d'un baisé gentiment concédé avant qu'Ophélie ne le quitte en lui disant, à voix basse avec un regard amusé : « C'était juste pour ne pas faire de jaloux ! »

Ophélie s'engouffra alors dans le couloir de gauche, Octave continua tout droit et, quelques minutes plus tard, tous les deux se consacrèrent à leurs obligations d'interne. Mais les horaires des hospitaliers ne sont pas les mêmes que ceux du monde des chevaux de course !

À Maisons-Laffitte, dans la cour d'une écurie réputée, le dernier lot de chevaux à l'entraînement revenait tout juste de son canter journalier. Il s'agissait d'un petit nombre de chevaux qui se livraient plus facilement l'après-midi que le matin tôt ; chez les chevaux comme chez les humains, il y a ceux du matin, les plus nombreux pour les équidés, et ceux du « soir », en fait ceux de l'après-midi, qui se révèlent souvent, à maturité, plus endurants et donc destinés aux courses de trois à quatre mille mètres.

Il était environ seize heures trente quand Gustave sauta à terre et confia son cheval au lad qui venait l'accueillir. Mais alors qu'il se dirigeait vers le vestiaire en décrochant la mentonnière de son casque, dans son dos, une voix le héla ! Il s'arrêta aussitôt et se retourna ; ô surprise !

— Gilles ! Qu'est-ce que tu fais là ?

— Désolé de te déranger dans ton job ; suis très emmerdé, Gustave...

— Oh là ! Mais qu'est-ce qui t'arrive ?

— J'peux te parler un moment, s'te plait ?

— Pas de problème, je viens juste de finir. Accompagne-moi, on va marcher un peu !

Gustave emmena Gilles hors des écuries et, côte à côte, ils s'écartèrent dans la grande allée boisée où se succédaient les écuries de course. Dès les premiers pas, Gilles lui confia qu'il estimait son souci suffisamment grave pour venir jusqu'à Maisons-Laffitte où il était certain de le trouver.

— Tu comprends, c'est vis-à-vis d'Octave, elle comptait tellement pour lui à l'orphelinat...

— Lucie ? C'est de Lucie dont tu parles ? Il lui est arrivé quelque chose ? le coupa immédiatement Gustave, la mine inquiète.

— Oui, Lucie... en fait, non, pas Lucie, enfin j'crois pas. Mais non, il ne lui est rien arrivé... enfin j'espère... mais j'en sais rien, parce que...

— Bon, allez, Gilles ! Accouche, bon dieu !

Boosté par Gustave, Gilles se décida à plus de clarté. Il rappela que lorsque Gustave et l'ancien jockey l'avaient ramené dans ses pénates après avoir trop bu au bar « Le Chantilly », il avait affirmé avoir vu Lucie au siège de la DGSE. Mais Gilles marqua un temps d'arrêt, comme pour se donner du courage, puis il reprit la parole :

— J'ai pas menti, Gustave, j't'assure, j'ai seulement oublié le reste…

— Le reste ? Quel reste ? répéta Gustave, en stoppant net sa marche !

Gilles insista encore sur le fait qu'il avait trop bu, mais rajouta que c'était parce qu'il était trop bourré qu'il avait omis la « suite » ; or, la suite en question lui était revenue en mémoire le lendemain, quand il avait enfin décuvé. Sauf que, se rendant compte de ce que pourrait provoquer chez Octave son histoire sans la « suite », si jamais Gustave la lui répétait, il voulut absolument revoir Gustave pour remettre les choses au point, et au plus vite ; il avait juste laissé passer le week-end pour ne pas déranger Gustave les jours où il courait. Mais Gustave intervint, exaspéré :

— Mais bien sûr que j'en ai parlé à Octave ! Il souhaite tellement avoir des nouvelles de Lucie, voyons ! Seulement, prudent, je lui ai précisé que ce que tu avais raconté n'était pas forcément très exact !

— J'ai pas menti, Gustave, j'ai pas menti, je te le jure ! c'est juste que j'étais…

— Bon, ça va ! Le reste, maintenant, ou la suite, comme tu veux, mais bon dieu, vas-y !

Gilles baissa la tête, évidemment gêné, mais se lança quand même en précisant que, bien entendu, il avait cru voir Lucie, alors même qu'elle n'était que de trois quarts arrière, mais ce qu'il avait oublié, évaporé dans ses brumes d'alcool, était qu'il n'avait pas reconnu la voix de Lucie ; la jeune femme qu'il avait juste entrevue très vite, parlait deux langues, en anglais à l'adresse d'un des deux hommes présents et, à l'autre homme, dans une langue qui lui était inconnue et lui parut très singulière ; comment aurait-il pu, dans des langues étrangères, reconnaître la voix de Lucie ? Sans même prendre en compte les années qui les séparaient de leur enfance ! Mais le clou de cette histoire, ce fut quand l'un des hommes, lorsqu'elle s'écarta pour poser son verre, l'appela dans cette langue bizarre dont il ne retint que le prénom de la jeune femme : Vasilka ! Voilà ce qu'il avait oublié et qui lui était revenu une fois à jeun !

— Je suis désolé, j'ai donc dû me tromper, conclut piteusement Gilles en regardant ses pieds.

— Laisse tomber, Gilles ! De toute façon, c'est trop tard. Mais je ne crois pas qu'Octave ait attaché beaucoup d'importance à ce que je lui ai rapporté de ta première histoire ; bien qu'avec sa placidité habituelle, on ne puisse être sûr de rien. Mais je le reverrai et si nécessaire je lui préciserai ce que tu viens de me dire. Allez, suis-moi, je vais te présenter les chevaux !

Et les deux hommes firent demi-tour pour se rediriger vers les écuries. Mais vint le moment où Gilles regarda sa montre et s'excusa de devoir partir pour aller rechercher un chien chez un vétérinaire. Gustave raccompagna Gilles jusqu'à sa voiture ; ils se dirent au revoir et Gilles démarra tandis que Gustave réintégrait les écuries.

Et en effet, trois quarts d'heure plus tard, Gilles pénétrait dans l'enceinte de l'École Militaire de Paris. Voiture garée, il se rendit au Secteur Vétérinaire et fut, à l'annonce de son nom au secrétariat, très vite reçu par l'officier vétérinaire chef du service. Après un court entretien dans le bureau porte fermée, ils en ressortirent pour aller au chenil où le vétérinaire lui présenta l'animal !

— Tenez ! Le voici ! Ulrick, un Bichon russe nain de six mois, sexe mâle et tout blanc, et en plus, récemment retondu comme demandé, une vraie poupée !

— L'est moche… et tout p'tit !

L'officier vétérinaire se figea deux secondes en regardant Gilles comme s'il découvrait un abruti fini et répondit :

— Vous n'écoutez rien, ou quoi ! Il est nain !

— Ah !... Gentil ?... Mord pas ?

— Gentil tout plein ; mais gardez-le en laisse, parce que, visiblement, son dressage n'est pas encore parfait ; pas sûr qu'il comprenne tout et il pourrait s'échapper. Bon allez, mettez-le dans votre voiture et rejoignez-moi dans mon bureau que je vous donne ses papiers.

— Ses papiers ?

— Ben oui, son carnet de vaccination, ponctua l'officier vétérinaire ; et il s'éloigna tout en marmonnant dans sa barbe « quel con ! »

Gilles alla mettre le chien sur la banquette arrière de sa voiture et rejoignit l'officier vétérinaire.

Dans le bureau, l'officier lui remit le carnet de vaccination tout en précisant qu'il y avait joint un passeport sanitaire conforme aux obligations de transport par avion... mais Gilles le coupa tout net :

— Pourquoi par avion ? J'suis en voiture !

— J'avais remarqué ! Votre officier traitant vous expliquera ; et n'oubliez pas son sac !

— Son sac ? Il est ridicule ! Pour quoi faire ? N'sait pas marcher, l'animal ?

— Je viens de vous dire que votre officier traitant vous expliquera. Allez, merci d'être venu et ne perdez pas de temps. Au revoir !

L'officier vétérinaire, facies agacé, avait conclu l'entretien en lui indiquant la sortie d'un geste las du bras et, tandis que Gilles s'exécutait, il ne put se retenir une fois encore de marmonner dans son dos : « mais quel con ! ».

Une demi-heure plus tard, Gilles franchissait l'enceinte de la caserne Mortier, siège de la DGSE. Il stoppa sa voiture sur le parking et, le chien en laisse, se fit conduire par un garde de permanence dans le bureau de son officier traitant. Immédiatement et sans préambule, l'officier lui prit des mains les papiers du chien et les examina avec grande attention en approuvant la lecture par une lente succession de légers hochements de tête ; ce fut seulement ensuite, que d'un geste et toujours sans un mot, il indiqua à Gilles la chaise devant son bureau. Après quoi, l'air concentré pendant deux trois secondes, il regarda le chien que Gilles tenait toujours en laisse au pied de sa chaise, puis, avec un sourire étrange, il fit le tour de son bureau pour s'asseoir à son tour et là, il sortit de son tiroir un porte-clefs en forme d'étoile au centre de laquelle il appuya, tout en rapprochant de son oreille une écoute de portable, puis, du doigt, il indiqua à Gilles ses chaussures ; surpris, Gilles se pencha, contrôla ses lacets et, relevant la tête vers l'officier, s'étonna :

— Qu'est-ce qu'elles ont mes chaussures ?

L'officier répondit par un geste du pouce que tout allait bien ; puis, l'air satisfait, il reposa le tout et, enfin s'adressa à Gilles :

— Je vous rappelle que vos fonctions vous obligent au secret ; vous devez donc garder pour vous tout ce que je vais vous dire. Ce chien appartient à un membre du gouvernement turc. Il a été perdu lors de sa venue en France pour une visite officieuse d'une huitaine de jours...

— Ah, bon ! C'était quand ?

— Aucune importance !

— Quand même... avec son cabot !

— Concentrez-vous uniquement sur ce que je vous dis ; vous allez comprendre, je continue : le Turc ne veut jamais se séparer de son chien, en aucune circonstance ; c'est plus fort que lui. Mais l'homme a suffisamment d'influence dans son gouvernement pour que ce caprice lui soit toléré ; comprenez qu'il a, en France, des contacts personnels, disons... particuliers, ou singuliers, question de vocabulaire, mais qui, aux yeux des Turcs, lui permettent de grenouiller facilement dans l'hexagone, et en tout cas dans les boîtes de nuit, très spéciales, de nos grandes métropoles, et notamment Paris, où des informations secrètes sont souvent lâchées au milieu de confidences en tous genres, dont je vous laisse deviner, la teneur, l'ambiance et autres exercices physiques peu conventionnels ; bref l'homme est un disciple de Michou et assidu du Cabaret « Madame Arthur », entre autres ! Cela dit, bien qu'appartenant au « troisième sexe », il se comporte très correctement avec les femmes ; nous avons même pensé qu'il pouvait être bi-sexuel et lui avons affecté un de nos agents féminins, une accompagnatrice interprète de très haut vol pour améliorer encore le « confort » de ses séjours en France, mais surtout pour le contrôler, secrètement évidemment ! Malheureusement, malgré l'indiscutable compétence de la jeune femme, seule l'homosexualité du Turc a été confirmée. Par contre, Vasilka…

— Comment vous dites ? le coupa tout net Gilles qui s'était laissé surprendre.

— Je disais Vasilka, pourquoi ? Vous n'aimez pas ? demanda l'officier, sourire ironique aux lèvres.

— Non, non… enfin, si… pardon, je n'avais pas compris.

— Vasilka est le prénom bulgare de notre bel agent féminin ; mais je continue : Vasilka, qui parle couramment le turc, devant son impossibilité de surveiller le « sommeil » de notre homme et de recevoir les « célèbres confidences sur l'oreiller », eut l'intelligence de nous proposer la collaboration du chien qui, lui, ne quittait pas les bras de l'homme, même au lit.

— Pauvre bête !

— Alors ça ! On saura après, s'il hurle ou en réclame encore !

— Vous dites ?

—Je disais qu'on le saura après, parce que ce chien, curieusement perdu, a été retrouvé par notre Vasilka, naturellement, une fois le Turc rentré, la larme à l'œil, en Turquie. Ensuite, il fut remis à la garde du Secteur Vétérinaire de l'École Militaire de Paris. Là, il fut soigné comme il convenait pour répondre à l'excellente idée de notre déesse de l'ombre et…

— C'est-à-dire ?

— Déesse de l'ombre ?

— Non ; pourquoi soigner le chien pour répondre à l'excellente idée de Vasilka ?

— Vous avez raison, notre déesse de l'ombre est bien Vasilka, parce qu'en plus d'être très belle, elle est intelligente, douée pour les langues et bourrée de qualités qui nous servent bien.

— En bref, une battante, si je comprends bien ! ponctua Gilles avec une petite idée derrière la tête, tout en se frottant la pommette, sûrement dans un réflexe mémoriel.

— C'est le mot juste ; mais de toute façon, elle n'a pas vraiment le choix…

L'officier avait dit cela avec un sourire cynique à l'égard de Gilles, histoire de bien lui rappeler de manière indirecte « l'attachement » sans condition au Service attendu des agents ainsi que l'obéissance totale à leur hiérarchie.

Mais Gilles, pour sa part, sans pouvoir encore l'affirmer, en son for intérieur supposa, à l'obligation d'attachement au Service, une autre raison, mais pour éviter d'insister sur ce sujet et revenir à sa vraie question, il réitéra sa demande :

— Pourquoi soigner le chien pour répondre à l'excellente idée de Vasilka ? Vois pas le rapport !

— Écoutez-moi bien !

L'officier se cala dans son fauteuil et, avec une mine malicieuse, lui expliqua la géniale idée de Vasilka : puisque le Turc était homosexuel et que, de fait, Vasilka ne pouvait accompagner ses nuits, car il préférait son chien aux femmes, l'idée géniale consistait à se servir de son Bichon nain comme espion nocturne ! et de plus, autant d'heures de repos gagnées pour la brillante « agent » Vasilka ! Et c'est pour cette raison que l'animal fut curieusement perdu, puis retrouvé et opéré par les vétérinaires de l'école militaire de Paris ; en bref, il lui fut implanté dans l'encolure une minuscule puce électronique pour chien, mais avec en plus, une fonction de transmetteur-enregistreur, actionnable à distance par l'étoile du porte-clefs. Et l'officier, cette fois carrément rigolard, de ponctuer son explication par :

— Du coup, nous saurons ce que pense le chien des nuits du Turc, surtout si l'homme parle en dormant ! Et cerise sur le gâteau, puisqu'il ne veut jamais se séparer de sa poupée canine, rien de toutes ses journées ne nous échappera !

— Formidable idée ! Mais... à moins d'être en pleine hallucination, le chien... il est bien là, avec moi et non avec le Turc !

— Quelle constatation ! Il est évident qu'on va lui rendre son chien... après l'avoir retrouvé ! Vous imaginez un peu sa joie et ce qu'il va estimer nous devoir ! Sûr, il va vouloir nous embrasser !

Gilles se mit à rire à son tour et se permit de conseiller à l'officier de rester derrière son bureau quand le Turc viendrait chercher son chien, probablement dans très peu de jours ; et il lui tendit la laisse ! Mais là, l'officier ne riait plus du tout et, même, affichait une tête scandalisée !

— Non mais gardez cette laisse, mon vieux ! et le chien avec ! Vous me voyez me balader avec ce p'tit machin blanc en laisse qui ne ressemble à rien ? Et en plus avec sa tonte ridicule de mouton miniature ? Vous n'êtes pas net, mon vieux !

Et puis, l'officier, cette fois l'air narquois, souligna qu'il n'était pas de bon ton d'usurper les fonctions de ses subalternes, que c'était insultant pour eux et qu'il devait donc laisser à Gilles le rôle d'accompagnateur de chien. Ce en quoi, rajouta-t-il, Gilles ne risquait pas de recevoir les effusions du Turc, puisqu'il allait devoir, après demain, convoyer le chien jusqu'à l'aéroport de Vienne, où, en zone internationale, il le remettrait entre les mains, justement, de Vasilka, qui se chargerait elle-même de le rendre à son maître qu'elle rejoindrait après à Ankara.

Gilles avait écouté les termes de sa nouvelle mission avec un certain malaise à l'idée de se balader avec le Bichon nain, blanc comme neige, ignoblement tondu, et pourquoi pas avec des boucles d'oreilles ! et en plus, prendre l'avion avec l'animal dans le sac, sac dont il comprit maintenant l'utilité ; bref, il allait concourir au championnat du parcours le plus ridicule ! Mais quand il entendit qu'il allait rencontrer Vasilka, alors là, sa pensée changea de direction ! Non pas qu'un fantasme sur la belle et battante agent accompagnatrice-interprète le tint à cœur, ou plutôt au corps, mais au cours de l'entretien, quand l'officier commença à parler de Vasilka, ses doutes d'avoir, il y a quelques jours, reconnu Lucie, son erreur supposée sur sa réelle identité, autrement dit, son quiproquo sur la jeune femme n'avait cessé de renaitre dans son esprit ; Gilles allait enfin savoir, à coup sûr, qui était cette femme : Vasilka telle que présentée, ou une autre femme sous ce nom d'emprunt, ou bien... Lucie ? Surtout ne rien dire à Gustave et encore moins à Octave, tant qu'il n'aurait pas la certitude de l'identité de cette jeune femme ; d'autant qu'avec le rôle qui, maintenant, apparaissait être le sien... pourvu qu'elle ne soit pas Lucie ! Cependant, même sans aucune certitude, Gilles était inquiet, car bien placé pour savoir que les services spéciaux s'efforçaient de mettre la main sur d'anciens orphelins, et en plus, il se souvenait très bien que Lucie avait dû quitter l'orphelinat, protégée par la DGSI, mais il n'avait jamais compris pourquoi si jeune et pourquoi protégée !

Aussi, ayant toujours en mémoire la détresse d'Octave et de Lucie lors de leur séparation, à laquelle il avait de loin assisté, Gilles quitta son officier traitant, très préoccupé à l'idée de ce dont Octave pourrait encore aujourd'hui souffrir ; puis, la tête pleine de questions, il se dirigea, avec le chien en laisse, vers le secrétariat pour y prendre le billet d'avion Air France qui lui était réservé pour le vol d'après-demain, direction Vienne ; Vienne[1], véritable club privé de tous les services de l'ombre !

---

1 En partant du « Troisième homme », film thriller mythique sur la Vienne d'après-guerre, jusqu'aux plan « B » israélo-américain en 2021 à propos des négociations sur le nucléaire iranien, en passant par les actions terroristes de Daesh et l'implantation des espion turcs, entre autres, pour ne pas être sectaire !

Chapitre IX

— Je ne crois pas, Octave, qu'il vous faille considérer votre acquis en un seul bloc, sous le prétexte que vous n'avez pas d'élément de référence sur votre inné. Par contre, je vous propose de laisser de côté pour le moment votre inné et de séparer en deux parties votre acquis. Vous avez eu une période en tant qu'orphelin-pensionnaire qui représente un contenu, à mon sens, beaucoup plus important qu'il n'y paraît ; la deuxième partie commencerait à la date de votre adoption jusqu'à nos jours. En vous « purgeant », si vous m'autorisez cette expression, de la première période de votre acquis, il me semble que vous seriez plus à même, au cours de l'analyse de la deuxième période, d'y relever, par comparaison, mais défaut de similitude, avec vos proches, des éléments qui pourraient faire partie de votre inné.

— Vous savez, Professeur, que j'ai tiré de ma période à l'orphelinat, l'envie de faire du vide et cette envie reste toujours présente aujourd'hui.

— En effet, vous me l'aviez déjà signifié. Mais maintenant que vous avez pris du recul sur cette expression, pouvez-vous m'en dire plus à son sujet.

— Je hais mes géniteurs et les remercie en même temps !

— Il me semble que vous me l'aviez aussi déjà dit ; mais je vois que cela ne s'est pas érodé dans votre esprit. Aussi, Octave, il ne serait pas inutile d'analyser la contradiction de ce… disons, sentiment, non ?

— Oh ! Professeur, ce n'est pas très compliqué ; je hais mes géniteurs parce qu'ils m'ont laissé tomber à la naissance, mais je les remercie, car grâce à cette turpitude, j'ai trouvé de vrais parents formidables, ce qui n'aurait évidemment pas été le cas, si mes salopards de géniteurs m'avaient gardé malgré un évident mépris à mon égard. Je ne veux même pas imaginer ce qu'aurait été mon enfance avec des gens comme ça ! pire que l'orphelinat !

Le professeur Deschamps ne commenta pas tout de suite ; il respecta un moment de silence, histoire d'être certain qu'Octave n'ait rien d'autre à ajouter ; il ne voulait surtout pas entraver son élan ; cependant, il se demandait si c'était bien le moment de poursuivre sur un terrain éminemment scabreux, car cette dualité « Je hais mes géniteurs et les remercie en même temps », impliquait un combat interne chez Octave ; combat dont l'issue devrait nécessairement apparaître à un moment ou à un autre, un jour ou l'autre ; mais de quelle nature serait-elle, cette issue ? De quel côté pencherait la balance ? Car ne pouvant pas s'empêcher de rapprocher de cette question l'autre expression d'Octave : « faire de la place », le professeur Deschamps était inquiet sur la solution qu'Octave pourrait apporter sans y être aidé, même si Octave donnait l'impression d'un équilibre des plus stables ; le professeur avait vu plus d'une fois des personnalités, réputées inébranlables, exploser subitement, ou s'écrouler tout aussi subitement au moment où personne ne s'y attendait !

Quant à Octave, il ne disait plus un mot ; impassible comme toujours, il attendait, avec sa bouille sereine de grand gamin flegmatique, courbé sur sa chaise, le regard au sol, les poignets posés sur ses genoux, on eût dit qu'il s'amusait à comparer la dimension de ses mains à celle de ses pieds ! Mais de son côté, le professeur, en conclusion de sa réflexion, estima que, même si rien n'était pas certain, ce rien n'était en tous cas pas très clair, et qu'en conséquence, il ne fallait pas prendre de risque ; il était donc préférable de désamorcer au plus tôt ce qu'il y avait de sombre dans la pensée d'Octave, avant que le temps n'ait l'occasion de l'aggraver encore en faisant surgir des inconnues à ce jour, potentiellement déclencheurs d'une réaction négative.

Mais, alors que, dans le silence ambiant, le professeur Deschamps cherchait le bon mot, la bonne phrase pour réactiver l'entretien, Octave, leva doucement la tête vers lui et laissa tomber :

— Le sub-acquis !

— Le sub-acquis ? s'étonna aussitôt le professeur Deschamps, les sourcils levés de surprise.

— Il y a un conscient et subconscient, professeur, concept indiscutable aujourd'hui ; vous êtes évidemment d'accord ?

— Euh… oui, naturellement, mais…

— En simplifiant : le subconscient concerne tout ce qui est acquis et devenu inconscient, ce qui donne, entre autres, les réflexes ; vous me suivez toujours, professeur ?

— Voui ; et ?

— Eh bien, professeur, c'est tout simple, je pars de la conversation que j'ai eue avec Ophélie sur la vie in utero.

Et Octave d'expliquer son raisonnement au professeur Deschamps : in utero, grâce à la perception qu'ont les fœtus des propres perceptions de leur mère, il existe bien un phénomène d'acquisition, qui permettra leurs premiers réflexes dès la naissance. Il s'agit donc d'un mécanisme, psychique et physiologique, similaire à la notion de subconscient ; de fait, il existe bien un sub-acquis in utero avant l'acquis post fœtal ou post parturition, lequel va alors s'étendre toute la vie, en passant par une succession de stades qualifiables suivant son évolution : enfance, adolescence, maturité, vieillissement, etc. Puis Octave rajouta :

— Vous avez estimé, Professeur, que je devrais me pencher sur mon acquis en cours d'orphelinat. Or, à la date d'aujourd'hui, il ne m'est, à mon sens, pas possible, compte tenu de mon acquis des plus heureux post adoption, d'avoir un regard objectif sur ma période à l'orphelinat, infiniment trop différente ; l'une des périodes impacte fatalement l'autre et inversement, justement en raison de l'importance de cette différence ; mon regard pourrait être faussé.

— Et donc ? questionna calmement le professeur, qui se demandait où Octave voulait en venir.

— Eh bien, pour la raison que je viens de vous exprimer, je vais me rapprocher au plus près de mon sub-acquis, autrement dit, de ma période in utero.

Stupéfaction du professeur Deschamps ! Puis réflexion, regard inquiet sur Octave et enfin question :

— Et qu'est-ce que vous en attendez ?

— L'origine du bien ou le mal à la racine ! répondit Octave, grand sourire aux lèvres !

— Vous pouvez m'expliquer ? demanda le professeur qui avait du mal à suivre.

— Je vous ai dit qu'il existait un sub-acquis ; donc je vais...

— OK, Octave ! J'ai compris !

Et le professeur Deschamps de souligner la démarche d'Octave : partir de son premier état de conscience pour embrayer ensuite chronologiquement sur tout l'enchaînement des différentes phases de l'acquis, la première phase expliquant la suivante qui explique la suivante, etc.

Aussi le professeur Deschamps, félicita Octave pour l'excellence de son raisonnement consistant à inverser la méthode inductive en partant des causes pour analyser les effets et non analyser les effets pour en trouver les causes. Sauf que le point de départ lui sembla quand même un brin aléatoire et il lui en fit part :

—Vous êtes conscient, Octave que vous cherchez à vous plonger dans votre pré-inconscient ? car votre premier point de départ n'est autre que votre sub-acquis, si je vous suis bien ! Comment comptez-vous faire pour analyser cette période in utero ?

— Je m'en occupe, Professeur ! Je m'en occupe ! déclara Octave en se levant, la main tendue vers le professeur Deschamps par-dessus son bureau.

Et tel un rituel, Octave lui tourna le dos et, en deux lentes et longues enjambées, sortit de la pièce, tandis que le professeur Deschamps, comme à chaque fois avec Octave, restait calé dans son fauteuil, la mine dubitative, à le regarder partir, en marmonnant, une fois de plus, la dernière phrase d'Octave : « Je m'en occupe, Professeur ! Je m'en occupe ! » ; mais ce coup-ci, avec une indéniable inquiétude.

Par contre, Octave, lui, sans aucune trace d'angoisse ou d'inquiétude, alla tranquillement rejoindre son poste d'interne pour le reste de la journée ; juste un petit message pour Ophélie lui disant qu'il serait libre vers 19 heures trente, si aucune urgence ne l'obligeait à rester, bien sûr, « comme d'hab ! »

Mais pendant qu'Octave, tout comme Ophélie, assurait son service à l'hôpital, Raoul, au siège de son groupe, s'entretenait au téléphone avec son ami, le général Jean de Parmain-Villers, père d'Ophélie. Jean lui annonçait qu'il venait d'être chargé, à l'Etat-Major, de la gestion des approvisionnements en énergie des trois armes, Terre, Air, Mer et qu'à l'occasion d'un entretien sur le sujet, il avait été informé qu'il était question d'entreprendre des pourparlers avec la Russie pour un ajustement des accords encours, histoire, entre autres, de peser sur les flots de migrants moyen-orientaux vers l'Europe de l'ouest, secrètement encouragés par la Russie. Une première rencontre entre le ministre français des affaires étrangères et le gouvernement russe avait déjà eu lieu, il y a peu de temps, où le sujet avait été évoqué. Mais la France, ayant un moyen de pression via ses commandes d'énergies, et comptant bien s'en servir, avait obtenu des Russes qu'une deuxième rencontre soit fixée au plus vite. Or, une des filiales du groupe industriel de Raoul venait de mettre au point, pour faire simple, un système de mixage du gaz naturel avec un autre composant de particules subatomiques permettant d'augmenter la puissance du gaz, donc de diminuer la consommation pour un même usage, et de plus, l'application de ce système était actuellement à l'étude aussi pour le pétrole ; ce n'était qu'une question de semaines ! Le général, bien entendu avec l'accord de Raoul, avait proposé au gouvernement que ce nouveau dispositif de mixage fasse partie des moyens pour peser sur les négociations prévues avec la Russie, deuxième fournisseur de la France en gaz naturel ; le but, en urgence, était que la Russie intervienne pour freiner les migrations en provenance du bassin méditerranéen nord-oriental et de leurs frontières terrestres ouest-sud-ouest et, de fait, cesse d'encourager la Biélorussie à manipuler les migrants à leur frontière avec la Pologne ; le problème de l'Ukraine serait vu plus tard, contrairement à son apparence, il ne répond pas un problème européo-russe, mais américano-russe et se solderait par des compensations secrètes.

— Il serait bien, Raoul, précisa le général, que, pour ces négociations, tu viennes en personne en Russie avec la délégation ; ta présence prouverait aux Russes que notre proposition est bien concrète et ne se constitue pas uniquement de paroles de circonstance géopolitique. Comme, industriel spécialiste des énergies et détenteur du nouveau dispositif de mixage, tu serais le mieux à même de souligner aux Russes les avantages qu'ils pourraient en tirer, mais aussi les conséquences que provoquerait un refus de leur part de coopérer.

— Quelle marge de manœuvre, aurai-je ? demanda Raoul au Général.

— Faire valoir qu'en dehors des pays européens qui bénéficieraient du dispositif, si la Russie acceptait à son tour d'en disposer, elle verrait, certes, son volume de vente baisser, mais son prix exceptionnellement maintenu pendant cinq ans ; et cela sous condition que, en tant que grande puissance productrice et fournisseuse, elle intervienne pour faire diminuer le prix du gaz sur le marché international ! Et bien entendu, dans le cas où elle s'y refuserait, non seulement la France, comme ses partenaires européens, se verrait dans l'obligation de se tourner vers ses autres fournisseurs, notamment, la Norvège, son deuxième plus important fournisseur, mais pas uniquement, sachant qu'avec le dispositif de mixage, les prix chuteront, certes, mais seront garantis et leur chute compensée par une augmentation des ventes due aux accords franco-africains, sans compter le bénéfice pour eux d'une diminution de leur propre consommation. À cela si tu rajoutes que le dispositif de mixage sera très prochainement applicable au pétrole, la Russie, qui fournit une grosse production de pétrole à la Chine, entre autres, serait particulièrement rassurée si nous nous engagions à ne pas céder sous licence le dispositif de mixage aux Chinois, pour une durée qui reste à négocier !

— Comment la Russie compenserait-elle ses méventes de gaz ?

— La Russie serait alors contrainte de se tourner principalement vers la Chine, grande demandeuse de gaz naturel, qui, cependant, ne tarderait pas à bénéficier à son tour du dispositif de mixage pour le gaz, sauf entente avec les Russes sur un accord comme pour le pétrole ; conclusion, la Russie serait, tôt ou tard, obligée de baisser ses tarifs de gaz, alors que le marché se serait déjà réorganisé sans elle. Aussi, pourquoi attendre ? Une bonne et privilégiée collaboration ne pourrait être que la bienvenue !

— Dit comme ça, évidemment ! Mais attention, Jean, si les Russes acceptent nos propositions, il faudra aussi obtenir leur accord pour que les usines de mixage soient installées obligatoirement sur les zones d'arrivée et de stockage du territoire de l'acheteur-utilisateur et non sur le point d'extraction du gaz ; pas question qu'il y ait possibilité de chantage par blocage d'usine de mixage et que le brevet soit découvert ! Où qu'elles soient installées les usines de mixages devront être gérées exclusivement par des ingénieurs français et interdites à « toute personne étrangère au service », suivant la formule consacrée !

— J'ai bien compris, Raoul. Je note ton accord ; mon secrétariat va te faire parvenir ta notification gouvernementale de présence et le programme exact du voyage. Il est probable que certains négociateurs russes parleront anglais, mais pas tous ; de toute façon, nous aurons des interprètes sur place, notre ambassadeur à Moscou s'en occupe toujours. Ah ! Aussi, s'il te plaît, réserve ton agenda pour les dix jours à venir, car il est possible que les Russes nous demandent de faire très vite, en raison d'un déplacement en Ukraine d'un de leurs principaux participants prévus à notre rencontre.

Puis les deux hommes se saluèrent avec quelques mots d'amitié pour leur famille respective.

Mais voyage pour voyage, c'était celui de Gilles qui maintenant était en cours !

À Roissy CDG, Gilles, rouge de honte, le petit chien nain, tout blanc et moutonné en laisse, s'était rendu à la porte F51 du Terminal 2 pour embarquer sur le vol AF 1738 prévu au décollage à 15 heures à destination de l'aéroport de Vienne. Au guichet de contrôle sécurité et douane, il voulut mettre le petit chien dans le sac prévu à cet effet, mais gêné et maladroit, il n'y arrivait pas, bloquant la file de passagers, rigolards pour les uns, exaspérés pour d'autres ; bref, Gilles perturbait l'embarquement, quand une femme d'un certain âge, pour ne pas dire d'un âge certain, toute enrobée de fourrure et exhalante de parfum, les mains parées de lourdes bagues, mais sourire indulgent aux lèvres, vint gentiment l'aider ; Ulrich, le petit chien, fondit alors d'amour et se laissa empaqueter sans résistance !

Deux bonnes heures plus tard, Gilles pénétrait dans la zone internationale du Terminal3 de l'aéroport de Vienne. Là, il jeta immédiatement un regard circulaire, espérant ne pas avoir à s'exposer trop longtemps avec son petit compagnon à quatre pattes qu'il fit alors sortir de son sac en le posant à terre. Bien entendu, par prudence, il ne lâcha pas la laisse qu'il n'avait d'ailleurs pas décrochée de tout le voyage ; sait-on jamais ! Il aurait très bien pu sauter du sac pour rejoindre, deux rangées de sièges plus loin, la brave dame « emmitouf-parfumée » qu'il n'avait, durant tout le vol, pas quittée des yeux tout arrondis d'un désir anticipé d'être papouillé par dix doigts, certes, déformés par l'arthrose, mais brillant de bagues étincelantes !

Tout en ricanant, bêtement et méchamment, il faut bien le dire, de sa pensée à l'égard de la vielle dame, qui pourtant l'avait bien aidé pour empaqueter la peluche vivante, Gilles repéra un banc au centre du hall, suffisamment bien placé pour qu'il vit venir celle qu'il attendait avec tant d'impatience, tellement vérifier ses présomptions lui tenait à cœur ! cœur, qui dans sa poitrine, s'accélérait au fur et à mesure que le visage de Lucie lui revenait de plus en plus à l'esprit. Gilles se dirigea donc vers le banc, bien décidé à repérer sa « correspondante » dès son arrivée dans la zone internationale ; sauf qu'il n'en eut pas le temps ! Un homme, de stature solide, environ la quarantaine, s'arrêta juste devant lui, le salua de deux doigts à son chapeau et lui demanda en désignant le chien :

— Ulrich ?

— Euh… oui, Ulrich, balbutia Gilles, un brin perturbé par cette intervention sans préambule.

— Et alors ?

— Alors quoi ? Ah, oui ! Genre indéterminé ! précisa Gilles qui s'était repris.

— Parfait ! Le porte-clef ? Ponctua l'homme en lui prenant la laisse des mains et aussi le porte-clef déclencheur que Gilles lui tendait.

Puis il se présenta enfin comme officier de la DGSE et du bras lui indiqua dans la foule des passagers près de la passerelle d'arrivée, un groupe de trois hommes et une femme arrêtés à une dizaine de mètres et, sourire ironique aux lèvres, lui dit :

— Le nom du chien et « Genre indéterminé » en réponse ! pas mal comme code d'identification, vous ne trouvez pas ?

— En effet, fallait y penser, confirma Gilles.

Mais Gilles avait répondu machinalement d'un ton des plus neutres, comme s'il s'en foutait complètement, occupé qu'il était à détailler la femme entourée des trois hommes : jeune, superbe silhouette sur escarpins à talons aiguilles, cheveux sombres ramenés en chignon et toujours aussi élégante avec ses boucles d'oreilles scintillantes en pendentif, mais avec ce « je ne sais quoi » qui donne à certaines femmes déjà très belles, ce petit rien, ce petit plus qui en fait de terrestres déesses auxquelles on ne refuse rien. L'expression « déesse » n'avait pas, en effet, été prononcée à la légère par son officier traitant, quand il parlait de Vasilka au siège de la DGSE ! Mais était-ce bien Vasilka ! Parce qu'il y avait aussi son regard ! Un regard de braise qui, curieusement, tandis que les trois hommes qui l'entouraient conversaient ensemble, ne cessait à distance de le fixer intensément, comme s'il avait un message à transmettre, à moins que ce ne fût un avertissement ! Mais ses grands yeux sombres et hiéroglyphes qui diffusaient une telle chaleur, était-ce le port du masque anti covid qui les mettait tant en valeur ? ou bien le savant maquillage d'une éminente séductrice ? Gilles, déçu de ne pas voir les traits de la jeune femme, en raison de son masque, cherchait désespérément ce qui pourrait lui révéler ce qu'il attendait tant : Vasilka ou… Lucie ! Et si Lucie, l'avait-elle reconnu, lui, le petit fripon de la colo qu'elle avait vertement renvoyé dans les cordes pour secourir Octave ?

Quant à l'agent de la DGSE, n'ayant que foutre de ses états d'âme, il lui tapota la main avec son billet de retour, tout en lui rappelant l'heure de son vol et le salua. Gilles, sans même tourner la tête, prit le billet en marmonnant un merci à peine intelligible, tant il avait les yeux rivés sur le visage de la jeune femme, essayant de deviner la forme de ses pommettes ; étaient-elles hautes ? Il se souvenait que Lucie avait les pommettes un peu hautes, de jolies pommettes, venant peut-être de loin, en tout cas en accord avec ses yeux allongés, des yeux hiéroglyphes aussi ! Mais Vasilka également ; et d'ailleurs, concernant Vasilka, quoi de plus normal puisque, vu son prénom et son accent qu'il avait perçu au siège de la DGSE, elle était évidemment née slave ! L'accent de Vasilka ? Mais l'accent de Vasilka n'était en fait que le son d'une langue étrangère, probablement slave dans laquelle elle s'était exprimée ! En aucune situation, il n'avait entendu Vasilka parler français avec un accent étranger ! Mais peut-être que Vasilka parlait le français sans aucun accent ? Par contre, Lucie aurait très bien pu être formée en plusieurs langues, jusqu'à lui donner un accent indéfinissable ! Et donc, en réalité, aucun accent ne constituait un élément déterminant pouvant différencier les deux jeunes femmes. Et puis, qui pourrait dire aussi d'où venait Lucie, la petite orpheline ? Peut-être slave aussi, pourquoi pas ! Mais Gilles, qui ne perdait pas de vue l'agent de la DGSE qui maintenant remettait le ridicule petit chien russe, nain, tout blanc et bouclé, justement à la jeune femme, se disait que, peut-être, la ressemblance des traits de Vasilka avec ceux de Lucie, pour ne pas dire la superposition des deux jeunes femmes, n'était, en fait, qu'une impression donnée par la position du masque anti-covid et renforcée par son imagination surexcitée.

Puis vint le moment où les quatre hommes, escortant la jeune femme et le chien, s'éloignèrent vers la porte d'embarquement pour Ankara. Gilles, dépité de n'avoir sa réponse, se prépara à faire de même pour son retour sur Roissy CDG, quand, subitement, il se figea ! La jeune femme s'était brièvement retournée et, l'instant d'un éclair, il avait cru voir dans ses yeux sombres, quelque chose d'immensément beau et d'extraordinairement intense ; il en fut ébranlé au plus profond de lui-même, tant il ne s'y attendait pas : la lueur d'une infinie tristesse.

Dans l'avion de retour sur Paris, Gilles était désolé ; il avait espéré si fortement pouvoir appeler Octave, dès son retour en France, pour lui révéler où se trouvait Lucie, qu'elle était en pleine forme et toujours aussi belle ; il était conscient qu'il lui devait bien ça pour se racheter d'avoir parlé trop vite et sans réfléchir sous les brumes de l'alcool ! Oui, il lui devait bien ça ; et même s'il y avait eu cette méchanceté de gosse de se mettre à plusieurs pour lui « piquer » son étoile de mer, ils n'en restaient pas moins qu'ils étaient, tous les deux, des anciens petits pensionnaires d'un même orphelinat ; un passé qui ne se gomme pas ! Seulement, les choses ne s'étaient pas déroulées comme espéré ; il lui fut impossible de s'assurer de l'identité de Lucie, pas plus que de celle de Vasilka, car Vasilka était peut-être bien Vasilka, ou alors Lucie, mais aucun indice fiable n'avait pu faire pencher la balance vers l'une ou l'autre jeune femme, et cette incertitude lui devenait insoutenable. Insoutenable, car en y réfléchissant bien, il se révélait, et Gilles se devait de le reconnaître, que Vasilka, toute lumineuse qu'elle paraissait, et peut-être même justement pour ça, n'était en fait qu'une call girl au service de la DGSE ; en bref, une prostituée, certes, de haut vol, mais prostituée quand même. Alors, ce qu'il avait espéré pour Lucie : être une superbe agent des services de l'ombre, reconnue pour sa beauté légendaire et sa très grande compétence, jusqu'à friser les mythiques personnages de films, de romans et même de l'Histoire, ne serait, en fait, que ce qu'il regrettait de Vasilka ? Aussi, fallait-il vraiment que Vasilka fut Lucie ? La déception était grande et impliquait à l'égard d'Octave, malgré l'absence de certitude, que le silence total recouvrît la question ; impossible de lui infliger une telle blessure, d'autant qu'il y avait eu le dernier regard de la jeune femme dont il n'arrivait pas à se défaire : un regard qui l'avait achevé, car de Vasilka ou de Lucie, une chose était sûre : la jeune femme était prisonnière !

Chapitre X

— Ah ! Entrez, Monsieur. Veuillez vous asseoir, je vous prie.

— Merci Monsieur, répondit Octave en reculant la chaise du bureau de l'agent de l'Aide Sociale à l'Enfance (ASE), histoire de se réserver un espace suffisant pour y glisser ses grandes pattes !

— Nous avons pris en compte votre demande et avons fait les recherches pour y répondre. Mais il apparaît…

— Vous avez un nom ? le coupa net Octave, d'un ton des plus tendu.

— Je comprends votre impatience, Monsieur, mais je vous demande de ne pas vous emballer. Nous avons en effet un nom, le nom d'une femme, mais rien ne dit qu'il s'agisse de votre mère…

— Génitrice ! corrigea fermement Octave.

— Je… euh… je vous demande pardon ; oui, je voulais parler d'un parent biologique, balbutia le fonctionnaire ; mais il se reprit et continua ce qu'il avait à répondre :

— Donc, Monsieur, je disais que rien ne dit qu'il s'agisse de votre... génitrice, car ce nom a été inscrit au procès-verbal comme celui d'un simple déposant...

— Déposant ?

— Oui, le terme Déposant désigne la personne qui vous a remis à l'ASE, le 4 avril 1997 à 16 heures 34 ; bien sûr, cela n'écarte pas la possibilité d'un lien de famille...

— De sang ! Lien de sang, Monsieur ! Ma famille est celle qui m'adopta !

— Je... je comprends, Monsieur. Et si vous me le permettez, j'en déduis que votre adoption fut une vraie réussite ; bien ça, bien ! souligna le fonctionnaire pour détendre l'atmosphère.

— En effet ! confirma Octave sèchement. Puis un peu nerveusement, il rajouta :

— S'il vous plaît, Monsieur, évitons des comparaisons infaisables et revenons à l'objet de ma demande.

— Bon, vous avez raison ; je vous disais que nous avions un nom mais que rien ne prouvait que cette personne ait un lien de... sang avec vous ; mais vous devez savoir qu'elle a refusé de révéler l'endroit où elle vous aurait trouvé.

— Le nom, Monsieur, le nom ! Vous pouvez me le communiquer, s'il vous plaît ? insista Octave de plus en plus exaspéré.

— Absolument, car vous n'avez pas été déclaré sous x, votre prénom, Octave, avait été mentionné par la déposante, une Anglaise, Madame Emma Donston, violoniste du Art Academy of Music à Londres. Nous n'avons pas d'autre adresse.

— Elle connaissait mon prénom, donc mon origine ! souligna Octave, très incisif.

L'agent de l'ASE, ne se formula pas du ton d'Octave, au contraire, pour l'apaiser, il lui sourit, se cala contre le dossier de son fauteuil et très calmement reprit la parole :

— C'est possible, en effet, mais possible seulement. En tout cas, comme il est précisé sur votre dossier, puisque vous portiez au cou cette étiquette cartonnée avec votre prénom, Octave, nous avons considéré que cette mention exprimait un souhait et l'avons donc officialisé. Mais une chose est sûre, ou bien cette femme tenait à ce que vous portiez ce prénom, sans en avouer la raison, ou bien, elle n'était en effet qu'une intermédiaire.

— Rien sur mes vêtements ne pouvait m'identifier ? Rien de brodé ? Pas le moindre indice ?

— Sûrement pas, Monsieur ; cela aurait été noté au dossier ; je suis désolé, je ne peux vous en dire plus, conclut le fonctionnaire avec un geste d'impuissance.

— Bon, j'ai déjà un nom, Emma Donston ; c'est déjà un point de départ ; je vous remercie, Monsieur.

Octave s'était levé, avait salué l'agent de l'ASE, puis il était sorti de son bureau en ayant retrouvé sa placidité coutumière, pourtant bien mise à mal pendant son entretien. Mais dans la rue, pour quelqu'un le connaissant, son pas, habituellement si calme, si paisible, aurait, malgré son allure toujours aussi régulière, pu laisser paraître un inattendu tempo. Il était évident que de son entretien à l'ASE, Octave ne rentrait pas bredouille et, à n'en pas douter, il comptait bien exploiter ce qu'il en avait retenu ; oui, mais comment ? Le hasard allait s'en charger !

Octave regarda sa montre et d'un regard circulaire chercha une bouche de métro ou un arrêt d'autobus. Il avait rendez-vous à 17 heures avec Ophélie au jardin du Luxembourg ; certes, il avait retrouvé son calme, mais là, il sentait bien qu'il avait besoin d'Ophélie, de son sourire, de son regard, de son parfum et de la tiédeur de son corps, bref de sa présence rassurante. Ophélie avait passé l'après-midi avec sa copine Klara pour l'aider à faire les boutiques et choisir de nouveaux vêtements.

Octave remonta un peu le boulevard Diderot pour s'engouffrer dans la station de métro Reuilly-Diderot et après avoir dégringolé l'escalier, trois marches par trois marches, et choisi sa ligne, il enclencha son ticket pour ouvrir la petite barrière d'accès au quai. Il n'eut qu'une demi-minute à attendre avant que la rame ne surgisse du tunnel pour s'arrêter et inviter les usagers, par ouverture automatique des portes, à descendre pour les uns et monter pour les autres ; et là, l'humanité offrit, une fois de plus, le traditionnel spectacle de ses variantes d'éducation ! Octave, compte tenu de son gabarit, ne souffrait que rarement de la brutale impolitesse des humanoïde-bonobo-mutants trop pressés ou de mauvaise humeur ; non, c'était plutôt, en cours de trajet, dans la foule des voyageurs debout et compressés, que ses bouts de pied méritaient la légion d'honneur ! car du fait de leur longueur, ils s'exposaient à un sacrifice exemplaire, un vrai martyr ! Et si en plus, de charmantes jeunes femmes avaient eu l'idée d'améliorer leur taille et leur silhouette par des talons aiguilles, alors là ! Et puisqu'on parle de femmes, souvent, montait aussi une brave dame d'un âge indéterminable, en général petite, un peu courbée, probablement par le poids des ans, un fichu sur la tête et qui l'air désolé, d'une petite voix timide, s'excusait déjà, avant de tourner sur elle-même pour chercher son espace en balançant son panier dans le bas ventre d'Octave ! Ah, les femmes ! Il ne pouvait quand même pas les prendre toutes dans ses bras pour les hisser à sa taille et ainsi préserver ses pieds, son abdomen et sa tête ! Sa tête ? Mais oui, car phénomène étrange, les jours de pluie, dans les couloirs du métro, au milieu des colonnes des usagers s'écoulant vers le dehors, il y en avait toujours une, trottinant nerveusement à la cadence d'une fourmi, qui, avant même d'atteindre la sortie, ouvrait brutalement son parapluie, sans crier gare, ignorante de son entourage ! Combien de fois, Octave dut, d'un geste réflexe de parade, éviter les pointes de l'auréole ! Il est vrai que l'on dit que les femmes ont une intuition supérieure leur permettant souvent d'anticiper un évènement quelconque ; d'accord ! mais au point d'ouvrir un parapluie dans un couloir de métro, alors qu'il ne pleut que dehors ? Rien de plus dangereux ! car qui peut s'y attendre ? Bien sûr les femmes sont troublantes, pensa Octave, sourire aux lèvres, mais pas toujours pour la bonne cause, nota en lui-même le futur psychiatre, tout en se promettant d'étudier cette question à ce jour sans réponse ; un sujet d'étude intéressant à remettre à plus tard ; le syndrome du parapluie !

Mais trente minutes suffirent, avec un changement de ligne à la station Châtelet pour atteindre le jardin du Luxembourg. Grilles franchies, laissant à sa droite la Fontaine de Médicis et à sa gauche la statue de la belle et malicieuse romaine illustrant La bocca della Verità, Octave continua tout droit vers le bassin, puis le contourna et, passant devant le Sénat, se dirigea encore tout droit, pour monter les marches entre les deux grandes reines de France, Anne d'Autriche et Blanche de Castille et pour enfin prendre Ophélie dans ses bras ! Ophélie qui l'avait attendu dans la grande allée de marronniers allant vers la rue Guynemer, assise sur un banc à voir passer les poneys — cavalière on est, cavalière on reste. Dès qu'elle avait vu sa grande silhouette marcher vers elle, elle avait couru aussitôt à sa rencontre et, comme elle aimait tant le faire, avec son élan, elle s'était jetée dans ses bras, s'agrippant à ses épaules et ses jambes lui enlaçant la taille ! Et maintenant, refusant obstinément de retoucher terre et, après l'avoir goulûment embrassé devant les sourires amusés autant qu'indulgents des passants, voire envieux pour certains, elle s'exclama la mine aux anges :

— Regarde, mon grand girafon, ! Regarde mes nouvelles ballerines !

— Sûrement très belles, mon p'tit mulot, mais si tu ne rejoins pas le sol, je ne pourrai pas les voir ! répondit Octave qui, bien que solide, commençait à s'essouffler ; Ophélie était, certes, bondissante et souple, mais aussi une belle athlète de près d'un mètre soixante-dix pour un peu moins de soixante-cinq kilos ! Plus le prix des ballerines, pensa Octave en riant en son for intérieur, un vrai poids quand même !

Ophélie, toujours cavalière dans l'âme, remit « pied à terre », trop contente de montrer ses ballerines ; jolies ballerines italiennes d'une élégante simplicité, beige clair se confondant avec la peau hâlée de ses longues jambes émergeant d'une mini-jupe couleur sable. Ophélie ne ratait jamais une occasion de s'exposer au soleil, et donc elle s'habillait en conséquence, quand elle savait devoir attendre quelqu'un au Luxembourg, son jardin préféré, assise sur un banc, les jambes allongées reposant sur une chaise, la tête rejetée en arrière et paupières closes. Mais quand, poussée par un souffle d'air, une mèche de ses longues boucles blondes venait doucement caresser le décolleté de son caraco, elle offrait aux visiteurs du Luxembourg, cheminant dans cette grande allée, une très belle allégorie de la sensualité féminine ; sensualité d'aujourd'hui qui valait bien les superbes statues antiques du célèbre jardin !

Ophélie rejoignit son banc en entraînant Octave pour s'y asseoir. Octave lui demanda si, avec son amie Klara, elle avait bien vampirisé les magasins. Ophélie lui avoua que, en accompagnant Klara, elle avait craqué devant les ballerines, alors qu'elle avait seulement prévu d'aider Klara à choisir ses vêtements pour sa nouvelle mission de reporter-photographe.

— Comment va-t-elle, ta copine Klara ? questionna Octave en prenant ses aises sur le banc.

— Ça va ; elle est heureuse et s'est bien remise de son parcours dantesque pour retrouver son père ; quand on pense à ce qu'elle a dû vivre[1] !

— C'est le moins qu'on puisse dire, courageuse, ta copine !

1 Voir « La Fenêtre » du même auteur ; Alter Real éditions.

Ophélie voulut embrayer sur Klara, mais son téléphone vibra : un appel de son père ! Elle prit évidemment la ligne, écouta assez longuement ce qu'il avait à lui dire, hocha lentement la tête en signe d'acquiescement à ses mots et lui dit qu'elle allait transmettre, puis elle l'embrassa et coupa le contact.

— Mon grand girafon, papa compte sur toi pour le remplacer !

— Euh… à l'Etat-Major ? s'amusa Octave

— T'as déjà vu un psychiatre, même apprenti, dans un État-Major, mon chéri rêveur ? Il les ferait tous enfermer ! commenta Ophélie en éclatant de rire.

Et après cette boutade qu'elle ne serait jamais permise en présence de son père, ou d'un quel qu'autre officier supérieur, Ophélie expliqua à son grand girafon-chéri-rêveur, que son père allait devoir incessamment partir en mission à l'étranger et que, de ce fait, il ne pourrait pas participer à l'étape anglaise du concours de tir auquel il était inscrit. Mais si le règlement n'acceptait aucune excuse possible à ne pas s'y rendre, il prévoyait, par contre, de pouvoir se faire remplacer.

— En conséquence de quoi, mon chéri-tireur d'élite, on va y aller ! déclara Ophélie, la mine malicieuse.

— Où ça ? s'enquit Octave, apparemment méfiant.

— À Londres et…

— Sans blague ! s'exclama Octave, soudainement sorti de sa placidité.

— Si, si, à Londres, confirma Ophélie.

— Un vrai coup de bol ! lâcha Octave avec une bouille d'enfant réjoui d'un cadeau inattendu !

— Coup de bol ?…euh… s'te plait, tu m'expliques, mon girafon mystérieux ?

— Dac ! Écoute bien, mon p'tit mulot !

Octave expliqua alors à Ophélie sa visite à l'ASE et souligna que la suggestion de son père de le remplacer à Londres pour ce concours de tir était vraiment la bienvenue ; une chance que cela tombait sur leur semaine de vacances programmée. Puis il enlaça Ophélie, l'embrassa sur la tempe et lui confia qu'il était heureux qu'elle puisse venir avec lui, car sa présence à ses côtés pourrait l'encourager dans sa démarche, tout comme amortir une éventuelle déception.

Ophélie l'avait écouté, stupéfaite, les yeux braqués sur lui tout arrondis de surprise, sourcils haussés et bouche ouverte, sans pouvoir dire un mot ; elle tombait des nues ! À aucun moment, elle n'avait supposé que Octave chercherait son origine ; il était tellement heureux dans sa famille adoptive ! Mais Octave qui s'était tu et maintenant la regardait avec une mine amusée par son attitude ébahie, la réactiva :

— Eh bien, ma Bichette ? Atterris !

— Oh là ! Tu as dit ma bichette ! L'heure est grave alors !

— Oui, parce que la bichette pourra me mettre des p'tits coups de corne dans les fesses si, pour une raison impensable, j'hésitais à poursuivre mon idée ! Mais surtout, n'en parle pas à mes parents, ni aux tiens !

À l'idée des petits coups de corne dans les fesses, Ophélie se raviva aussitôt et, sourire malicieux aux lèvres, lui garantit qu'elle y veillerait ; d'autant, ajouta-t-elle en lui prenant les deux mains, le regard, cette fois, débordant de tendresse, qu'elle comprenait très bien sa démarche et qu'elle préférait être là, à côté de lui pour le lui prouver en partageant ce moment et que, bien sûr, elle ne dirait rien à leurs parents respectifs. Puis, se levant, elle prit le bras de son grand girafon et lui rappela qu'ils dînaient chez Raoul et Barbara, qu'ils devaient avant passer chez le libraire pour prendre le livre que Barbara avait commandé, et pour finir, elle précisa que son père avait demandé qu'ils le rejoignent chez lui après leur dîner pour briefer Octave à propos du concours de tir et aussi, faire un court et dernier entraînement de tir !

Et comme prévu, après un rapide passage chez le libraire pour prendre le livre réservé pour madame Barbara Johansen, les deux jeunes internes se retrouvèrent chez les parents d'Octave, dans le salon, un verre à la main pour un apéritif familial, à échanger leurs dernières nouvelles. Raoul et Barbara avaient une profonde affection à l'égard d'Ophélie, à l'image des parents d'Ophélie envers Octave ; une réciprocité qui ne pouvait que renforcer les liens d'amitié des deux familles et entretenir l'espoir secret des quatre parents que cela se concrétise par un lien définitif entre leurs enfants. Dans son for intérieur, Barbara se voyait déjà bercer dans ses bras un très beau bébé ! Il faut dire qu'Ophélie, outre son aspect « beau brin de fille » et son charme débordant, diffusait à la fois malice et tendresse, auxquelles s'ajoutait son indéniable intelligence et, bien entendu, son adresse d'avoir, dans ses rapports avec Octave, puis avec ses parents, intégré Lucie, jusqu'à en faire une histoire commune.

Alors que Barbara venait d'achever d'expliquer pourquoi le livre ramené de chez le libraire l'avait attirée, Raoul annonça qu'il allait accompagner le père d'Ophélie en Russie pour des raisons qu'il se devait de garder pour lui, et bien sûr s'en excusa, mais précisa en riant que c'était pour une bonne cause. Barbara, rompue aux voyages « secret défense » de son mari, n'en fut pas surprise pour autant ; par contre, ce fut Arsouille qui la troubla ! Arsouille, le bon vieux chien qui, comme à l'accoutumée, s'était laissé tomber sur les pieds d'Octave, dès qu'il se fut installé dans un des fauteuils du salon, et qui, les yeux fermés, museau à terre, semblait s'y réconforter, comme à chaque fois qu'Octave venait voir ses parents ; eh bien, au moment où Raoul parla de voyage en Russie, le vieil Arsouille s'était levé, difficilement, le souffle court, pour, lentement, traverser le salon et se coucher lourdement, cette fois sur les pieds de Raoul et là, lever ses bons yeux sombres vers lui et, avec un gros et profond soupir, battre doucement le sol de sa queue !

— Vous avez vu le chien ? fit remarquer Barbara en balayant l'assistance d'un regard interrogateur.

— Oui, bien sûr, ma chérie, mais je l'ai surtout senti et le sens encore ; il a pris du poids avec l'âge, le bon pépère ! répondit Raoul en souriant, tout en se penchant pour caresser le chien entre les oreilles.

— Il s'est rapproché de toi, quand tu nous as dit que tu allais en Russie, précisa Barbara, mais d'un ton un peu incertain, comme si, dans sa tête, elle en cherchait la cause.

— Peut-être qu'il veut accompagner papa et Jean dans l'avion pour sauter en parachute avec eux, commenta Octave, pour s'amuser.

— Ou bien qu'il veut visiter Moscou, renchérit joyeusement Raoul.

Barbara et Ophélie avaient rapidement croisé leur regard et s'étaient bornées à un sourire de circonstance, retranchées qu'elles étaient dans les voies sibyllines d'un silence obscur ; intuition féminine ou spéculation chimérique ? Quoi qu'il en soit, la conversation bifurqua sur autre chose et d'autres encore jusqu'à ce que Barbara, sur un signe de Justine, la jeune domestique envoyée par la cuisinière, et prête à servir à table, appela tout le monde à se rendre dans la salle à manger.

Le repas se passa avec beaucoup de gaieté, les mets excellents soulignèrent, comme à chaque dîner, la qualité de la cuisinière, qui sera d'ailleurs honorée par les convives au dessert et notamment par un affectueux baiser d'Octave qu'elle avait choyé depuis les premiers jours de son adoption, tout comme Ophélie le fut, depuis son bas âge, par la cuisinière de ses parents ; ces deux-là, Ophélie et Octave avaient vraiment été programmés par les dieux immortels pour se rencontrer ! Raoul parla un peu de Saint-Pétersbourg qu'il connaissait pour y avoir déjà séjourné plusieurs fois. Il nota en passant sa conviction qu'un jour viendrait où la Russie et la France retrouveraient les liens culturels et civilisationnels qui furent les leurs dans le passé ; à ses yeux, la Russie était un grand pays impossible à passer par perte et profit dans la conception du monde à venir, et Raoul d'expliquer pourquoi, quand Octave...

— Pas croyable ! Regarde papa, regarde ! Arsouille qui sort du salon vers toi ! Eh ben voilà ! encore couché à tes pieds ! Pas de doute, t'as un truc, sûr, t'as un truc ! Avoue, tu as caché des bonbons pour chien dans ta poche ?

— Rien du tout ! Je l'ai tout simplement envoûté en parlant de la Russie ; à moins qu'il n'ait lu en secret *Anna Karénine*[2], ou bien *Michel Strogoff*[3], le bon gros toutou ! Barbara, ma chérie, finis vite ta bibliothèque parce que, si Arsouille lit toutes les piles de bouquins qui restent encore au pied des rayonnages, il va bientôt prendre part à la conversation ! répondit Raoul en riant, tout se penchant encore pour une gentille gratouille.

Barbara en sourit, bien sûr, mais il semblait bien éteint son sourire, au point que Raoul s'en inquiéta et lui demanda si tout allait bien. Barbara le rassura aussitôt, mais la réponse fut un peu convenue quand même ; elle avait aussi posé sa main sur celle d'Octave, comme dans un réflexe de protection. Octave ne s'en inquiéta pas pour autant, bien au contraire, habitué qu'il était aux gestes d'affection de sa mère, et il balaya l'assistance d'un regard amusé en relançant le cas Arsouille :

— Si papa n'a pas de bonbons dans sa poche, alors peut-être que parler de la Russie réveille dans sa mémoire de chien une éventuelle origine russe ! Qui sait ? Quand Lucie et moi l'avons découvert dans les cuisines de l'orphelinat, on n'a jamais su d'où il venait, le gentil chiot !

— Mystère ! commenta Raoul la mine énigmatique pour rentrer dans le jeu d'Octave.

---

2 Roman de Leon Tolstoï (1877)

3 Roman de Jules Verne (1876)

Puis tout le monde se leva ; Raoul mit une tape affective sur l'épaule d'Octave en lui disant qu'une fois en Russie, il ne manquerait pas de questionner tous les chiens qu'il croiserait ! Et tandis que père et fils retournaient gaiement au salon, Ophélie, discrètement, se rapprocha de Barbara qui, encore dans la salle à manger, semblait hésiter à suivre les hommes ; elle paraissait chercher quelque chose à terre. Mais quand Ophélie lui enlaça affectueusement les épaules et que Barbara leva doucement le regard vers elle, ses yeux étaient bien humides ; sans rien dire, sans la questionner, Ophélie la garda alors contre elle, le temps que se tarissent ses larmes silencieuses.

Raoul et Octave ne s'aperçurent de rien ; ils jouaient à échafauder des raisons, dès plus farfelues, au comportement du vieux chien, évidemment pour leur plus grand plaisir, à voir leurs mines joviales s'opposer à chaque fois qu'ils renchérissaient, chacun à leur tour, d'une nouvelle solution abracadabrantesque ! Aussi, lorsque Barbara s'étant reprise, accompagnée d'Ophélie, pénétra dans le salon, Raoul mit gentiment un point final à son jeu avec son fils et invita, comme si de rien n'était, les deux femmes à s'asseoir et leur proposa un verre ; verres que Octave, connaissant les goûts de sa mère et d'Ophélie, avait déjà rempli de Whisky pour l'un et de Calva pour l'autre !

Après une petite heure de bons moments d'échange qui dissipèrent son trouble, Barbara rappela que Jean, le père d'Ophélie, les attendait et qu'ils ne devraient pas trop tarder. Ophélie acquiesça, se leva pour remercier et embrasser les parents d'Octave, mais concernant Barbara, tandis qu'elle l'enlaçait d'un bras, elle lui prit en même temps la main qu'elle retint quelques secondes, avant de l'abandonner avec un chouïa de retard, un presque rien, un rien inapparent, mais significatif d'une secrète et affective connivence ; si les deux femmes n'étaient pas encore certaines de ce qui les tourmentait, sans s'en être expliquées pour autant, il était indiscutable qu'elles partageaient un même questionnement, voire une même inquiétude, si vague soit-elle, et le geste d'Ophélie en était révélateur.

De l'appartement de Raoul et Barbara, situé à deux pas du Panthéon, ils n'eurent que quelques rues d'écart pour atteindre le domicile du Général, boulevard Port Royal. Le Général, égal à lui-même, les accueillit avec chaleur ; Eugénie aussi, comme à l'accoutumée, un pinceau à la main et couverte de gouache, mais non moins inconsciemment pimpante et gracieuse, un brin évaporée quand même !

Le Général expliqua à Octave que le concours de tir à Londres était une étape d'un challenge amical organisé par un club, évidemment londonien, du nom de « Tailes Movers Club[4] », soit le club des bougeurs de queues ! Devant les yeux subitement surdimensionnés de stupéfaction de sa fille et de la bouille rigolarde d'Octave, il précisa, tout content de ses effets, que British pour british, le club était réservé à la gent masculine et donc le concours de tir également ; ce qui ne permettait aux femmes que d'assister et non de participer.

— Euh… papa… club des bougeurs de queues… ça veut dire ?

—Ah, oui, naturellement, ma chérie ! J'aurais dû commencer par-là ! Les adhérents du « Tailes Movers Club » doivent être obligatoirement propriétaires d'animaux ! En général des chiens, chats et chevaux ; mais ce point de règlement sur le type d'animal n'est pas exhaustif, pourvu qu'il ait une queue ! Que veux-tu, ma chérie, ce club est anglais !

Ophélie ne commenta pas, mais envoya à Octave un regard en coin, en maîtrisant son envie d'éclater de rire ; un simple sourire, même teinté de malice, convient toujours mieux à des sujets scabreux !

4 Club qui exista réellement et dont l'auteur fut membre en tant que cavalier. Une époque où des vagues d'humour voguaient des côtes de la Chanel aux côtes de la Manche, et inversement !

Le général, bien entendu, ne perçut pas l'esprit taquin de sa fille et donc, après avoir livré ces précisions — ô combien importantes ! — le général emmena Ophélie et Octave au sous-sol dans son mini bunker-stand de tir. Son objectif était de corriger, une dernière fois avant le concours, d'éventuelles imperfections de tir de la part d'Octave, histoire d'augmenter ses chances de gagner des points dans ce challenge qui comportait encore plusieurs étapes à venir. L'exercice se passa au mieux ; Octave avait tiré juste et vite et même plus vite que d'habitude. Le général était ravi ! Mais pas Ophélie ! Toutefois, elle se garda bien d'exprimer son sentiment en s'efforçant d'afficher une mine bienveillante. Quand elle se trouva dehors avec Octave, après avoir marché quelques minutes en silence, se serrant contre lui, bien accrochée à son bras, elle se libera :

— Tu m'inquiètes, mon chéri-girafon.

— Ah bon ? Et pourquoi donc, mon p'tit mulot ? répondit Octave d'un ton des plus sereins, tout en surveillant le flux des voitures pour pouvoir traverser.

— Tu as très bien tiré.

— Tu trouves ? Eh bien alors ?

— Justement !

— Justement quoi, ma chérie ?

—Tu m'as donné l'impression d'une volonté... comment dire... farouche ! que je ne te connaissais pas dans ce contexte et la cadence de tes tirs ne t'était pas habituelle.

— Des progrès, je pense, mon p'tit mulot !

— Oui, mais... ton visage, mon chéri... ce n'était pas toi ! Tu me fais peur, Octave !

Octave s'arrêta de marcher, se tourna vers Ophélie, se pencha et, l'enlaçant avec douceur, l'embrassa longuement, très longuement, puis :

— Tu vois, mon p'tit mulot, ça, c'est bien moi ! lui dit-il alors, avec un grand sourire aux lèvres.

Ophélie sourit à son tour et, sans dire un mot, le prit par le bras, posa sa tête contre son épaule, et ils se remirent en marche vers son studio ; mais les mots d'Octave : « je hais mes géniteurs… » et « faire de la place… », subitement réveillés par l'impressionnante vision qu'elle avait eue de lui, ce soir, au stand de tir, ne cessaient de trotter insidieusement dans sa tête, comme peuvent hanter pendant plusieurs jours les incohérences d'un cauchemar.

Chapitre XI

Quarante-huit heures plus tard, Ophélie, leurs billets d'Eurostar dans les mains, suivait, morte de rire, son grand girafon qui, d'un pas nonchalant, traînait dans la Gare du Nord leur valise-trolley. En effet, Octave, égal à lui-même, donnait l'impression, avec sa mine aux abonnés absents et la lenteur désabusée de sa marche, d'être totalement étranger à la foule tumultueuse des voyageurs impatients qu'il traversait sans la voir, absorbé, à coup sûr, par d'extraterrestres pensées ! Ophélie s'en amusait d'autant plus, que les roulettes du trolley scandaient en gémissant chacune des longues et flegmatiques foulées de son grand girafon ; à croire que la valise se plaignait par avance de passer près de deux heures trente en hauteur dans un compartiment à bagages !

Mais en fait d'extraterrestres pensées, Octave, en l'occurrence très pragmatique, anticipait le moment où, dans le train, il lui faudrait trouver la place de loger ses longues jambes ; il réfléchissait à la bonne méthode pour ne pas trop les torturer ! Octave était tellement plongé dans sa réflexion que lorsque, enfin, ce fut son tour de se présenter au guichet de contrôle de la douane, s'avançant machinalement, il faillit marcher sur un tout petit douanier sorti précipitamment de sa guérite pour le stopper et qui, hilare d'une telle distraction, la tête basculée en arrière et le regard vers le ciel, lui réclama sa pièce d'identité… qu'il n'avait pas ! Eh non, car Ophélie, prudente, avait réuni dans ses mains leurs deux pièces d'identité avec les billets de train ; c'est donc elle qui, se courbant légèrement, passa sous le bras d'Octave en le soulevant quand même un peu, pour présenter les documents requis ; une gymnastique qui ne fit qu'amplifier la joie du douanier qui trouvait là, enfin dans l'exercice de sa fonction, une occasion de se divertir ! Une scène, par contre, que surveillaient d'un air sceptique, depuis leur propre point de contrôle, quelques mètres plus loin, les douaniers britanniques ; mais probablement jaloux d'être confrontés à plus flegmatique qu'eux, et en plus français, ils mirent, sans prononcer un seul mot, un temps suspicieux à examiner, dans tous les sens, la pièce d'identité d'Octave. Cependant, ils durent quand même se forcer à rendre les papiers à son propriétaire, puis, comme à regret, lui accorder le passage ; alors toujours profondément indiffèrent et leur rendant leur silence, Octave passa… ce qui parut vexer encore plus les représentants frontaliers de sa Gracieuse Majesté ! Mais heureusement pour ces malheureux fonctionnaires, Ophélie passa à son tour et, les baignant aussitôt de son charme rayonnant, elle leur permit d'effacer leur rancœur en imaginant des heures plus enchantées, surtout quand, se penchant hors de leur guérite, leurs regards la suivaient dans son dos, scotchés qu'ils étaient sur sa jolie silhouette aussi sensuelle que sa démarche ! Bienvenue en Grande-Bretagne ! Ben tiens !

Au cours du voyage, comme il fallait s'y attendre, Octave ne cessait de changer de position, quand il ne se levait pas pour désengourdir ses longues pattes, ce qui amusa pendant un moment Ophélie, bien qu'elle essayât, par instant, de capter son attention sur quelques vues intéressantes au travers de la vitre ; Octave s'y prêtait bien volontiers, mais dès la vue avalée par l'avancée du train, il recommençait aussitôt à chercher une meilleure posture. Ophélie, lassée, finit par s'endormir. Cependant, quand, au dernier tiers du voyage, le train s'engouffra dans le tunnel sous la Manche, sachant qu'Ophélie, qui s'était réveillée, allait s'angoisser, Octave la prit gentiment contre lui pour que sa propre placidité la rassure ; et donc, pendant ces vingt bonnes minutes « sub-marine », Octave, attentif à son p'tit mulot, ne bougea point !

Mais, mais, mais... après ces cinquante kilomètres souterrains, l'Eurostar finit par réapparaître à l'air libre et Octave voulut aussitôt réactiver sa grande carcasse ; sauf que Ophélie se trouvait très bien, et même vraiment très très bien, tout contre son chéri ! Aussi, elle le retint fermement avant qu'il ne se déploie, l'obligeant à la garder bien au chaud, bien à l'abri contre lui. Octave, alors attendri, se força à rester en place, d'autant qu'Ophélie, la maline, lui susurra, d'une voix ensommeillée, qu'il avait, là, l'occasion, pour un futur psychiatre, de vérifier jusqu'où l'esprit pouvait impacter le physique ! Et donc, Ophélie, installée confortablement dans la fusion de leur chaleur mutuelle, paupières baissées et sourire jusqu'aux oreilles, se laissa recouler (pour ne pas dire roucouler) dans les bras de Morphée.

Mais vint le moment où la campagne laissa la place à un urbanisme, d'abord clairsemé, puis de plus en plus dense jusqu'aux abords de Londres, et maintenant à vitesse ralentie, enfin l'arrivée à la gare de Saint Pancras au cœur de la ville.

— Hello, mon p'tit mulot ! Faut se réveiller !

— Euh... déjà ? murmura Ophélie qui avait perdu la notion du temps, les yeux à demi ouverts, plissés de sommeil.

Mais il lui fallut bien s'extraire de son confort improvisé, Octave, déjà, avait déplié ses grandes jambes, comme pour vérifier qu'elles fonctionnaient toujours, et il allait se mettre debout. Ophélie s'étira, puis fouilla dans son sac à main, en sortit un petit miroir, histoire de vérifier son apparence, femme on est, femme on reste ! Mais alors qu'elle faisait la moue en se regardant dans le miroir, Octave, amusé, voulut la rassurer :

— T'inquiète, mon p'tit mulot, tu es mignonne comme tout ; tu as une bouille de gros bébé sorti de son lit !

— Gros ! Pourquoi gros ? s'exclama Ophélie, la mine faussement scandalisée.

— J'ai dit ça, moi ?

— Oui, t'as dit gros bébé !

— Aaah !!! Mais oui, mais gros bébé, c'est différent ! Ça veut dire tout rond tout mignon !

— Et tout rond, maintenant ! Tu aggraves ton cas, mon grand girafon !

— Ben… euh… j'voulais dire que…

— Ça va, mon chéri, j'ai compris ; je suis la plus mignonne, la plus belle, la plus intelligente, la plus attendrissante, la plus tout ce qu'on peut imaginer ; en bref, tu m'aimes ! lâcha Ophélie, cette fois la mine joviale.

— Eh ben, voilà ! ponctua Octave, ravi de s'en tirer comme ça.

Puis il se pencha vers elle, l'embrassa, la prit dans ses bras, la souleva d'un seul coup et la reposa au sol, debout ! Et sourire aux lèvres (irrésistible aux yeux d'Ophélie), il lui dit :

— Est-ce que le gr… euh… beau bébé peut redevenir la superbe jeune femme que j'aime et réunir ses affaires ?

— OK ! Mais c'est uniquement parce que joliment demandé !

Et tous les deux ramassèrent leurs affaires et s'infiltrèrent dans la file des passagers pour sortir du wagon. Sauf que c'est toujours une opération délicate si l'on veut rester correct. Aussi, Octave, tirant la valise trolley, fit en sorte, pour ne pas le gêner, de laisser passer un homme âgé entre Ophélie et lui ; mais cet homme, bien qu'avec un fort accent londonien, s'exprima à moitié dans un français approximatif et à moitié en anglais :

— Oh ! Thanks à lot, sir ! My God, je, sans my volonté, entendu parler mademoiselle and vous-même, sir ; i really sorry. But, je ne pas voudrais séparer two amoureux jeunes gens like you ; please, sir, after you, passez first !

Vu l'âge du monsieur en question, Octave ne voulut pas trop faire durer la situation et donc n'insista pas, mais le remercia et suivit Ophélie. Une fois sur le quai, Ophélie prit le bras d'Octave et, le tirant plus qu'elle ne l'accompagnait, accéléra l'allure en précipitant ses pas tandis qu'Octave se contentait d'une très légère allonge de sa foulée ! Mais tout s'explique, c'est bien connu ; à peine s'être attribué une table au buffet de la gare, et avant même de s'y asseoir, Ophélie confia son désir d'un bon café à Octave et s'échappa aussitôt direction « women's toilet » ! Lorsqu'elle revint, quelques minutes plus tard et, qu'offrant ostensiblement son visage au regard d'Octave, elle lui demanda : « *ça va comme ça ?* », Octave, qui ne voyait rien d'autre que son p'tit mulot, approuva quand même, devinant qu'Ophélie, avec quelques petites touches par ci par là, avait sûrement ravivé son apparence.

— Tu comprends, mon petit-chéri-grand-girafon, je suis française et je veux que cela se voie sans avoir à présenter ma carte d'identité ! expliqua Ophélie, la mine ravie et avec un geste d'une ostensible grâce.

— Bien sûr, ma chérie, et très belle française, en plus ! approuva Octave qui s'en foutait totalement, puisque, pour lui, comme déjà dit, elle restait de toute façon « son » p'tit mulot !

Mais le temps passa et la journée avec ! Et donc, après avoir dîné et dormi au « Shooter Rider hotel », où leur chambre avait été réservée par le club de tir, Octave et Ophélie se rendirent au London Academy of

Music, 155 Talgarth Road, pour rencontrer le directeur, comme prévu par téléphone. Arrivés sur place, dès qu'ils furent annoncés, ils n'eurent pas longtemps à attendre et le directeur les fit entrer dans son bureau avec une civilité toute british.

L'entretien se fit en français, le directeur, trop content de le parler, y tint absolument, prétextant de son devoir d'accueil ; il n'avait aucun mérite, souligna-t-il avec modestie, puisque sa fonction de directeur des arts impliquait la connaissance de la langue française et de sa culture ; et en préambule et par courtoisie, il précisa :

— Vous me pardonnerez, mademoiselle, de m'adresser principalement à monsieur, puisqu'il est seul concerné par le sujet de ce rendez-vous.

— Pas de problème, répondit Ophélie, avec un sourire à faire basculer la Couronne de l'autre côté de la mer !

— Très bien, je vous remercie, mademoiselle. Maintenant je m'adresse à monsieur : comme vous me l'aviez demandé, j'ai fait faire des recherches concernant madame Emma Donston, violoniste à notre académie. J'avoue être très gêné de devoir vous dire que nous n'avons trouvé, sur nos registres des personnels musiciens, aucun nom correspondant, et...

— Il est possible que sa spécialité ait été mal comprise par l'agent de l'ASE ; peut-être n'était-elle pas violoniste mais praticienne d'un autre instrument ? objecta Octave un peu surpris.

— Monsieur, je suis désolé, mais nous avons vérifié aussi sur les autres spécialités ; aucun musicien, femme ou homme de ce nom ne figure sur nos registres ; et croyez-moi, nous sommes remontés jusqu'à bien avant votre naissance ; je suis désolé de vous décevoir, monsieur.

Octave ne commenta pas et un silence s'installa ; lourd le silence. Ophélie, toute pâle, posa une main compatissante sur la cuisse d'Octave qui, en effet, s'était un peu vouté, le regard à terre ; certes, il réfléchissait, mais surtout, il accusait le coup ; il avait tant espéré dans cette démarche. Le directeur de l'Académie vit bien qu'Octave venait de prendre un coup sur la tête, aussi, il rompit le silence pour, à la fois, le réconforter et dévier du sujet qui fâche :

— Voulez-vous quelque chose à boire, un café, un fond de whisky, ou bien autre chose ?

— Non, je vous remercie, monsieur, lui répondit Octave en redressant la tête d'une voix ferme, mais une voix si dure et si peu habituelle qu'Ophélie s'en inquiéta, et la vision angoissante d'Octave, lors de son dernier exercice de tir, lui revint aussitôt !

— Est-ce que je peux faire quelque chose d'autre pour vous, monsieur, demanda le directeur par politesse, tout en signifiant par-là, la fin de l'entretien.

Mais Octave répondit par l'affirmative ; une idée venait juste de surgir dans son esprit :

— Est-ce qu'une musicienne violoniste aurait pu être, dans votre académie, de passage, en stage, ou quelque chose du genre, sans être pour autant salariée de votre organisation ; ce qui expliquerait qu'elle ne figure pas sur vos registres ?

Le directeur réfléchit un moment ; le visage d'Ophélie se réanima d'un seul coup, ses grands yeux tout arrondis d'espérance ; Octave, lui, affichait une physionomie statuaire et fixait le directeur d'un regard de fauve à l'affût ! Puis :

— Je ne veux pas vous laisser trop d'espoir, monsieur, mais votre idée mérite que l'on vérifie votre hypothèse, même si je crains qu'elle ne nous donne pas satisfaction. Au moins, nous n'aurons rien laissé au hasard et, peut-être même, vous remettrez-vous plus facilement de cette déception. Où puis-je vous joindre ?

Octave avait retrouvé un visage paisible et remercia le directeur pour son obligeance ; il lui donna son numéro de téléphone et l'adresse de son hôtel, en précisant qu'ils resteraient à Londres encore quarante-huit heures. Puis il se leva, Ophélie et le directeur en firent autant et tous les trois se saluèrent.

Une fois sortis du London Academy of Music, ils marchèrent quelques minutes sans échanger un mot ; Ophélie respecta ce moment pour que Octave ait le temps de mettre de l'ordre dans l'évident bouillonnement de ses pensées, cependant, elle s'efforçait d'occulter ce qu'elle ressentait, car elle était très inquiète pour lui. Ophélie ne croyait guère à une issue positive de cette dernière chance et craignait la réaction d'Octave ; les tensions, bien qu'exceptionnelles chez lui, mais dont il avait quand même fait preuve, si fugitives fussent-elles, justifiaient, à ses yeux, amplement son inquiétude. Quant à Octave, il ne laissait rien paraître, marchant tranquillement comme à son habitude, il affichait même un calme sourire lorsque, par instant, il se tournait vers Ophélie et croisait son regard, et puis, il finit par la prendre par les épaules pour la rapprocher encore plus de lui, comme s'il voulait la rassurer, ou tout simplement lui signifier que, quoiqu'il puisse arriver, ce qui comptait le plus pour lui, c'était elle ! Et d'ailleurs :

— Fish and chips[1], ça te dirait, mon p'tit mulot ? Tu m'as bien dit que tu adorais ça, non ?

— Houlà ! Oui ! Mais toi, tu n'en raffoles pas !

— Pas grave, je prendrai autre chose ; un plat de civilisé, genre Tartare frites ! Je te propose les bords de la Tamise et, comme il fait beau, une petite balade après le déjeuner dans l'Hampstead heath, superbe vieux parc, parfait pour la romance ! Ça te va ?

— Perfect ! répondit en anglais, Ophélie ; Ophélie, se délectant à l'avance de son Fish and chips, mais aussi ravie de voir son grand girafon oublier, en tout cas pour un temps, son souci premier.

1 Spécialité anglaise : poisson pané frit et frites cuits à la bière

Mais pendant qu'Ophélie et Octave profitaient des charmes de Londres, de l'autre côté de la mer, à Montreuil en banlieue parisienne, un homme d'aspect solide, mais de taille moyenne, chapeauté et manteau sombre, frappait à la porte d'un petit deux pièces en rez-de-chaussée ; Gilles ouvrit la porte.

— Ah ! C'est vous ! s'exclama Gilles en reconnaissant son officier traitant.

— Oui, désolé de vous déranger chez vous, mon vieux, mais nécessité fait loi ; on discute dans le caniveau, ou vous me faites entrer ?

— Ben non, va pleuvoir ! et moi, j'n'ai pas d'chapeau ! alors, entrez ! dit Gilles en se reculant.

Gilles dégagea des journaux d'un fauteuil et fit signe à son officier traitant de s'y asseoir, mais l'homme refusa, arguant qu'il n'avait pas le temps de « faire causette », mais que, s'il était venu chez lui, c'était parce que le sujet dont il voulait l'entretenir, indépendamment de l'intérêt qu'il avait pour le service, le tenait personnellement à cœur et que cela devait rester confidentiel entre eux deux, en tout cas pour le moment, rajouta-t-il.

— De quoi s'agit-il ? s'étonna Gille.

— De l'agent 912HN76PC790

— ?... Connais pas !

— Mais si, mais vous ne pouviez pas savoir ; de toute façon, c'est sans importance.

Et l'officier d'expliquer à Gilles qu'il allait devoir, à titre officieux, sous le couvert d'une identité qui se voulait cousine de l'agent 912..., partir à la recherche de l'agent en question et au minimum réunir des informations, car l'agent 912... a disparu, ou plutôt, AVAIT disparu, vu la date de sa dernière présence constatée.

Gilles tomba des nues ! Pourquoi le choisir, lui, pour une telle mission ? La DGSE disposait d'assez d'agents pour faire le boulot avec, en plus, l'appui des représentations diplomatiques !

L'officier lui rappela encore que pour des raisons qu'il devait garder pour lui, il ne tenait pas, pour le moment, à ce que la situation de l'agent 912... soit révélée au Service au risque d'être « soldée » trop hâtivement. Il lui fallait donc choisir une petite main, inconnue des opérateurs extérieurs, pour rechercher la trace de l'agent 912... ; Gilles avait le profil requis et ne devra avoir de contact qu'avec lui.

— Vous allez vous rendre en premier au Consulat Général de France à New York, pour leur demander où vous pourriez trouver l'agent 912... mais à titre personnel, étant son cousin en voyage aux States. Vous n'auriez pas vu l'agent 912... depuis une petite dizaine d'années, étant vous-même pendant cette période en opération dans une ONG à l'autre bout du monde. Or vous avez appris que l'agent 912... travaillait à New York comme interprète.

— Ah bon ? dit Gilles, ne comprenant pas très bien ce que le Consulat Général venait faire dans cette histoire.

— La dernière fois que nous avons eu des nouvelles de l'agent 912... elle était interprète affectée à...

— Elle ? L'agent 912... c'est une femme ? coupa Gilles, surpris.

— Ne me coupez pas quand je parle, mon vieux ! Mais oui, l'agent 912HN76PC790 est une femme et j'espère qu'elle EST toujours et qu'on ne soit pas obligé de dire qu'elle ÉTAIT ! En tout cas sachez qu'elle fut interprète sous le nom d'emprunt de Fabiana Ascain, qu'elle est sensée être fille de parents espagnols émigrés en France sous Franco, alors que sa véritable origine est Bulgare et française parce que née en France. Lors d'une réunion tripartite à New York concernant le marché mondial des énergies, elle avait été affectée à un membre du ministère mexicain des affaires étrangères ; c'est pour ça qu'on lui a collé des origines espagnoles, ça facilite les contacts avec les Mexicains.

— Et alors ? relança Gilles subitement intrigué par les termes « est » et « était »

— Et alors ! Eh bien justement, ce sera à vous de le savoir, car l'agent Fabiana a disparu au moment du dîner de clôture sous prétexte de malaise.

— Et après ?

Après ? Silence total ! précisa l'officier et de souligner à Gilles que l'agent Fabiana, code 912HN76PC790 était membre de la DGSE et avait été, pour la circonstance, « prêtée » au délégué mexicain par la DGSE ; les Mexicains préférant, dans cette entente tripartite, s'allier secrètement aux Français, car ils se méfiaient des Américains qui depuis toujours cherchaient à les contrôler. La DGSE avait été trop contente de rajouter secrètement un agent capable « d'envoûter » le délégué mexicain !

— D'envoûter ? Carrément ! Eh ben... commenta Gilles.

— Vous savez bien, Gilles, que nos agents-interprètes sont particulièrement bien choisies tant pour leur intelligence que pour leurs dons, disons... d'accompagnatrices ! C'est pour ça qu'elles suivent une formation de haut niveau ; il ne serait pas question d'affecter « madame tout le monde » aux personnalités étrangères de premier plan censées négocier avec la France ; voyons, Gilles, et l'élégance française, alors !

— J'avoue que l'élégance française ne m'était pas venue à l'esprit pour de telles occurrences ; mais si vous le dites... laissa tomber, Gilles, sur un ton mi ironique, mi équivoque.

L'officier leva les yeux au ciel, signifiant, là, sa consternation sur l'innocence de Gilles, enfin disons plutôt sur ses méconnaissances du monde souterrain et de ses méthodes. Mais, il ne s'attarda pas sur le sujet ; il lui spécifia que son billet d'avion l'attendait au guichet d'Air France pour un vol sur New York et lui remit sa nouvelle identité, Gillo Ascain, puisque cousin de Fabiana.

— Comme Fabiana, notre agent-interprète, vos parents venant d'Espagne ont émigré en France pour fuir le franquisme ; ils ont changé leur nom de famille Ascaniño pour le nom français, Ascain, précisa-t-il en passant.

— Vous avez retrouvé mes parents ? lâcha Gilles, en s'esclaffant de rire.

— Très drôle ! Surtout, n'oubliez pas que vous n'avez jamais été en orphelinat ; c'est bien compris ?

Gilles acquiesça, tout en murmurant, amusé : *« dommage... »* ; mais l'officier ne sembla pas avoir entendu, il se contenta de préciser que Gilles devrait partir dans les jours qui suivent, dès que le Service aurait reçu le feu vert des agents actuellement en mission en Russie.

— Quel rapport, la Russie avec La Fabiana aux États-Unis ? s'étonna Gilles

— Nos agents en Russie doivent vérifier une dernière info avant de nous donner le feu vert.

— Ah ? On a donc des gars en ce moment en Russie ?

— On a des gars partout, mon vieux ! Vous le savez bien !

— Et des nénettes aussi, pas vrai ? rajouta Gilles, un brin narquois en pensant à Vasilka.

— Oubliez, mon vieux, oubliez !

— Difficile, très difficile, murmura encore Gilles toujours avec la vision de Vasilka.

Puis il s'enquit de ce qu'il devra faire, s'il n'obtenait rien du Consulat Général. L'officier lui dit alors qu'il recevrait des instructions pour joindre le délégué mexicain que l'agent Fabiana avait « accompagné » ; autrement dit, il aurait à prévoir un autre voyage, mais cette fois au Mexique. Après quoi, il lui conseilla d'apprendre par cœur le code complet de l'agent Fabiana, soit : 912HN76PC790 et lui rappela que rien ne devait filtrer de sa mission et que, eux seuls pouvaient s'en entretenir.

Et pour conclure, l'officier mit deux doigts à son chapeau en signe d'au revoir, tourna le dos à Gilles, ouvrit lui-même la porte et sortit.

Gilles, quant à lui, les yeux fixés sur la porte refermée et les points sur les hanches, ponctua pour lui-même l'entretien par un « *Eh ben, merde !* »

Mais, alors qu'à Montreuil, Gilles était en train de maugréer sur sa mission à venir, à Londres, dans le parc Hampstead heath, Ophélie et Octave étaient en admiration devant le style Régence de la maison de John Keats[2], où, en 1812, il écrivit, assis sous un prunier, son poème le plus connu : « Ode à un rossignol » ; sauf que l'intérêt que les deux Français portaient à la belle demeure fut subitement écourté par la sonnerie du téléphone d'Octave.

— Allo ? Monsieur Octave Johansen ?

— Lui-même, répondit Octave

— Je suis le directeur du London Art Academy of Music que vous avez rencontré ce matin.

— Ah ! oui, très bien ; je reconnais votre voix ; vous avez du nouveau ?

— Écoutez, nous avons effectivement retrouvé la trace d'une musicienne venue en stage à l'académie et qui portait le nom de Donston ; je ne sais si cela pourra vous aider, parce que le prénom Emma n'est pas mentionné sur notre planning des stages de l'époque ; le simple « miss » nous suffisait.

— Vous avez une adresse ? questionna Octave dont la tension se ravivait au fil de la conversation

— Oui, ma secrétaire a recherché sur les réseaux sociaux, car nous n'avions rien d'autre que le nom de famille. Mais, comme je vous le disais, rien n'est certain ; le seul musicien figurant à ce nom sur LinkedIn est, non pas violoniste, mais pianiste et son nom est précédé de la lettre « J », probablement l'abréviation de son prénom ! Vous

2 Poète romantique anglais (1795-1821)

pouvez toujours essayer de voir à cette adresse, il s'agit donc de : J. Donston, 9 Northington St, WC1, London.

Octave remercia son interlocuteur et coupa son téléphone. Il resta un moment silencieux à respirer profondément pour évacuer son emballement qu'il avait réussi à maîtriser en cours de conversation. Ophélie ne disait rien ; elle avait tout suivi, car Octave avait enclenché le haut-parleur et, sans même s'en rendre compte, lui avait enlacé les épaules ; un réflexe pour s'adjoindre sa force face à ses craintes ou ses espoirs, en tout cas partager son émotion. Mais Octave restait Octave ! Aussi, il déposa un doux baiser dans la chevelure d'Ophélie et, comme un trompette sonnant la charge, il lança :

— On y va !

Et la mine radieuse, prenant Ophélie par la taille, il se mit à courir pour le plus grand plaisir de son p'tit mulot qui riait aux éclats !

Chapitre XII

Raoul et son ami, le général Jean de Parmain-Villers avaient rejoint la délégation française à Roissy pour un vol, non pas sur Moscou comme prévu initialement, mais pour Saint-Pétersbourg ; le gouvernement russe tenait, en guise de bienveillance envers la France, à recevoir la délégation au palais de Saint-Pétersbourg où l'influence artistique française avait laissé de superbes traces !

Naturellement, ce geste diplomatique ne gommait pas pour autant le traditionnel accueil de sécurité, ostensible tout autant qu'invisible, organisé par le FSB, le service de sécurité intérieur (et autres) de la Fédération de Russie. En conséquence de quoi, à l'arrivée à Pulkovo, l'aéroport international de Saint-Pétersbourg, une garde impressionnante rendit les honneurs d'accueil à la délégation française, et cela, dès la passerelle au pied de l'avion, jusqu'aux grosses berlines noires qui attendaient les « invités », un peu plus loin sur le tarmac ; impossible de fuiter dans tous les sens du terme ! En bref, du décorum, et pas des moindres, mais aussi d'occultes micros-enregistreurs et de superbes interprètes dont… Vasilka ! Vasilka qui, sous le regard jésuitique des agents de la DGSE, fut présentée à la délégation française comme interprète-guide affectée à temps plein, hiérarchie oblige, au ministre des affaires étrangères français, mais qui, avec l'accord du ministre en question, se fera un plaisir de faire visiter à tous les plus beaux sites de la ville et notamment l'incontournable musée de l'Ermitage !

Un peu plus tard, lors du cocktail au Consulat Général de France, organisé en remerciement du bel accueil des Russes, la superbe Vasilka avait déjà commencé à enflammer de son charme le ministre français des affaires étrangères ! Aussi, lorsque tous les membres de la délégation purent enfin s'installer dans les suites, ou chambres, suivant leurs rangs, qui leur avaient été réservées au Grand Hôtel Europe, le général vint frapper à la porte de Raoul. Ils s'étaient convenus de prendre un verre ensemble au bar avant de faire quelques pas dehors, histoire d'échanger librement leurs impressions ; parler à l'intérieur serait à coup sûr écouté. Dès qu'ils furent seuls, le général donna discrètement un Post-it à Raoul en lui précisant qu'un de leurs accompagnateurs, officier de la DGSE, le lui avait glissé subrepticement dans la main, lors du cocktail au Consulat, et cela, rajouta-t-il en souriant, lorsque Vasilka « tentaculait » le ministre français des affaires étrangères ! Raoul, un peu surpris, regarda le post-il et lu : « « — *Vasilka* le nom de Vasilka entre deux flèches en sens opposé ! Dubitatif, Raoul leva les yeux vers Jean qui lui souffla que cela signifiait que Vasilka était un agent double ! Mais il rajouta que la flèche de gauche avait deux pointes et celle de droite une seule, ce qui voulait dire qu'elle appartenait à la DGSE et qu'à la demande du Service, elle s'était volontairement laissée retourner par les Russes ! En bref, les Russes l'utilisaient, mais, en réalité, elle travaillait au profit de la France, en douce, certes, mais à voir son expertise à séduire, sûrement en douceur aussi ! Jean précisa aussi que le ministre des affaires étrangères n'était pas au courant et qu'il n'était pas souhaitable de l'en informer et que d'ailleurs, on ne sait jamais, la DGSE pouvait ainsi s'assurer du bon droit des décisions que prendrait le ministre, en plus, naturellement, des intentions secrètes des Russes. Et pour justifier sa position, avec une mine suspicieuse, il ajouta que s'agissant de négociations impliquant des sommes énormes, on n'est jamais trop prudent quant aux réelles motivations de certains intervenants politiques ; Raoul eut l'air d'acquiescer, mais quelque chose le gênait.

Après le dîner, avec les seuls membres de la délégation française, suivi de conversations diverses au salon, quand Raoul se retrouva enfin seul, la gêne qu'il avait ressentie lors de ses derniers échanges privés avec son ami général, bien qu'il ne pût encore en définir la nature, le tenait toujours et, là aussi, sans qu'il y trouvât un rapport quelconque, il éprouva le besoin d'appeler Barbara. Raoul vérifia sa montre, il était vingt-trois heures trente et donc à Paris, deux heures de moins, soit neuf heures trente ; heure encore correcte pour appeler sa femme !

Barbara, décrocha aussitôt, mais le ton de son « allo ? » trahissait une grande impatience, à croire qu'elle était restée immobile, les yeux fixés sur son portable dans l'attente d'une inespérée nouvelle ! Mais quand Raoul lui répondit : « rien de spécial, juste pour t'entendre », il lui sembla que la voix de Barbara se teinta d'une pointe de déception, voire même de tristesse. Il en fut surpris au point qu'il lui demanda si tout allait vraiment bien, mais immédiatement, Barbara fit volte-face et se ravivant, toute contente de l'entendre, lui donna des nouvelles d'Octave et d'Ophélie bien arrivés en Angleterre ; pour le moment ils semblaient se plaire à Londres, mais elle n'avait pas encore le résultat du Challenge de tir. C'était bien entendu les seules informations qu'elle avait. Raoul s'était détendu, car l'entendre lui fit du bien ; mais quand, d'une voix un peu déconcertée, elle lui dit qu'Arsouille avait l'air de retrouver un peu de jeunesse depuis qu'il était parti en Russie, instantanément, Raoul eut une petite lumière qui se mit à clignoter dans sa tête : en parallèle d'un flash lui revenant en mémoire, Arsouille, à Étretat, jouant avec Octave et Lucie, un flash-back qui, alors, lui fit comprendre la nature de sa gêne ; le don qu'avait Vasilka de charmer ses proies avait ravivé les inquiétudes qu'il avait depuis toujours quant à l'avenir de Lucie ! Bien sûr, il garda cette impression pour lui et parla de choses et d'autres ; puis le moment vint où s'excusant de devoir se replonger dans ses notes en vue de son rendez-vous du lendemain, il embrassa sa femme et ferma son téléphone.

Le lendemain en question, mais à Paris, au siège de la DGSE, dans son bureau, l'officier traitant de Gilles s'entretenait avec un autre homme, de bonne taille aussi, mais plus âgé, frisant même la fin de carrière :

— Vous êtes sûr de votre coup ? demanda l'homme plus âgé.

— Absolument, mon colonel ! Vous pouvez être certain qu'il parlera ; Gilles est comme ça, c'est un bon gars, mais il ne peut pas s'en empêcher : c'est pour ça que je ne lui confie que des missions de troisième ordre.

— Attention, mon vieux ! Il faut qu'il aille au bout ! Je tiens absolument à ce que cette affaire soit réglée avant mon départ à la retraite ; c'est un engagement personnel, vous comprenez ?

— J'avais bien compris ; ne vous en faites pas, mon colonel, il ira au bout, même en bavardant ; d'ailleurs, c'est ce qu'on veut, non ?

— En effet ! Il est de la toute première importance que la recherche de Fabiana soit officieusement connue et circule dans le milieu ; personne n'imaginera que c'est volontaire, et c'est la meilleure des méthodes pour la protéger des Russes, car ils le sauront très vite ! Vous pouvez en être s...

— Ah ! Excusez-moi, mon colonel, un appel !... Oui, allo ! ... le colonel Constant ? Oui, il est là, devant moi... OK, je lui transmets tout de suite.

L'officier traitant de Gilles reposa son portable et informa le colonel Constant qu'il était demandé au centre informatique du Service. Le colonel Constant acquiesça d'un hochement de tête, tourna les talons pour sortir, mais après deux pas vers la porte, il s'arrêta net et se retourna :

— Ça va faire un petit moment que l'on sait qu'elle est en danger ; quand doit partir Gilles pour New York ? demanda-t-il.

— Dès réception du feu vert de Russie, juste le temps qu'ils s'organisent, mon colonel !

— Parfait ! ponctua le colonel Constant ; puis il quitta la pièce.

Mais à Londres ? Eh bien à Londres, Octave et Ophélie s'étaient rendus chez la dénommée Jane Donston ; une personne d'une soixantaine d'années, très aimable, très petit salon, petits napperons, petits gâteaux et tasses de thé, bref, très british ! Jane Donston était en effet pianiste et aussi professeur de musique et parlait français très correctement, même si son accent londonien, tout comme le décor de son intérieur, auraient parfaitement pu illustrer une histoire d'Agatha Christie !

Les politesses d'usage ayant été échangées, Octave, histoire de ne pas la braquer, commença par lui demander si elle avait déjà joué de la musique en France car, ajouta-t-il, il serait désireux de rencontrer cette personne. Jane Donston fut désolée de répondre que, si elle avait, effectivement, fait un stage au London Art Academy of Music, elle n'était pas concernée par leur recherche, car elle n'avait jamais été en France.

Immédiatement, Octave marqua sa déception en levant les deux bras pour les laisser retomber aussi lourdement que le furent ses espoirs. Aussitôt, Ophélie se rapprocha d'Octave et lui enserra un bras comme pour l'aider à amortir le choc, partager sa déconvenue, un geste d'une affectueuse compassion ; mais, jugeant que le meilleur parti pour Octave serait d'écourter ce moment pénible, Ophélie remercia très gentiment Jane Donston de son amabilité, s'excusa de l'avoir dérangée, la salua et, incitant Octave à la suivre, se tourna vers la porte pour s'en aller ; Octave salua à son tour Jane Donston, mais brièvement, le visage fermé, le regard à terre et se laissa emmener par Ophélie qui avait déjà entrouvert la porte, quand :

— Attendez ! Please, stay ! Just a little bit, please[1] ! lança Jane Donston en leur faisant signe de revenir.

En arrêt net sur place, un peu surpris, Ophélie et Octave se regardèrent deux trois secondes, puis Ophélie referma la porte ; ils firent alors demi-tour pour se rediriger vers le petit salon où Jane Donston les invita d'un geste à s'asseoir ; ce qu'ils firent.

— Vous aviez autre chose à nous dire ? demanda Octave, le regard un chouïa soupçonneux.

— Yes Sir, c'est exact, mais je n'en ai pas eu le temps ; je vous prie de m'en excuser ; je voulais vous demander la raison pour laquelle vous vouliez rencontrer la Donston musicienne ayant jouée de la musique en France.

— Je recherche mes géniteurs ! laissa tomber Octave, sèchement et, cette fois, sans préambule.

— Oh ! I see[2] ! lâcha Jane Donston, manifestement ébranlée.

— Votre nom figure comme déposante d'un enfant à l'Aide Sociale à l'Enfance, à Paris, précisa, elle-même, Ophélie, toujours très calme, histoire de couper court à la raideur bien compréhensible d'Octave.

— Oh ! My God[3] ! s'exclama alors Jane Donston.

— Ce bébé est devenu mon fiancé, ici présent, comme il vous l'a signifié, un peu durement, tout à l'heure, dit Ophélie en désignant Octave, mais avec un grand sourire.

1 S'il vous plaît ! Restez ! Juste un peu, s'il vous plaît !

2 Je vois !

3 Oh ! Mon Dieu !

— Sorry ! Very sorry, really, Sir ! répondit Jane Donston en se tournant vers Octave.

— Auriez-vous une information à nous donner ? Le fait que votre nom nous fut cité n'est sûrement pas anodin dans cette affaire, non ? observa Ophélie, mais toujours avec une aimable politesse.

— Peut-être, en effet, mais cela n'est pas certain, le nom Donston est assez courant en Grande-Bretagne, objecta Jane Donston ; puis, un brin hésitante quand même, elle rajouta :

— Cependant, peut-être... si ma famille était concernée...

— Qu'essayez-vous de nous dire ? la coupa tout de suite Octave en se levant brusquement.

Aussitôt, Ophélie se leva aussi et prit tout de suite la main d'Octave et, se haussant sur les pointes des pieds, elle lui déposa un furtif baisser sur la joue et lui susurra à l'oreille de se calmer et de laisser parler Jane Donston ; et tous les deux se rassirent.

Mais Jane Donston ne releva pas la sécheresse d'Octave, manifestement, elle en comprenait les raisons, à moins qu'elle ne fût concentrée sur ses souvenirs. Puis elle se décida, mais confirma une fois de plus qu'elle n'était pas personnellement concernée puisque n'ayant jamais été en France ; cependant, elle avança qu'il n'était pas impossible que celle qu'il recherchait pourrait être sa sœur qui résida un moment en France, mais qui, cependant, n'avait jamais été pianiste, et en effet elle précisa :

— Emma était violoniste...

Au prénom d'Emma, Octave, aussitôt, s'enflamma et voulut savoir où il pourrait la joindre ; mais Ophélie, alertée par l'utilisation du plus-que-parfait du verbe être : « *n'avait jamais été...* », prit les devants en posant la bonne question :

— Je vous demande pardon, madame et vous félicite de la qualité de votre français, mais pourquoi dit-vous : « *n'avait jamais été* » ? pourquoi le passé ?

— Ah ! mais oui ; sorry, really ! Ma sœur Emma nous a quittés, il y a maintenant neuf ans, hélas !

— Vous a quittés... devons-nous comprendre qu'elle est morte ? s'enquit avec une grande douceur, Ophélie, pour effacer toute ambiguïté.

— Eh oui, que voulez-vous, personne n'est maître de son destin, ma sœur Emma comme chacun de nous, même si elle prenait des risques...

— Que voulez-vous dire par *« même si elle prenait des risques »* ? questionna encore Ophélie ?

— Oh ! Vous savez, Emma était une très bonne fille, trop bonne, beaucoup trop bonne ! Tenez ! Justement en France, je ne sais pas comment elle fut mise en contact, mais elle avait pris l'habitude de venir, par gentillesse, jouer du violon dans un établissement que je qualifierais de... comment dirais-je... douteux, voilà, on peut dire ça.

— Ah bon ! s'étonna Ophélie, mais toujours avec douceur.

Octave, pour sa part, restait silencieux ; il ruminait la mort d'Emma Donston, tout en écoutant le dialogue entre Ophélie et Jane Donston dont il espérait que surgirait un élément nouveau qui lui permettrait d'arriver quand même à ses fins.

Mais Jane Donston semblait avoir pris du recul sur la mort de sa sœur ; toujours aimable, elle leur proposa une tasse thé et reprit la parole :

— Oui, je suis venue m'installer ici, à cette adresse, qui était celle de ma sœur avant qu'elle ne décède, évidemment. Je ne sais que ce qu'elle a bien voulu me rapporter, un jour où nous avions déjeuné toutes les deux lors d'un de ses retours de France ; comme je vous le disais, nous n'habitions pas ensemble. Emma m'avait rapporté qu'elle jouait du violon dans cet établissement, une sorte de foyer où venaient, en soirée surtout, se détendre toujours les mêmes personnes, quelques fois accompagnées ; vu les accents, il y avait aussi des étrangères à la France, en tout cas d'origine, m'avait dit ma sœur. Elle avait aussi relevé que certaines d'entre elles habitaient sur place et elle avait même entendu des pleurs de tout petits bébés venant de l'étage, un jour où elle était arrivée dans le calme de l'après-midi pour déposer son violon ; elle avait des courses à faire et ce n'est pas très facile avec un violon ! Toujours prête à l'empathie, Emma disait jouer pour apaiser les occupants qui lui paraissaient souvent tendus ; principalement des femmes qui, d'après ce qu'elle m'avait dit, étaient chargées de mission, souvent à l'étranger. Mais Emma n'était pas la seule musicienne, vous savez, il y en avait d'autres aussi.

Jane Donston se tut un moment, plongée dans les souvenirs de sa sœur, puis elle regarda tour à tour Octave et Ophélie et d'un ton désolé conclut ses dires :

— Voilà, je suis désolée, je ne peux pas vous en dire plus, car je n'en sais pas plus et je crains que cela ne vous ait pas beaucoup aidé. La seule chose que je peux vous affirmer, ajouta-t-elle en regardant Octave, c'est que si ma sœur Emma est bien celle qui déposa monsieur, bébé, à l'ASE, ce fut sûrement par dévouement ; mais pour le compte de qui ? ça je n'en sais rien ; elle ne m'en avait jamais parlé et donc, si ce fut vraiment le cas, connaissant ma sœur et son humilité naturelle, ne m'en avoir rien dit supposerait alors un acte silencieux de sauvegarde pour le bébé que monsieur était.

Ophélie et Octave se levèrent ; Octave retombé dans son silence, murmura quand même un « merci » désappointé, mais Ophélie la remercia sincèrement, s'excusa de l'avoir obligé à réactiver un triste souvenir et lui donna une carte de visite pour qu'elle n'hésite pas à l'appeler s'il lui revenait autre chose, puis elle la salua ; accompagné aimablement jusqu'à la porte par Jane Donston, Ophélie et Octave sortirent de la maison.

Sur le trottoir, Ophélie au bras d'Octave, ils marchèrent quelques minutes en silence, puis Ophélie, consciente de ne pas laisser Octave aggraver son mal-être en se renfermant sur lui-même, lui ouvrit la porte en disant :

— On en parle ?

— De quoi, ma chérie ?

Incroyable ! Inclassable Octave ! Inclassable ? Pas son souci du jour en tout cas ! Ils n'étaient pas sortis de chez Jane Donston depuis à peine quinze minutes qu'Octave avait déjà dans sa tête, non pas déclaré : « affaire classée », mais mis l'affaire dans un tiroir de sa mémoire, bien rangé, bien identifié, prêt à être rouvert le moment voulu, si toutefois le moment venait, et cette chambre de sa mémoire fermée à clef, jusqu'à nouvel ordre !

Il avait pris Ophélie par les épaules et lui avait déposé un baiser sur la tête ; Ophélie, tendre sourire aux lèvres et s'appuyant contre lui, dut alors convenir que la taille de son grand girafon devait sûrement lui permettre de surplomber les malheurs de ce monde et de bénéficier d'une théorie toute personnelle de la relativité ! Sur ce, Octave renchérit encore en la tirant de sa réflexion :

— Ça va être l'heure, mon p'tit mulot ! On y va ?

— Euh... où ça ? demanda Ophélie pas tout à fait sortie de son questionnement.

— Challenge de tir, ma bichette !

« Ma bichette » ! Ophélie acquiesça, évidemment ! Mais dans sa tête : « Incroyable Octave ! ».

Mais durant ce moment de plaisir qu'allait représenter le challenge de tir, pour Octave, et même, pour Ophélie, ravie de voir son grand girafon s'amuser, pendant qu'elle se joindrait aux autres « miss and ladies » pour commenter joyeusement, un verre de bière à la main, les performances de leurs champions réciproques, en Russie, l'ambiance n'était pas la même ! À Saint-Pétersbourg, les réunions alternaient entre séances de travail, cocktails, dîners, apartés et autres échanges, le tout dans une atmosphère toute à la fois industrieuse et diplomatique, naturellement sous les regards faussement innocents des agents de la DGSE et du FSB pour les Russes.

En hommage à la France et donc en signe de bonne volonté, les Russes avaient tenu à ce que les réunions de travail se passent au premier étage du Palais de Saint Petersburg, dans le salon des tapisseries des Gobelins ; pour y accéder, il fallait monter le célèbre grand escalier de marbre blanc à la française. Les réceptions, quant à elles, se déroulaient dans la salle de bal, aux décors typiquement russes.

Lors des séances de travail, le ministre français des affaires étrangères était encadré du général de Parmain-Villers d'un côté et de Vasilka de l'autre en qualité d'interprète ; l'homologue russe du ministre français étant juste en face de lui, Vasilka pouvait facilement assurer son rôle, et d'ailleurs, Vasilka traduisait à voix basse pour ne pas gêner le Russe, et pour ce faire, elle se rapprochait très près de l'oreille du ministre français, et même de très très près, avec curieusement une indéniable grâce ! Ce qui ne l'empêchait pas d'envoyer, par moment, d'étranges regards furtifs sur Raoul, assis à côté du ministre russe, donc juste en face d'elle ; mais ces regards n'échappèrent pas à l'agent de la DGSE, officiellement Conseiller d'Ambassade, assis à la droite de Raoul, qui, sourire amusé, se pencha discrètement vers lui pour lui murmurer l'air de rien : « chauds, les regards, chauds ! », d'autant que le masque anti-covid en amplifiait l'intensité ! Sauf que Raoul n'attribua pas la chaleur indiscutable des regards de Vasilka au sens que lui voulait le Conseiller, car, au contraire, il en éprouvait un certain malaise en y reconnaissant quelque chose comme une souffrance, un peu comme Gilles l'avait ressenti avant lui à l'aéroport de Vienne ; mais ça, Raoul ne pouvait pas le savoir.

Raoul n'avait jamais vu Vasilka auparavant ; il en avait évidemment entendu parler, mais il était bien le seul, avec Gilles, à se troubler de son rayonnement, non pas pour sa sensuelle « accroche », mais justement pour le rapprochement qu'il ne pouvait s'empêcher de faire avec Lucie : Vasilka, bien réelle, avec son charme piquant, son regard de braise et sa superbe silhouette, et l'image qu'il se faisait, tout en la craignant, de Lucie adulte ; le calque dans son esprit était tel que Vasilka pourrait bien être Lucie et vice et versa ! d'où son immense inquiétude. Immense inquiétude, car elle ne datait pas d'hier, son inquiétude ; Raoul avait déjà détecté chez Lucie, à peine adolescente, les prémices de ce qu'il est couramment attendu des femmes pour de telles fonctions, et cette angoisse ne l'avait jamais quitté ; la petite Lucie qui lui fut refusée, la petite Lucie, pseudo sœur si fusionnelle de son fils, Octave, et donc sa fillette psychiquement adoptée à distance, parce que « confisquée » par la DGSI sans qu'il puisse intervenir pour la protéger ! Et les larmes d'Octave dans les bras de Barbara en pleurs ! un vrai supplice. Et puis il y avait aussi ces étranges regards furtifs qu'il avait reçus comme une plainte, ou peut-être même comme une silencieuse demande de pardon pour devoir, devant lui, assumer son rôle, triste obligation malgré l'inverse apparence ; ou bien encore, était-ce un appel à l'aide ? Aucun doute, comme Gilles l'avait déjà ressenti à Vienne, qu'elle soit Vasilka ou Lucie, elle n'en était pas moins prisonnière !

Mais Raoul avait lui aussi sa mission à assurer. Aussi, en attendant de pouvoir en parler en toute sécurité avec son ami, le général Jean de Parmain-Villers, il allait donner le change sur ses états d'âme, d'autant qu'il n'avait aucune certitude tangible de reconnaître Lucie en Vasilka ; seule son intuition, exacerbée par ses souvenirs et ses craintes, le tenaillait au corps. Il allait donc essayer de se rapprocher de Vasilka pendant le cocktail organisé par les Russes avant le dîner ; il verrait bien si Vasilka se trouble à son approche et, avec un peu de chance, peut-être, malgré le masque anti-covid, reconnaîtrait-il quelques attitudes ou traits attribuables à Lucie.

Mais deux heures plus tard, en plein cocktail, il dut serpenter au milieu des convives pour tenter d'aborder Vasilka ; il ne savait si elle cherchait à l'éviter, ou si elle se sentait obligée, du fait de son affectation, à privilégier de sa présence le ministre français, mais, comme par hasard, Raoul avait bien du mal à se trouver seul en face d'elle. Ne pouvant prévoir ce que serait leur aparté, il ne voulut pas prendre le risque qu'un trouble trop apparent chez Vasilka n'attirât l'attention du ministre. Aussi, il prit son mal en patience, en allant converser d'un convive à un autre, mais toujours en surveillant Vasilka, attendant le moment où elle ferait une pause dans ses attentions charmeuses à l'égard du ministre, ne serait-ce que pour aller lui chercher une autre coupe de champagne ! Et « bingo ! » ce qui devait arriver, arriva : quittant sa proie, faussement à regret mais avec une ostensible grâce, Vasilka s'écarta vers le bar ; et bien sûr, Raoul fut plus rapide ! Il fit en sorte, naturellement avec précaution, de lui couper la route pour lui tendre une coupe pleine de Champagne ; immédiatement, Vasilka fit preuve d'un savoir-faire hors classe ! Elle prit évidemment la coupe avec plaisir, mais d'un geste délicat, et remercia avec autant de gentillesse que d'élégance et, à n'en pas douter, accompagné d'un très joli sourire derrière son masque anti-covid ; une pointe de mystère digne de la Comedia dell' arte ! Vasilka aurait pu tout aussi bien illustrer la devise de la Dynastie Atlante[4] : « Noble Simplicité et Calme Grandeur ». Elle fut des plus mondaines, mais sans hauteur, et si elle sut entretenir une conversation sans la moindre gêne, curieusement, à aucun moment elle n'exagéra son charme avec Raoul, au contraire de ce qu'elle fit avec tant d'autres. Alerté par cette différence, Raoul, un peu insidieusement, prononça alors le prénom de Lucie avec un ton légèrement interrogatif, histoire de tenter une secrète reconnaissance mutuelle, mais Vasilka

4 Voir « la Dynastie Clandestine » du même auteur ; Editions Libre2Lire.

ne parut pas s'en apercevoir, ou bien, avec une très grande maîtrise, elle fit en sorte de ne pas en donner l'apparence. Cependant, quelque chose de plus dans son attitude retint l'attention de Raoul : durant leur aparté, Vasilka remontait son masque anti-covid d'une manière presque compulsive, tant ses ajustements étaient répétitifs ; or, Raoul, qui, avant qu'ils ne soient tous les deux face à face, ne s'en était pas aperçu, et cela quels que furent les interlocuteurs de Vasilka, se demanda si elle ne cherchait pas à lui cacher ses traits ; ce qui signifierait qu'elle ne voulait pas être reconnue. Voilà de quoi alimenter toutes les suppositions, se dit alors Raoul, un chouïa perturbé, d'autant qu'il remarqua aussi, qu'après avoir fini d'exprimer ses propos, pourtant animés par la vivacité de son regard de braise, elle se taisait un court instant, tandis que, dans la sombre profondeur de ses yeux, une petite flamme éclairait de tristesse ces quelques secondes de temps mort, avant qu'elle ne se ravivât en reprenant la parole. Que lui cachait-elle ? Sa honte ? Ou était-ce tout simplement l'imagination de Raoul qui s'emballait ?

Mais les surprises n'étaient pas finies ! Lorsque tous passèrent à table pour un interminable dîner à la russe, le protocole fit encore en sorte que l'emplacement des convives fut le même que durant la dernière séance de travail ; et donc, Raoul allait se trouver, une fois de plus, juste en face de Vasilka ; sauf que, quand tous s'installèrent, elle avait disparu ! Immédiatement, Raoul se remémora le dîner de clôture à New York où l'interprète du ministre mexicain avait aussi subitement disparu au prétexte d'un malaise ; mais « bis repetita non placent[5] », aussi Raoul en traduisit aussitôt le refus de Vasilka de dévoiler ses traits devant lui, car l'obligation de faire honneur au repas impliquait le retrait du masque ! De là à ce qu'il fallait en déduire que Vasilka fut aussi l'interprète accompagnatrice du délégué mexicain à New York ne

5 Les choses qui se répètent ne plaisent pas ; du latin « bis repetita placent ».

serait pas pure folie et les raisons, alors, de ses deux malaises serait en fait la même, à savoir ne pas lui révéler sa véritable identité ; Lucie ? Impossible pour Raoul de ne pas se demander pourquoi ! Comme déjà supposé, avait-elle honte d'elle-même ? et pire, craignait-elle de lui infliger une énorme déception ? Raoul n'oubliait pas que Lucie lui avait été très attachée et il restait persuadé qu'il en était de même encore aujourd'hui ; cette réciprocité affective serait-elle alors le fondement de son attitude de fuite ? Mais, à table, il y eut aussi quelqu'un qui, manifestement, n'apprécia pas qu'un autre traducteur vint, évidemment en urgence vu sa masculinité et sa rudesse toute soviétique, occuper la place de Vasilka ! Et ce mécontent n'était autre que le ministre français qui, déguisant assez mal une grosse déception, dérida, par contre, Raoul pour en avoir relevé une indiscutable similitude avec le délégué mexicain, à New York, dont la soudaine mélancolie l'avait alors amusé. Mais comme le hasard fait bien les choses, cette petite pensée d'humour un brin cynique, vint à point nommé pour que Raoul puisse quand même vivre agréablement les débats du dîner ; on se détend comme on peut ! Et puis, Raoul se dit que si Vasilka, ou Lucie, avait disparu à New York pour réapparaître à Saint-Pétersbourg, disparaissant une deuxième fois aujourd'hui, elle réapparaîtra sûrement plus tard ! Une pensée optimiste qui cachait mal sa conviction de revoir Lucie bientôt ! Car si le contexte de la rencontre franco-russe ne lui permettait pas de briser la vitre qui le séparait de « sa fillette » qu'il ne pouvait s'empêcher de voir en Vasilka ; pas question pour autant de baisser les bras !

Une pensée optimiste, peut-être, mais qui se révéla juste ! Vasilka, en effet, réapparut à la soirée d'adieu et de remerciement, quelques heures plus tard, au Consulat Général de France ; mais sa présence fut de courte durée, car elle dut repartir assez vite pour accompagner le ministre français pour un dernier entretien personnel avec son homologue russe ; entretien personnel ? certainement ; avec son homologue russe ? probablement ; mais pour la suite, le côté personnel évidemment subsista, mais plus du tout avec l'homologue russe, ô, que non !

Eh oui, car quand plus tard encore, Raoul et son ami Jean, le général, prenaient un dernier verre au bar du Grand Hôtel Europe avant de rejoindre leur chambre respective, un des officiers de la DGSE, sous l'étiquette de Conseiller d'Ambassade, vint à eux pour partager le dernier verre en question. Cet officier commandait l'équipe de la DGSE accompagnant la délégation française et connaissait très bien le général Jean de Parmain-Villers et, par son intermédiaire, Raoul aussi ; et tous les trois faisaient preuve d'une sympathie réciproque. Aussi, l'officier, sourire narquois aux lèvres, après s'être assuré par un regard circulaire que ses propos resteraient entre eux, leur livra la dernière nouvelle :

— Mes amis, notre ministre va passer sa dernière soirée d'effort !

— Son entretien avec son homologue va durer encore longtemps ? demanda le général.

— Longtemps, ça m'étonnerait, vu les cernes sous les yeux qu'il avait encore tout à l'heure, répliqua l'officier, la mine volontairement évasive.

— Vont tenir le coup, vous croyez ? Sont plus tout jeunes ! objecta Raoul, à mille lieux, tout comme Jean, de ce que sous-entendait l'officier.

— Tout jeunes ? Lui non, mais elle si ! laissa tomber l'officier-conseiller d'ambassade, la mine cette fois joviale.

Raoul et Jean se regardèrent un instant en silence : du lard ou du cochon ! Mais l'officier de la DGSE était visiblement content de les voir ainsi, égarés dans les méandres de leur questionnement. Aussi, il compléta son information, mais en riant franchement :

— En garant ma voiture sur le parking derrière l'hôtel, j'ai vu, dans la nuit, notre ministre descendre d'une grosse berline noire des services russes, accompagné de qui ? mais de notre belle Vasilka, voyons ! et pour aller où ? eh bien se diriger, aussi discrètement que possible, vers l'arrière de l'hôtel par où ils pouvaient, sans tambour ni trompette, rejoindre sa suite qui lui était réservée, curieusement à l'écart de la délégation française, dans l'autre bâtiment de l'hôtel ! Alors, fatigué ou plus tout jeune, sûr qu'elle va quand même le motiver, notre déesse de l'ombre !

Raoul et Jean sourirent pour la forme, mais jaunes les sourires, car Raoul avait mis Jean au courant de ses inquiétudes.

Chapitre XIII

Bénéficiant des premières classes, Raoul, son ami Jean et l'officier de la DGSE, une fois l'avion en plein vol direction Roissy, reprirent leur conversation au salon-bar-lounge. Sollicité par Raoul, L'officier de la DGSE, après acquiescement du général, révéla qu'à l'heure où ils discutaient, Vasilka avait déjà été « exfiltrée » de Russie par ses services par mesure de protection ; stupéfaction de Raoul ! L'officier confirma que l'information lui avait été transmise juste avant de monter dans l'avion. Puis il expliqua que les agents de la DGSE avaient profité du caractère ni vu ni connu de sa présence dans la suite du ministre français, pour la cueillir ce matin, très tôt ; et dans la foulée, après qu'elle s'était rapidement habillée avec masque et blouse blanche plus stéthoscope autour du cou pour ne pas être reconnue, elle fut escortée jusqu'à bord d'un autre avion Air France, comme médecin accompagnatrice du ministre ; ministre évidemment présent à ses côtés, mais, pour la bonne cause, allongé sur une civière et qui, bien entendu, n'eut, ni le temps de se raser, ni son mot à dire !

— Qu'est-ce qui s'est passé ? demanda aussitôt Raoul, très inquiet.

— Elle était en danger ; les Turcs...

— Qu'est-ce que les Turcs viennent faire dans cette affaire ? le coupa nerveusement Raoul.

Jean lui mit une main amicale sur l'épaule et lui conseilla calmement de laisser parler l'officier ; l'officier, qui, cependant, ignorait les raisons de l'intérêt que portait Raoul à Vasilka, s'empressa quand même de le rassurer en précisant que Vasilka était maintenant à l'abri. Puis il dévoila que Vasilka avait fait partie d'une opération spéciale de la DGSE contre les Turcs et qu'elle avait même été à l'initiative de l'opération en question ; ce qui, d'ailleurs, était la principale cause de sa mise en danger ! Mais sans même attendre d'en être prié, l'officier indiqua que Vasilka, bien sûr mandatée par la DGSE, avait été l'interprète attitrée d'un Plénipotentiaire du gouvernement turc, maître, un peu particulier, d'un p'tit chien-chien à sa mémère, en bref, un ridicule petit Bichon. Hélas, l'homme ne laissait pas le moindre espoir de confidence sur l'oreiller, parce qu'homosexuel ; d'où l'idée de Vasilka de faire du toutou un chien espion, son maître circulant et voyageant partout sans jamais s'en séparer, même la nuit ! Cette manipe avait permis d'enregistrer des informations de toute première importance que Vasilka récupérait, non seulement sur des données internes à la Turquie, mais aussi sur ses rapports avec la Bulgarie et la Russie. Or, étant donné que la Turquie faisait partie de l'OTAN, ces renseignements étaient loin d'être négligeables, d'autant que la Turquie n'était pas ce qu'on pourrait appeler un bon élève, loin de là ! Malheureusement, les Turcs avaient fini par découvrir que le gentil-affreux petit bichon portait, implanté dans son cou, le mini micro-enregistreur ; par contre, et cette fois-ci heureusement, la découverte eut lieu alors que Vasilka n'assistait plus le Turc, puisqu'elle était déjà secrètement revenue à Paris pour la mise au point de leur mission à Saint-Pétersbourg.

— Comment ont-ils découvert que le chien les espionnait ? intervint Jean, complètement capté par le rapport de l'officier.

— Le général a raison, comment ont-ils fait ? insista à son tour Raoul, qui n'avait toujours pas bu une seule gorgée de son verre ; trop tendu pour y penser !

— Vous savez, en matière d'espionnage, le hasard, ou de toutes petites choses insignifiantes, ou bien encore des évènements imprévus sont souvent les déclencheurs de nos actions, ou révélateurs de situations inattendues. En ce qui concerne notre affaire, il s'agit d'un manque de chance incroyable ! La nullité d'un vétérinaire ! Écoutez – ça !

Et l'officier de révéler que le chien avait dû être vacciné, ce qui n'avait absolument rien d'anormal, sauf que le vétérinaire, ou était soul, ou incapable, et même peut-être les deux ! Car il avait piqué le chien exactement là où il ne fallait pas... mais en plein sur l'implant-enregistreur !

— Ouille ouille ! s'exclamèrent ensemble Jean et Raoul.

— Comme vous dites, messieurs ! Le véto cassa son aiguille, le chien poussa un cri, se retourna et mordit le maladroit ! Mais jusque-là, les choses n'auraient pas été très graves, car le véto identifia la brutale résistance à la piqûre par un petit kyste ancien, probablement bénin, ne nécessitant pas d'intervention et, de plus, classique sur les chevaux gris ; sauf qu'il ne s'agissait pas d'un cheval !

—Et donc ? relança Raoul, pendant que Jean priait le ciel pour que le cheval de sa fille ne soit jamais soigné par un crétin pareil !

— Eh bien, reprit l'officier, si une intervention ne se justifiait pas pour un simple kyste hypothétique, l'aiguille, elle, cassée en profondeur, méritait d'être extraite ; aussi, l'opération s'imposait ! Seulement comme cet abruti de véto était toujours aussi nul, ce fut un vrai charcutage qui fit découvrir, donc par accident, le micro-miniature enregistreur !

Là, le général se raidit aussitôt et s'inquiéta de l'utilisation que les Turcs ne manqueraient pas d'en faire ! L'officier le rassura immédiatement en spécifiant que l'appareil était codé et que, dès l'implant accidentellement agressé par l'aiguille du véto maladroit, Vasilka avait reçu une alerte sur son portable qui lui avait permis avec son porte-clef, de vider la mini boîte et renvoyer automatiquement son contenu dans son ordi personnel avec copie simultanée au central de la DGSE ; et bien entendu, neutraliser définitivement l'appareil. Cela dit, il ajouta :

— Le brave chien-chien, tout moche qu'il était, ne méritait pas ses souffrances, car il nous fit connaître beaucoup de renseignements de premier ordre ; et merci aussi à Vasilka pour son idée.

— Justement ! Lu... euh... Vasilka ! Quels sont les risques qu'elle encourt ? s'enquit Raoul.

— Même si nous ne devons pas nous bercer d'illusions, nous n'en avons encore aucune preuve ; cela dit, les Turcs, si ce n'est pas déjà fait, vont dès que possible informer les Russes, car ils ont des accords secrets ensemble qui doivent évidemment le rester ; mais nous les avons pris de vitesse pour exfiltrer Vasilka ! Or, les Russes, se basant sur les origines bulgares de Vasilka, étaient persuadés qu'elle travaillait pour eux seuls, et donc n'imaginaient pas un seul instant que, d'une part elle était en fait française par sa naissance et nous appartenait et d'autre part, qu'elle travaillait aussi pour les Turcs en tant qu'agent double ; c'est donc une situation qui remet évidemment entièrement en question la confiance qu'ils avaient en elle ! Conclusion inévitable, ils vont tout faire pour mettre la main sur Vasilka et, s'ils y arrivaient, la faire parler ; je ne vous en dis pas plus...

— Comment comptez-vous la protéger ? demanda Raoul, prêt à y participer.

Mais l'officier lui souligna que la DGSE avait les moyens de garantir sa protection et qu'il ne devait pas à ce titre se faire du souci, d'autant, précisa-t-il encore, que simultanément à l'exfiltration de Vasilka, une opération spéciale avait été déclenchée ; mais bien entendu, il ne pouvait en donner les détails. Raoul n'insista pas ; mais, dans l'incertitude que la DGSE puisse le soupçonner de voir Lucie en Vasilka, il chercha à s'en assurer en faisant en sorte que l'officier se trahisse en lui parlant de Vasilka. Aussi, Raoul le questionna sur les méthodes de recrutement de la DGSE et les motivations des prétendants à devenir des agents de l'ombre et, pour être plus clair, en prenant pour exemple, Vasilka ; ce que fit en effet l'officier :

— La mère de Vasilka était bulgare et se prénommait Ivanka. Immigrée clandestine en France, elle fut rapidement repérée par une organisation mafieuse, en cheville avec les services spéciaux russes, auxquelles elle fut, ni plus ni moins, vendue. Très belle, comme sa fille Vasilka, les Russes en firent un agent de l'ombre, chargée, grâce à ses charmes, de glaner, à leur profit, des renseignements dans les hauts milieux français, politiques et économiques. Ivanka n'eut pas le choix car, enceinte en arrivant en France, elle accoucha dans le foyer mafieux, avant de devoir s'exercer à la séduction rémunérée, sous le chantage de garder sa fille ; car dans le cas où elle se déroberait à ses obligations, le bébé serait aussitôt vendu très cher dans des pays en déficit d'adoption et en recherche d'enfants, si possible, bien blonds et aux yeux clairs ; une des activités régulières du foyer mafieux.

Or, comme vous vous en doutez, nos agents suivaient de très près les agissements et autres combines du foyer mafieux ; et c'est ainsi que nous avons repéré Ivanka, et aussi une autre fille, d'origine russe, celle-ci. Concernant Ivanka, nous avons pris discrètement contact avec elle qui, à ce moment encore très fragile, s'est écroulée et nous a tout raconté. Nous lui avons alors garanti de surveiller secrètement la sécurité de sa petite fille et l'avons retournée à notre profit pour bénéficier de son infiltration dans cette organisation mafieuse et proxénète.

Ensuite, nous avons fait un pacte avec Ivanka : elle renonçait à revendiquer ses droits et position de mère à l'égard de son bébé jusqu'à sa majorité et, en échange, nous assurions l'éducation de la petite, études supérieures comprises. Elle accepta pour l'avenir de sa fille, dans les larmes, certes, mais elle accepta. Puis, bien plus tard, nous avons monté une opération sur le foyer pour l'en extraire avec son bébé ; il y eut de la casse, mais nous avons réussi. Ensuite, après une formation solide, Ivanka « travailla » au Moyen-Orient plusieurs années.

— Plusieurs années ? Cela veut dire qu'elle a cessé de travailler pour vous et qu'elle serait « passée de l'autre côté » ? En bref, elle vous aurait laissé tomber ? s'enquit Raoul, la mine intriguée.

— Elle n'aurait jamais fait ça ! Nous protégions sa fille ; elle n'aurait pas pris un risque pareil ! Et de plus, je suis persuadé qu'elle se sentait redevable envers nous de garantir sécurité et éducation à sa petite fille et donc un avenir, précisa l'officier.

— Félicitations ! J'ignorais que la DGSE disposait d'un établissement pour les enfants de leurs agents, s'étonna faussement Raoul, sans appuyer sur le fait choquant d'avoir coupé les ponts entre la mère et la fille.

— Nous utilisons les pensions de l'État pour les petits, après nous sommes organisés pour leur formation secondaire et supérieure, indiqua l'officier.

— Bravo ! et donc la petite Vasilka pour commencer son parcours, fut confiée à un pensionnat, je dirais même un orphelinat, je suppose en province ? Pas trop loin de Paris ? la Normandie par exemple, plus facile pour vous de garder le contrôle, non ? demanda encore Raoul, le cœur battant d'un espoir… irraisonné !

Irraisonné, parce qu'évidemment, l'officier avança qu'il ne pouvait rien révéler de leur organisation et que l'important était que le Service puisse prendre grand soin de ces jeunes enfants, d'autant que, une fois adultes, la plupart d'entre eux intégraient les services de la DGSI ou la DGSE, quand ils ne choisissaient pas l'armée d'active, et pour être plus précis :

— Leur spécialité dépendra de leurs aptitudes, évidemment intellectuelles, mais aussi physiques, rajouta-t-il.

— Oui, bien sûr ! Un physique adapté aux missions confiées est toujours préférable, n'est-ce pas ? approuva Raoul, avec mauvaise foi, certes, mais porté par son évidente arrière-pensée.

Une arrière-pensée que l'officier crut deviner ; mais sans l'avouer pour autant, il jugea bon de clôturer le sujet avec un fatalisme de circonstance :

—Eh oui, les besoins du Service, que voulez-vous !

Seulement, sans revenir sur les évidentes supputations sur les qualités et attraits divers des agents féminins, Raoul relança quand même la conversation sur Ivanka ; il trouvait qu'en rester au constat de l'officier : *« travailla pour nous pendant plusieurs années »*, pouvait sous-tendre qu'il y eut une fin, mais ne disait rien quant à la façon dont Ivanka aurait cessé de travailler pour la DGSE ; l'officier avait bifurqué sur l'enfance de sa fille, Vasilka, volontairement ou non, mais, en tout cas, c'était un fait ! Aussi, Raoul n'hésita pas à appuyer là où cela pouvait faire mal ; et cela fit mal !

— Vous disiez qu'Ivanka a travaillé pour vous pendant plusieurs années en plein accord avec vous, en raison des soins et de l'avenir que vous assuriez à sa fille, Vasilka ; mais alors pourquoi s'est-elle arrêtée de collaborer ?

— Les Russes, alertés par les services bulgares qu'elle avait fuis pour émigrer clandestinement en France, ont alors découvert son rôle d'agent double pour le compte de la France et l'ont immédiatement pourchassée et retrouvée en Lybie. La pauvre aurait eu à subir des interrogatoires dont je vous passe les détails, au point qu'elle n'aurait pas pu les supporter et se serait suicidée ; en tous cas, c'est ce que les Russes nous ont laissé entendre lorsque nous avons proposé un échange d'agents pour la récupérer, alors qu'on apprendra plus tard qu'elle serait morte dans un crash aérien en Lybie. On ne saura jamais la vérité ; les russes avaient tout intérêt à dire qu'ils avaient réussi à mettre la main dessus. Mais une chose est sûre, Ivanka est bien morte.

— Je vois, commenta Raoul, dépité.

— Notez, par la suite, cela nous a bien aidés, laissa tomber l'officier, sur un ton d'une inattendue placidité.

— Pardon ? lâcha Raoul, abasourdi.

L'officier, sortant de son univers plus que spécial, comprit que Raoul, lui, n'en avait pas vraiment conscience ; aussi, il justifia son commentaire en lui disant qu'il avait une sensibilité comme tout le monde, mais que son métier l'obligeait à mettre son affect dans sa poche et son mouchoir par-dessus, et cela, au bénéfice d'une objectivité indispensable et sans concession. Puis, il lui précisa que Vasilka, dès qu'elle fut mise au courant de ce qu'elle considérait comme l'assassinat de sa mère, décida, quand bien même elle n'en avait aucun souvenir, de s'engager à cent pour cent pour la venger, et naturellement, pour le plus grand profit de la DGSE. Puis l'officier souligna un point qui ne tomba pas dans l'oreille d'un sourd !

— Bien entendu, nous avions attendu qu'elle grandisse, car lorsque sa mère fut déclarée suicidée, la petite n'avait que 13 ans ; elle avait un an d'avance et nous venions juste de la changer d'établissement pour ses études secondaires ; ce n'était pas vraiment le moment de lui révéler, à la fois, qui était sa mère et, par-dessus le marché, que celle-ci venait de mourir !

13 ans ! Changement d'établissement ! C'est tout juste si Raoul n'entendait pas, sur un fond de bruit de plage, les pleurs des deux petites séparés et le commandant Constant s'excuser de ne rien pouvoir lui dire sur l'avenir de Lucie. Raoul accusa le coup en silence et se

contenta d'un hochement de tête que l'officier prit pour une approbation. Mais, en fait, Raoul était en train de digérer sa conviction que Vasilka était bien Lucie ; et tous ses souvenirs de la petite lui revenaient en mémoire et, plus spécialement, celui où Lucie lui avait pris la main pour se l'approprier et s'y pendre en se collant à lui ; « l'est à moi ! » avait-elle lancé, comme un défi, à une petite copine en face d'elle. C'était trop, il s'excusa, se leva et se dirigea vers les toilettes ; en partant, il posa sa main, à peine deux secondes, sur l'épaule de son ami Jean qui manifestement était soucieux pour lui ; juste un geste, histoire de lui signifier que ça ira ; mais ça n'allait pas, et même pas du tout !

Le général se força à donner le change un moment en discutant d'autre chose avec l'officier, le temps que Raoul réapparaisse, le visage présentable. Lorsque Raoul revint finir son verre, l'officier était parti rejoindre sa place, « un petit peu de sommeil ne fait jamais de mal » avait-il dit en se levant. Le général alors se pencha vers Raoul et, espérant le rassurer un peu, lui rapporta ce que l'officier lui avait confié avant de partir, à savoir que Vasilka serait, en regard du Service, mise en position « dormante », mais exercerait comme prof de français au célèbre lycée français de Berlin sous une autre identité ; de quoi la faire oublier et disparaître des réseaux des services secrets !

Raoul approuva du chef, mais ne commenta pas ; il resta silencieux un moment, puis leva seulement un triste regard interrogateur sur son ami et dit :

— Lucie ?

— Alors ça… se contenta de répondre le général, comme s'il se le demandait à lui-même, la mine évasive accompagnée d'un geste fataliste des deux bras.

Mais l'avion, indifférent aux états d'âme de ses passagers, entamait sa deuxième heure de vol, traversant inéluctablement le ciel contre vents et nuages en direction de Roissy CDG.

Par contre, l'autre l'avion, celui du ministre et de Vasilka, amorçait sa descente pour escaler à Berlin, avant de redécoller pour Roissy CDG, avec toujours à son bord, le ministre français des affaires étrangères, alors que Vasilka, elle, portant chapeau à larges bords sur une perruque blonde et des lunettes noires, allait descendre de l'avion à Berlin, au bras d'un des deux agents de la DGSE ; au terminal d'arrivée, un autre agent l'accueillerait, échangerait quelques mots avec son collègue accompagnateur de Vasilka, puis saluerait la jeune professeur par sa nouvelle identité et l'emmènerait vers une autre vie. L'agent-accompagnateur, impassible, les regarderait s'éloigner, puis, sans un mot, ferait demi-tour pour remonter dans l'avion ; mission accomplie.

Et puisqu'il est question d'avion, à peu près à la même heure, celui de Gilles survolait déjà l'océan à destination de New York !

À peine quelques heures plus tôt, son officier traitant avait reçu le feu vert ; Gilles fut alors prié de sauter du lit, passer sous la douche et sans oublier sa valise déjà prête, d'embarquer immédiatement sur le premier vol Air France en attente de décollage.

Maintenant dans les airs, Gilles, pensif regardait par le hublot d'un œil terne la mouvance des eaux encore visible, mais d'une couleur aussi sinistre que ses propres pensées. Puis il détacha sa ceinture avec fatalisme en maugréant une fois de plus : « *Et merde !* ».

Mais la veille de son départ, probablement pour chercher des encouragements, Gilles avait contacté Gustave, le jockey de Maisons-Laffitte, ami d'Ophélie et d'Octave et ancien de l'orphelinat aussi et ils s'étaient donné rendez-vous au bar PMU « Le Chantilly » dans le quartier Clichy. Mais là, il fallait s'y attendre, il n'avait pas pu s'empêcher d'annoncer qu'il partait incessamment aux USA à la recherche d'une dénommée Fabiana. Bien entendu, il n'en avait pas dit plus, car, à ses yeux, la façon dont il présenta sa mission avait été suffisante pour qu'il s'imaginât recevoir la considération de ses amis ; sauf que, l'autre jockey, l'ancien, celui qui grenouillait dans des milieux peu clairs, était aussi présent ! Alors, évidemment, la nouvelle ne tarderait pas à se répandre, en sous-main, certes, mais se répandre quand même. L'officier traitant avait bien vu les choses !

Et en effet, car deux jours plus tard, quand Gilles sur indications du Consulat Général de France à New York se présenta au doorman[1] du 1175 York avenue, à Manhattan, pour lui demander, à tout hasard, de l'annoncer à la dénommée Fabiana Ascain, la réponse du doorman ne l'étonna pas vraiment ; enfin sa première réponse, parce que la deuxième...

— Sorry, Sir ; but Miss Fabiana Ascain doesn't live here[2] !

— Ah ! Do you know where she lives, now ?[3] demanda Gilles.

— Not at all, Sir ; I have never known a miss Fabiana Ascain[4] ! But yesterday, an other man asked me the same thing[5] !

Là, Gilles fut surpris, parce que, concernant une personne portée disparue, mais dont la fonction était secrète, apprendre que quelqu'un d'autre la recherchait aussi, et en plus, en l'ayant devancé, alors que le feu vert de sa mission ne datait que de quarante-huit heures, méritait qu'il se posât des questions !

Qui recherchait aussi Fabiana ? Ou plutôt, se dit Gilles, Qui coursait aussi Fabiana ? Un agent étranger à coup sûr ! Mexicain ? Anglais ? Russe ou Chinois ? Et peut-être même Américain, pourquoi pas ? Puisqu'on ne savait pas la raison de sa disparition, tout était envisageable ! Même que le doorman n'ait jamais vu Fabiana ?

1 Concierge.

2 Désolé, monsieur, mademoiselle Fabiana Ascain n'habite pas ici !

3 Savez-vous où elle habite maintenant ?

4 Pas du tout, monsieur ; je n'ai jamais connu une madame Fabiana Ascain

5 Mais hier un autre homme m'a demandé la même chose !

Après tout se dit Gilles, il est probable que le doorman avait raison quand il rajouta, juste avant qu'ils ne se quittent, que peut-être Fabiana Ascain avait habité là avant que lui-même prenne son poste de doorman.

Mais Gilles ne se perdit pas en conjecture, suivant les notes qu'il détenait du Consulat Général, il allait se rendre à Madison Square Garden ; vingt minutes de marche, par beau temps, pas de quoi se plaindre !

Arrivé dans la salle de sport où Fabiana avait l'habitude d'entretenir sa forme, un moniteur qui parlait français fut appelé pour lui répondre :

— Vous cherchez à joindre Fabiana Ascain, à ce qu'on vient de me dire ?

— En effet ! Je suis son cousin. Le Consulat Général de France m'a donné cette adresse comme étant celle où se rendait souvent Fabiana, avança Gilles.

— Vous n'aviez pas son adresse ? s'étonna le moniteur.

— Si, mais elle n'y habite plus et cela fait très longtemps que j'ai vu ma cousine.

— C'est curieux... parce que... marmonna le moniteur, comme s'il hésitait.

— Oui... parce que ? s'enquit Gilles un brin alerté par l'hésitation de son interlocuteur.

— Eh bien, oui, je disais curieux, parce que, hier, un autre homme est venu me demander la même chose et il m'a même décrit Fabiana pour être certain qu'il s'agissait de la même femme !

— Vous l'aviez déjà vu cet homme ? demanda Gilles un peu inquiet.

— Non, jamais ; je lui ai dit que nous n'avions plus de nouvelles de Fabiana depuis longtemps. Il m'a remercié, l'air contrarié et a fait demi-tour ; mais en partant j'ai entendu comme un juron ; enfin je crois, parce que c'était dans une langue qui m'a paru bizarre, ni saxonne, ni latine, en tout cas, et en plus son accent anglais était surprenant ; il ne savait pas que je parlais le français.

Gilles accusa le coup ! Il réfléchit quelques secondes : Pas de doute, il n'était pas le seul à la rechercher, et là, il comprit l'urgence qu'avait manifestée son officier traitant. Ceci expliquant cela, il se pourrait alors que Fabiana fuyait ses poursuivants ! Puis, sortant de son silence, il voulut quand même s'assurer que la femme recherchée était bien Fabiana ; certes, il ne l'avait jamais vue, mais la description qu'on lui en fit au Consulat, même succincte, pourrait l'aider, car évidemment une blonde pouvait devenir brune, mais une fille d'un mètre soixante-dix-sept ne pouvait pas se réduire de dix-sept centimètres ! Avec un peu de chance, une ou deux caractéristiques pourraient faire pencher la balance ; et donc il sollicita encore le moniteur :

— Puisque vous la connaissez, pouvez-vous me confirmer que la description que vous en a donné l'homme à l'accent bizarre est conforme ?

— Parfaitement ! Une grande fille, pas loin du quatre-vingt et...

— Du quatre-vingt ?

— Oui, du mètre quatre-vingt, à quelques centimètres près, en taille bien sûr, pas du tour de poitrine ! Parce qu'il aurait fallu dire quatre-vingt-dix, alors ! De toute façon, c'était une très belle femme. Elle avait une très jolie silhouette, brune, chevelure épaisse, pommettes un peu hautes, avec les yeux en amande et un regard très chaud, mais, surtout, elle avait ce je ne sais quoi de naturel qui enflammerait la banquise ! Mais en plus, il émanait d'elle, comment dirais-je... oui, c'est ça, comme une physionomie sous-jacente qu'il aurait été imprudent d'affronter de face ; mais malgré cela elle était discrète et très gentille ; vous savez, elle ne venait pas souvent ; elle disait ne pas avoir beaucoup de temps pour elle. Et à ma connaissance elle ne s'était liée avec personne ; ah ! sauf peut-être avec Cindy.

Gilles, bien sûr, ne laissa rien paraître, mais en entendant le moniteur décrire Fabiana, chaque caractéristique énoncée lui collait une claque, comme pour réveiller sa mémoire dont, alors, émergea une vision qui l'avait suffisamment troublé pour ne pas être oubliée… Vasilka ! Vasilka, oui, mais pas que, parce que, la physionomie sous-jacente de guerrière que le moniteur avait si bien perçue, rapprochait une fois de plus Vasilka de Lucie ! Mais il se reprit et avant de remercier le moniteur, il lui demanda les coordonnées de la Cindy citée. Le moniteur lui dit que c'était inutile et le pria d'attendre quelques minutes, il allait la prévenir ; Cindy, en ce moment dans une salle d'à côté, peaufinait son direct du gauche sur un punching ball !

Oh ! juste le temps que le moniteur changeât de salle et sollicitât la Cindy en question, et celle-ci apparut, ses gants de boxe retirés, mais les mains encore bandées, et tentant de sécher son visage et son cou avec une serviette éponge ; une assez jolie « panthère » de taille moyenne, cheveux blonds tressés en une seule grosse natte dans le dos et un beau corps musclé qu'il était conseillé de respecter, vu le sport pratiqué !

Le moniteur les présenta, fit un signe de salut à Gilles et repartit coacher un client ; la dénommée Cindy sourit à Gilles, aussi gentiment que lui permettait sa physionomie encore marquée de son effort sportif et, entre deux restes d'essoufflement, les yeux pleins d'espoir, elle lâcha d'une voix hachée, mais en français et sans le moindre accent :

— Vous avez des nouvelles de Fabiana ?

— Non, justement je voulais vous poser la même question ! s'étonna Gilles.

— C'est fou ça ! Je rentre d'un week-end de combat à Boston où j'ai rencontré accidentellement un homme, de type slave, qui m'a aussi demandé des nouvelles de Fabiana !

Et Cindy d'expliquer qu'elle n'avait pas vu Fabiana depuis longtemps et que celle-ci avait disparu sans prévenir, ce qui l'avait particulièrement perturbée, étant donné qu'elles s'entendaient très bien. Gilles voulut intervenir, mais Cindy ne lui en laissa pas le temps ; elle précisa qu'elle formait, avec le moniteur et d'autres amis, un petit groupe restreint de Français ou fils et filles de Français, installés à New York, par mariage, ou pour leurs études, ou bien pour leur profession et que Fabiana en faisait partie.

— Et aucun d'entre vous n'a la moindre idée de l'endroit où elle aurait pu aller ?

— Non, nous nous sommes tous questionnés sans réponse satisfaisante, répondit Cindy.

— Elle serait alors la seule à avoir quitté votre groupe d'amis ? insista Gilles,

— Ah, non, bien sûr ! Trois autres d'entre nous ont quitté New York, mais par obligation familiale ou professionnelle.

— Vous avez leurs coordonnées ? Peut-être savent-ils quelque chose sur le départ de Fabiana ?

Cindy confirma avoir les coordonnées des trois personnes en question, une femme et deux hommes et, sous sa dictée, Gilles les nota sur un carnet. Puis il remercia Cindy et quitta l'espace sportif mi-figue mi-raisin.

Oh ! mi-figue mi-raisin, non pas parce qu'il doutait des informations qu'il venait de recueillir, mais tout simplement à l'idée du parcours qu'il allait devoir faire, car son officier traitant le lui avait bien spécifié : ne surtout pas téléphoner, le risque était trop grand de provoquer une fuite ! Non, il devait se rendre sur place, et se rendre était un euphémisme, voyager serait plus juste, car les deux hommes étaient localisés l'un, à Atlanta et l'autre à Washington ! Quant à la femme, elle était à Montréal ! Bref, un beau périple sur l'Est du continent !

Gilles regarda sa montre : onze heures, donc à Paris dix-sept heures ; Gille appela son officier traitant et l'informa du circuit qu'il allait devoir faire. L'officier l'encouragea à ne pas perdre de temps et de finir par Atlanta, car en cas de manque de renseignement suffisant sur Fabiana, il lui faudrait prendre un vol direct sur Mexico, mais en l'ayant rappelé avant ; puis il lui souhaita bonne chance et raccrocha.

Et de l'autre côté de l'Atlantique, à Paris au siège de la DGSE :

— C'était Gilles ! Vous voyez, mon colonel, ça marche comme prévu ! Nos agents à New York, sans se dévoiler à Gilles, lui ont signalé qu'un type pratiquant une langue, ni occidentale ni saxonne, était aussi sur la piste de Fabiana ! Ajouté au gars de type slave à Boston, il est évident que les Popoffs sont déjà sur la brèche ! Et voilà que notre Gilles va courir de Montréal à Atlanta en passant par Washington en attendant Mexico ! Sûr que les Russes vont faire pareil ! Et les Turcs pourraient bien aussi s'y mettre, même si le fait qu'ils appartiennent à l'OTAN les oblige à plus de prudence. Mais je ne pense pas que les Russes vont les laisser faire ; z'ont sûrement pas envie que Vasilka leur échappe ! Préfèrent sûrement s'en occuper eux-mêmes !

— Les nouvelles vont vite ! reconnut le Colonel Constant.

— Je vous l'avais dit, mon colonel ! L'ancien jockey, un chouïa mafieux, s'est fait un plaisir de diffuser l'info ! Nous savions qu'il magouillait des ventes de chevaux reformés des courses à des Russes installés officiellement en France ; et qui dit « officiel » concernant les Russes, dit aussi méga couverture et manipes en tout genre ! Alors, un p'tit renseignement discrètement glissé en échange de fermer les yeux sur les défauts du cheval à vendre et tout le monde y trouve son compte !

— Bon, de toute façon, c'est exactement ce que nous voulions : diriger les Russes sur des fausses pistes et ainsi les détourner de Vasilka bien tranquille dans son lycée à Berlin.

— En tout cas, pas près d'attraper notre Fabiana, les Popoffs ! Insaisissable, Fabiana, elle est partout, une vraie fusée ! Du bon boulot ! Faudra la décorer, mon colonel ! lâcha l'officier traitant de Gilles la mine aux anges.

Sourire du colonel Constant, puis il quitta le bureau de l'officier.

Chapitre XIV

Dans l'avion vers Montréal, Gilles était maintenant prêt à tout ; n'ayant pas été mis au courant de ce qui s'était passé en Russie, mais sachant, par contre, que c'est de là que le feu vert de sa mission avait été donné, sans pour autant qu'il en connût la raison, et de plus, n'ayant pas réussi à Vienne à identifier Lucie en Vasilka, voilà que maintenant Fabiana venait perturber ses présomptions ! Il faut dire que la description qu'on lui en avait fait avait, certes, réveillé celle de Vasilka, mais plus il y réfléchissait, plus trois obsédantes visions, l'une après l'autre, glissaient devant ses yeux en se superposant avant de laisser la place à la suivante : Fabiana, Vasilka et Lucie ! Et ce manège lui revenait en boucle : Fabiana, Vasilka, Lucie ; Fabiana, Vasilka... Fabiana... etc. Mais les Russes ? Parce que les hommes, qui l'avaient devancé à New York dans la quête d'information sur Fabiana, étaient à coup sûr russes ; laquelle des trois femmes poursuivaient-ils alors ?

Laquelle poursuivaient-ils ? Pas vraiment facile à savoir ! Les Russes, comme d'autres d'ailleurs, estimaient sûrement que toutes les trois avaient des comptes à leur rendre ! Donc, effectivement, pas facile à savoir. Pas plus, d'ailleurs, qu'à mille lieues de là, la pensée d'Octave !

Eh oui, car si Gilles se posait des questions sur l'objectif des Russes, Ophélie, elle, encore à Londres avec son grand girafon, s'inquiétait en silence de ce qu'il avait réellement en tête.

La placidité d'Octave, malgré leur échec pour n'avoir pas obtenu ce qu'ils espéraient ; sa façon d'avoir aussitôt rangé dans un tiroir la question de son origine génétique, qui pourtant l'avait fiévreusement tenu pendant toute la durée des entretiens qu'ils eurent, tant avec le directeur de l'Art Academy of Music qu'avec l'aimable dame anglaise, et puis aussi, a contrario, son inattendue et subite décontraction pour se rendre au challenge de tir, à peine sorti de chez Jane Donston ! Tout cela tournait dans le cerveau d'Ophélie. Le concours de tir s'était très bien passé ; Octave avait recueilli un grand nombre de points, que Jean, le père d'Ophélie, ne manquerait pas d'applaudir, mais Ophélie par contre, si elle parut prendre sa part de détente avec les autres miss et ladies, au fond d'elle-même, ne rayonnait pas du tout de son plaisir apparent ; le visage d'Octave, en plein tir, lui avait fait peur ! La même inquiétante physionomie, presque menaçante, que lors du dernier entraînement de tir chez son père !

Mais l'incohérence du comportement d'Octave, qu'elle était seule à décrypter, allait encore se confirmer, même si Octave lui avait présenté cette petite, mais imprévue, virée à Étretat, comme un instant de pur divertissement, « justement parce qu'imprévue », s'était-il justifié avec un sourire gamin ; le temps de l'exprimer, son pragmatisme s'était effacé au profit d'une étrange espièglerie, avant que sa placidité naturelle ne reprenne aussitôt sa place ! Octave grand girafon, oui, mais caméléon de l'âme ?

Ophélie ne commenta pas cette idée imprévue, pas plus qu'elle n'exprima ses inquiétudes, elle se contenta d'acquiescer à la subite envie d'Octave de passer par Étretat avant de rejoindre Paris. Cependant, ce n'était pas la première fois qu'ils allaient ensemble à Étretat ; aussi, elle était persuadée que cette envie subite n'était pas qu'une simple envie, mais un besoin secret ; lequel ? Ophélie était bien décidée à le savoir, surtout pour épauler son grand girafon qu'elle subodorait plus fragilisé qu'il ne le laissait paraître pour ne pas avoir eu, à Londres, réponse à son questionnement sur sa génitrice ; et donc, en fait d'envie, Octave ne chercherait-il pas une compensation en venant à Étretat ? Une autre réponse qui viendrait alors recouvrir, voire gommer et même remplacer celle qu'il n'obtint pas à Londres ? Devant le non-dit qu'elle présumait d'Octave, plus amoureuse que jamais et tellement attentive au bien être de son grand girafon, Ophélie pressentait une faille en lui, une faille à deux doigts de s'ouvrir ; aussi, pas question qu'elle se borne à rester à l'écart, simple spectatrice, à le laisser seul à en souffrir, seul pour tenter de consolider les murs lézardés de son subconscient. Ophélie était déjà prête à partager son affect en y fusionnant le sien ; merveilleuse Ophélie !

Et donc le matin suivant, Octave, redevenu Octave l'impassible, prit son p'tit mulot par les épaules et tirant de l'autre main leur valise-trolley, s'engouffra dans le Subway[1] direction Waterloo Station ! Puis à la gare de Waterloo, après trois quarts d'heure d'attente au pub « Beer House Waterloo », ils montèrent dans le train pour Portsmouth où ils embarqueraient sur « Le Connemara », navire de la Brittany Ferries à destination du Havre. En bref, après avoir traversé la mer par en dessous, ils le referaient par en dessus !

Pas loin de six heures plus tard, après une traversée plein soleil, comme si, exceptionnellement, la Manche et la Chanel avaient tenu à s'unir pour chasser leurs intempéries légendaires et éclairer le retour en

1 Métro londonien

France d'Octave et Ophélie, « Le Connemara » terminait sa manœuvre d'approche pour accoster au quai de la compagnie Brittany Ferries ; quelques quinze minutes après, les passagers débarquèrent de la passerelle, tandis que par la rampe ouverte, comme un grand soulagement, le navire expulsait de son ventre des chapelets de véhicules !

— Tu vas voir, mon p'tit mulot, on est encore sur l'horaire d'été, on va aller voir le rayon vert !

— Donc, on se grouille d'attraper un car au lasso et direction Étretat ; c'est bien ça ?

Et c'est effectivement ce qu'ils firent ; sauf le lasso ! Et à dix-neuf heures trente, à Étretat, Octave et Ophélie blottie contre lui, assis face à la mer sur un banc du perrey, attendaient que le soleil veuille bien céder aux appels de l'horizon pour se lover dans les bras de l'onde ; et le moment vint, où sur les eaux, d'une flamboyante volupté lumineuse, le rayon vert jaillit enfin, juste le temps d'avertir Séléné, déesse de la Lune, que dans l'ombre de la nuit qui déjà s'annonçait, elle aurait à couvrir d'un regard de tendresse, le sommeil de son frère, Hélios, dieu du soleil.

Toujours sur leur banc, ils laissèrent passer un moment, le temps que les ténèbres s'installent, et peut-être aussi, pour vérifier que le soleil était bien endormi, emmitouflé de la mouvance des eaux dans le noir d'encre du grand large ; alors seulement après, Octave, ravivé par les lumières des réverbères, d'une voix très calme, rompit le silence :

— Voilà, mon p'tit mulot, La Lune va surveiller son frère, jusqu'à ce que son autre sœur, Aurore, vienne le réveiller en le prenant par la main pour qu'il rayonne à nouveau sur un autre matin ; un matin comme celui qui changea ma vie.

Puis, il se tut ; il semblait réfléchir, à moins que, transporté dix-huit ans en arrière, il ne se revît courant derrière Arsouille sur le chemin de falaise… Ophélie, se doutant maintenant que la vraie raison de leur passage à Étretat allait venir, attendit, secrètement en haleine, qu'il veuille bien poursuivre ; mais, au bout d'un moment, le pressentant en difficulté, d'une voix douce, mais d'un ton volontairement détaché pour déguiser son impatience et ne pas lui mettre trop de pression, elle le relança en laissant tout simplement tomber :

— Et ?

— Et ?... Eh bien... Tu veux savoir ? s'enquit Octave en se tournant vers elle, sourcils haussés et les yeux tout agrandis de sa secrète et impérieuse envie qu'elle acquiesça.

— Seulement si tu veux bien, mon chéri !

— OK, viens avec moi, mon p'tit mulot ! lui dit alors Octave en se levant et en la prenant par la main.

Octave entraîna Ophélie sur le chemin de falaise qu'ils montèrent et, à mi-chemin, ils longèrent la haie de clôture de l'hôtel du Dormy House jusqu'à son entrée ; là, Octave désigna du bras à Ophélie l'esplanade de l'hôtel, tout en haut du parc, où, quand ils venaient à Étretat, Raoul et Barbara avaient coutume de profiter du soleil après le déjeuner et, quelquefois même, le soir quand il faisait beau. Puis, il enlaça Ophélie, un peu comme s'il voulait puiser de la force dans le chaud contact de son corps, et lui dit :

— Là-bas, tout en haut de la pente, sur l'esplanade de l'hôtel, tu vois les transats vides ? Juste sous l'éclairage du petit lampadaire de jardin, tu vois, mon p'tit mulot ?

— Vu ! confirma Ophélie qui, tout contre Octave, ressentait sa tension.

— Eh bien... c'est là... C'est là que j'ai trouvé ma vraie mère ! Lâcha alors Octave, la voix un chouïa étranglée.

Puis, il se retourna vers la mer et s'assit sur la bordure herbeuse du chemin de falaise ; Ophélie, bien sûr, fit aussitôt de même, mais cette fois, c'est elle qui l'enlaçait ; il pleurait, recroquevillé sur lui-même, regard à terre et la tête dans les mains !

Ce fut long, mais la silencieuse et patiente tendresse d'Ophélie, sa façon d'absorber sa part de douleur de son grand girafon, même si elle en avait aussi les yeux humides, fit en sorte qu'il finit par se reprendre et surtout put lui expliquer le pourquoi de ses larmes.

— Je m'en veux, je m'en veux ! Si tu savais à quel point ! lâcha Octave en se redressant, le regard au loin, très loin dans le noir au-dessus des flots.

Ophélie, aussitôt, l'enserra encore plus et, à la limite de le bercer, les lèvres tout contre sa joue, lui murmura :

— Vas-y, mon tout-petit-grand-girafon, vas-y ! Libère-toi ! Maintenant, j'ai compris que c'est en toi que tu voulais « faire du vide ».

Octave, bien à l'abri de son p'tit mulot, expliqua que leurs démarches à Londres à l'Art Academy of Music et chez Jane Donston avaient constitué une erreur ; une erreur à laquelle il courait secrètement depuis un bon moment et que son échec, quant à la découverte de sa génitrice, lui avait jeté au visage que cette erreur était bien plus qu'une erreur, mais une véritable trahison à l'égard de Barbara ! Barbara qu'il aimait sans limite, et même, sans que cela soit définissable tant, grâce à elle, il avait changé de monde, ce fameux matin !

— Comment cela s'est-il passé ? chuchota Ophélie toujours contre Octave.

— C'est grâce à Arsouille ! Écoute bien, mon p'tit mulot, car ça, je ne te l'avais encore jamais dit ! répondit Octave sur un ton ravivé, probablement en revoyant sa course derrière Arsouille !

Et donc Octave développa son histoire : la colo était en vacances pour quelques jours à Étretat et ce matin-là, les enfants, évidemment encadrés, montaient le chemin de falaise. Mais, quand son groupe arriva à hauteur de l'entrée du parc de l'hôtel, Arsouille, ce jeune chien que Lucie et lui avaient récupéré dans les cuisines de l'orphelinat, s'est engouffré dans le jardin et s'est mis à galoper jusqu'à Barbara allongée dans un transat, pour se jeter dans ses bras !

— À croire que son instinct lui a fait choisir ma mère ! rajouta Octave avec un grand sourire.

— Et il ne s'est pas trompé ! releva Ophélie.

— Ô non ! il a choisi la meilleure des mamans ! J'étais petit, tout juste neuf ans, et ma Lucie à peine treize et on ne s'attendait pas du tout, mais alors pas du tout, à une telle rencontre, ce matin-là et aussi au bonheur des jours qui suivirent, car Lucie nous a rattrapés, Arsouille et moi, et elle m'a tout de suite présenté comme son p'tit frère ! Et puis Raoul nous a couverts aussi de sa sécurisante affection. C'est drôle, par la suite, j'y ai souvent pensé : Lucie, qui me protégeait toujours, comme une louve prête à mordre qui voulait m'approcher, a tout de suite accepté cette nouvelle relation avec Barbara et Raoul ! Et elle les aimait énormément et je suis même certain que, où qu'elle soit, ma Lucie, elle continue à nous aimer tous les trois, comme nous l'aimons toujours, parce qu'elle sait que, même si cela n'a pas officiellement été possible, Barbara et Raoul l'ont affectivement adoptée, au même titre qu'ils m'ont légalement adopté. Hé ! tu sais quoi, mon p'tit mulot ?

— Non, mais je sens que tu vas me le dire ! s'amusa Ophélie.

— Eh ben, même si, pour nous deux, Lucie et moi, nous étions frère et sœur, on avait dit que, quand on serait grand, on se marierait ! On n'en voyait pas l'incohérence ; on ne voyait que le désir de ne jamais être séparés ! Des paroles d'enfants !

— Oui, des paroles d'enfants, mais de très belles paroles qui prouvaient votre attachement réciproque ; c'est beau, mon grand girafon qui à l'époque était petit girafon ! Mais je suis sûre que Lucie restera dans ton cœur jusqu'à la fin du monde !

Octave acquiesça bien sûr, il embrassa même gentiment Ophélie, comme pour lui confirmer que la réalité avait repris ses droits, puis il s'assombrit :

— Notre séparation forcée a été épouvantablement dure ! Pour Lucie, pour moi, pour nos parents… tu vois, mon p'tit mulot chéri, j'ai dit instinctivement « nos » parents, parce que cela confirme ce que je te disais sur l'égale affection que Raoul et Barbara nous prodiguaient, à Lucie et à moi ; que notre adoption soit légale ou virtuelle, dans leurs cœurs nous étions indissociables ; ce jour-là, nos larmes furent un terrible partage de douleur entre nous quatre.

Octave fit une pause quelques secondes ; il n'avait pas l'air bloqué, il réfléchissait encore, comme s'il passait en revue cette période de sa vie ; cependant, Ophélie, très attentive à son état, voulut s'en assurer :

— Ça va, Octavius, Imperator Augustus[2] ? questionna-t-elle alors, avec humour, comme il lui arrivait de le faire, de temps à autre, pour lui rappeler qu'en plus de son mètre-quatre-vingt-onze, la hauteur de vue était aussi nécessaire pour appréhender les alea de la vie.

— Oui, ça va, mon p'tit mulot, mais je suis content que tu sois quand même avec moi, ici à Étretat, pour mettre un terme à ce qui me hantait ; je voulais que tu en sois témoin : je n'ai plus de haine à l'égard de mes géniteurs, pas plus que je ne les remercie, cette dualité s'est évaporée de mon esprit car ils n'ont été pour rien dans l'heureuse rencontre avec Raoul et Barbara, c'est Arsouille qui a été notre estafette du bonheur ; c'est lui qui a choisi Barbara ! Aussi, j'ai gommé mes géniteurs ; il n'y a plus de géniteurs. Quand on va repartir, je m'en serai délivré et plus jamais je ne rechercherai d'autre origine que Barbara et Raoul, ma mère et mon père ; je suis né, ici, à Étretat, à l'âge de neuf ans dans les bras de Barbara ! Ils m'ont offert une vie merveilleuse qui, en plus, mon p'tit mulot, m'a permis de te rencontrer ! Alors si ça, ce n'est pas un don du ciel, qu'est-ce que c'est !

2 Octave était le premier prénom de l'empereur romain Augustus.

Ophélie se serait jetée dans ses bras si elle n'y était pas déjà ! Sauf que cela ne l'empêcha pas de l'embrasser avec sa fougue habituelle ! Nul doute qu'Octave apprécia, mais quand, essoufflé de tant d'amour, ses lèvres retrouvèrent leur liberté, il reprit la parole :

— Reste un souci quand même : le devenir de ma Lucie. Pourquoi la DGSI ? Pourquoi l'avait-elle prise en charge ? Pourquoi ce long silence ? Où est-elle ? Les seules informations que ton père, malgré son poste de général d'Etat-Major, put recueillir, nous disent qu'elle aurait atteint un très haut niveau et serait passée de la DGSI à la DGSE ; mais toujours inaccessible, car missionnée en permanence aux quatre coins du monde ! Elle me manque, ma Lucie, mais à un point ! Si tu savais !

— Ô, mais si, je le sais, mon grand chéri ! Et puis, je t'aime tellement, que, même sans la connaître encore, je l'aime aussi, Lucie. Mais ton père a dû te dire ce qu'il m'a dit aussi, à savoir que le moment viendra où Lucie vous reviendra ; le contraire est pour lui inenvisageable, car il est, comme toi, certain qu'elle a gardé beaucoup d'affection pour vous tous ; quant à ta mère, Barbara, mieux vaut ne pas trop lui en parler, pour lui éviter un flot de larmes.

— Tu as raison, il nous faut vivre avec cette absence et avancer quand même. Eh bien, tu vois, mon p'tit mulot, pour se changer les idées, on va faire un tour en front de mer avant d'aller dîner et trouver un hôtel abordable, mais j'aurais tant aimé déambuler sur le perrey, entre toi et Lucie, en vous enlaçant les épaules !

— Sois patient mon grand girafon, elle te reviendra ta petite sœur de cœur ; j'en suis sûre ! Allez, on y va ?

Ils y allèrent ! Sous l'enfilade des lumières du Perrey, petite marche intime d'une falaise à l'autre, puis dîner au restaurant « l'Huitrière », choisi pour sa vue panoramique et après un dernier coup d'œil sur les falaises illuminées, avant de rejoindre l'hôtel des Ambassadeurs pour une jolie nuit.

Le lendemain matin, trois-quarts d'heure de route en car au milieu des blagues des enfants, des derniers cancans campagnards et des coins-coins des canards à l'étroit dans leur panier, et cela jusqu'à la petite gare de Bréauté-Beuzeville, puis le train direction Paris Saint-Lazare.

Une fois arrivés à Paris, chacun passa le reste de l'après-midi dans son propre studio à se refaire une santé vestimentaire, faire le tri des affaires et notamment, préparer celles pour leurs cours du lendemain ; sans oublier, en tout cas chez Ophélie, un petit coup de rangement, avant de se rejoindre pour le dîner chez Jean et Eugénie, les parents d'Ophélie, où se rendront également Raoul et Barbara.

Et pendant ce temps, aux États-Unis, Gilles « coursait » toujours Fabiana de ville en ville, voire d'état en état au fil des informations reçues ; mais curieusement, il avait cette étrange sensation que les hommes, probablement russes, qui l'avaient devancé au début de ses recherches, maintenant le suivaient et, par-dessus le marché, semblaient nettement plus nombreux ! Aussi, loin de s'en affoler, il en déduisit que le destin lui offrait, là, sa première grande mission. Mais s'il avait l'impression que les mailles d'un filet, peu à peu, se resserraient autour de lui, il ne se sentait pas pour autant concerné personnellement car, pour lui, Fabiana ne pouvait qu'être leur seul gibier ; il lui faudrait donc, pour la protéger, prévoir un subterfuge lorsqu'il la localiserait et pour ce faire, à première occasion, il allait s'en entretenir avec son officier traitant.

Chapitre XV

Près de deux mois s'étaient écoulés depuis que Raoul était rentré de Russie, tout comme pour Octave et son p'tit mulot en retour d'Angleterre ; par contre, aux États-Unis, Gilles sillonnait toujours le continent, de l'Alaska au golfe du Mexique à la recherche de Fabiana. Cependant, conforme à sa légende, il ne pouvait s'empêcher de claironner, ou au mieux, laisser entendre qu'il était à la poursuite d'une Fabiana exceptionnelle, dont en plus, il lui arrivait d'en décrire le physique, évidemment très inspiré de celui de Vasilka, comme de celui imaginé de Lucie adulte ; son public en traduisait, alors, une histoire romanesque qui aurait pu faire les beaux jours d'un éditeur de romances ! Sauf que la meute des agents russes, ainsi très avertis du traçage de Fabiana, se rapprochait de plus en plus. Aussi, lorsqu'à Memphis, en plein Arkansas, quittant un lieu de nuit, certes, peu recommandable aux dames patronnesses, il se mit discrètement à l'affût pour contrôler s'il était toujours épié, une mesure devenue pour lui rituelle ; eh bien, surprise ! aucun de ses suiveurs habituels ne se révéla à sa vue ; disparus les pisteurs de l'ombre, volatilisés, les agents russes ! Évaporés, les chasseurs de Fabiana !

Cela faisait deux jours et deux nuits qu'il n'était pas sorti de l'établissement et qu'il n'avait donc pas pu vérifier exactement depuis quand la meute l'avait abandonné, car il avait été aimablement invité par la patronne de cette adresse obscure, à rester quelques jours, histoire de divertir la clientèle, tout comme ses filles, naturellement avant leurs heures « de service », en racontant son odyssée ; odyssée évidemment on ne peut plus colorée !

Mais Gilles allait devoir mettre un terme à son périple et ses phantasmes : « La guerre de Troie n'aura pas lieu[1] », à défaut de la belle Hélène, Fabiana échapperait à Ménélas[2] ; elle resterait introuvable ! Et en effet, sans autre explication, il reçut un ordre laconique de son officier traitant de rentrer en France par le premier avion ; mission terminée !

Mission terminée. Eh oui ! car, à Paris, au siège de la DGSE, le colonel Constant, qui pourtant affichait une mine des plus tendues, félicitait l'officier traitant de Gilles pour le travail accompli, parce que, si Gilles pouvait ressentir comme un échec le fait de n'avoir pu retrouver Fabiana, il ignorait avoir atteint, bien malgré lui, l'objectif non avoué de ses supérieurs : faire du bruit et des vagues pour détourner les agents russes de Berlin, où se trouvait Vasilka, en les attirant aux USA à la poursuite de Fabiana qui, évidemment à leurs yeux, ne serait autre que Vasilka !

---

1 Titre de la pièce de théâtre de Jean Giraudoux, inspiré de la légende rapportée dans l'Iliade d'Homère.

2 Mythologie grecque : Ménélas, roi de Sparte déclencheur de la guerre de Troie pour récupérer sa femme, la belle Hélène « enlevée » consentante par son amant, Pâris.

Vasilka qui se trouverait à Berlin ? Au lycée français de Berlin ? Comme enseignante sous le nom d'Eloïse Maugnard ? Eh bien, non, ou plus exactement, plus maintenant ! Là, était la raison qui donnait au colonel Constant cette physionomie si tendue !

Mais revenons à Octave et Ophélie. Qu'en était-il, depuis leur passage à Étretat ? Octave avait retrouvé toute sa placidité ; on aurait même dit qu'il se sentait libéré, après avoir partagé son « acte de naissance » avec son p'tit mulot ! et ils avaient repris leur rythme d'étudiant. Par contre, Raoul et son ami général, Jean de Parmain-Villers, s'étaient bien gardés de faire état auprès de leur famille de leur questionnement quant aux événements passés en Russie ; mais ils n'en restaient pas moins à l'écoute de toute information qui pourrait leur parvenir via leurs relations industrielles, ministérielles, ou de l'État-Major, car la DGSE avait l'art de placer dans toutes ces instances des agents officiels et reconnaissables pour mieux occulter leurs doubles invisibles ! Et pour qui l'ignorait, les conversations bifurquaient quand l'agent officiel approchait et, a contrario, on s'exposait naïvement à toute sorte d'imprudence en présence de celui dont on ne savait la vraie fonction ! Les travers de la nature humaine resteront à jamais inextinguibles !

Mais un soir, où Raoul lisait tranquillement dans son salon, confortablement calé dans son fauteuil préféré, son téléphone vibra : son ami, Jean ! Rapide échange de saluts, annonce du général, silence de Raoul la mine indéfinissable, mais très vite il hocha la tête en signe d'acquiescement et conclut le court entretien en disant qu'il allait « voir ça » immédiatement ; puis il salua son ami et les deux hommes raccrochèrent. Mais curieusement, le vieil Arsouille, qui dormait sur les pieds de Raoul, se mit à battre le sol de sa queue.

Barbara, qui avait suivi en silence la courte conversation, leva sur son mari un regard interrogateur auquel Raoul répondit en lui disant de bien écouter, alors que, simultanément, il reprenait son portable pour appeler Octave :

— Allo, Octave ?

— Eh non ! Bonsoir Raoul, c'est Ophélie ! Octave est en train de me démontrer son expertise de cuisinier, mais vu la fumée et la couleur du truc qui est dans la poêle, il vaut peut-être mieux que je vous le passe ; ne quittez pas ; à bientôt !

Raoul n'attendit que quelques secondes ; amusé, il en déduisit que son coup de téléphone libérait son fils d'une probable impasse !

— Allo papa !

— Ave fiston ! Tu m'as bien dit que tu étais libre demain ?

— Oui, l'après-midi ; j'ai juste le matin un entretien prévu avec mon tuteur, mais je peux le déplacer, si tu veux !

— Non, surtout pas ! Au contraire, tu pourrais même lui en parler, son avis serait sûrement intéressant ; voilà de quoi il s'agit…

Et Raoul d'expliquer à Octave ce qu'il attendait de lui ; quant à Arsouille, il se remit à battre de la queue !

Comme prévu, le lendemain matin, Octave était assis en face du Docteur Deschamps. Il lui relata son parcours pour rechercher sa génitrice et, bien entendu, son échec ; échec qui s'était transformé en victoire pour avoir définitivement fait la part des choses, en mettant en lumière la place indétrônable de sa mère adoptive, Barbara. Puis aussi, il précisa qu'il avait bénéficié de l'appui d'Ophélie, jusqu'à partager avec elle, sur place, à Étretat, l'histoire fondatrice de son bonheur d'aujourd'hui ; l'histoire de ce qu'il considérait comme sa vraie naissance, ce qu'il n'avait encore jamais expliqué à Ophélie. Il avait, alors, en lui-même, « fait de la place » ; de la place disponible pour vivre sa vie avec Ophélie et, dès que possible, lui offrir l'enfant qu'elle désirait tant et que, lui, accueillerait, lavé de toute ambiguïté d'origine.

— Je suis rassuré, Octave. Je dois dire que vous m'aviez inquiété, lorsque votre sérénité, par instant, se déchirait brutalement pour lancer comme une flèche ces trois expressions : « *faire de la place et je haïs mes géniteurs et les remercie en même temps* ». La première expression pouvait se joindre à la deuxième pour exprimer une solution violente et définitive, mais la troisième trahissait, à mon sens, un besoin de paix s'opposant instinctivement aux deux premières, car elle traduisait une reconnaissance d'avoir croisé la route de vos parents adoptifs ; de cette dualité, vous êtes sorti vainqueur, justement grâce à votre voyage à Londres et son épilogue à Étretat.

En conclusion, Octave, je vois que vous avez réussi à classer à leur bonne place votre inné et votre acquis ; je vous en félicite, vous allez vous sentir maintenant plus fort et sur la bonne voie pour appréhender objectivement la part subjective de vos futurs jeunes patients.

— Merci professeur ; c'est effectivement le sentiment que j'en ai. Mais sur un autre sujet, j'aimerais avoir votre point de vue.

— Je vous en prie, Octave ; dites-moi ?

Et Octave d'expliquer au professeur Deschamps ce que, à la demande de son père, suite au coup de téléphone du général, il allait faire cet après-midi. Sans hésitation, le professeur Deschamps confirma aussitôt le bien-fondé de cette idée et, même, précisa que cela devrait être plus souvent pratiqué, tout en rappelant, encore une fois, que les résultats obtenus ne devaient être reçus et analysés qu'avec une grande objectivité, tant la part suggestive dans cette pratique en marge des pratiques classiques, était importante.

Octave remercia le professeur et, comme d'habitude, se leva, pencha son mètre quatre-vingt-onze au-dessus du bureau pour saluer le professeur et fit demi-tour pour, en deux longues et paisibles enjambées, sortir de la pièce.

Une bonne heure plus tard, à la fin d'un déjeuner rapide avec Ophélie à la cafétéria de l'hôpital, Octave embrassa son p'tit mulot, qui regretta de ne pouvoir venir avec lui en raison de son programme du jour, et sortit pour rejoindre le domicile de ses parents, où il se contenta de prendre avec lui le brave Arsouille, manifestement tout content de l'accompagner, malgré ses rhumatismes et autres difficultés liées à son âge : quinze ans ! Puis il prit les clefs de la petite Peugeot de Barbara qui, avant de se rendre à pied chez son coiffeur, les avait déposées à son intention sur la petite table demi-lune de l'entrée.

Et voilà notre grand girafon plié en deux, pour préserver son crâne, au volant de la petite Peugeot et le vieil Arsouille, assis sur le siège passager, mais lui, sûrement plié aussi, mais de rire, à voir les genoux d'Octave narguer ses mains de chaque côté du volant !

Quoi qu'il en soit, ou qu'il en fut et qu'il en serait à chaque fois qu'il emprunterait la petite voiture de sa mère, Octave réussit quand même, en se courbant à hauteur du pare-brise et des vitres, à bien repérer les bonnes rues de son itinéraire jusqu'à son objectif final ! Or, aujourd'hui, sa destination se situait à Clamart, et pour être plus précis : le parking de l'hôpital militaire Percy.

Une fois extirpé du véhicule, après de multiples contorsions pour le plus grand plaisir d'Arsouille, Octave, le chien en laisse, se rendit à l'accueil de l'hôpital, où l'une des réceptionnistes, prévenue de sa visite, appela une infirmière du servie concerné. L'infirmière en question vint assez rapidement pour conduire Octave auprès du Chef de l'unité psychiatrique, non sans gratifier le chien d'une tendre caresse et son maître d'un regard peut-être de tendresse aussi, mais en tout cas d'une indéniable envie ! Eh oui, les services hospitaliers, et notamment en psychiatrie post-traumatiques, offrent de nombreuses heures difficiles et il n'est pas anormal, que les subconscients des soignants malmenés réclament spontanément, de temps à autre, quelques moments de rêve apaisant inhérent au naturel ! Une soupape de sécurité pour un bon équilibre. Certes, « le cœur a ses raisons que la raison ne connaît point[3] », mais il en va de même des raisons du corps, mais que notre instinct primaire, lui, n'ignore pas ! Une garantie de survie !

Bref, l'infirmière, d'une voix des plus sensuelles, pria aimablement Octave d'attendre quelques minutes devant le bureau du « Patron » et, faisant contre mauvaise fortune bon cœur, s'en retourna à ses devoirs, les yeux pétillant d'un songe, hélas, évaporé.

Octave, totalement indiffèrent aux impressions de l'infirmière s'était contenté de la remercier très classiquement, avec quand même un sourire, ce qui aggrava encore le trouble de la pauvre fille ; mais il était maintenant accroupi contre Arsouille en le gratouillant, quand « Le Patron » arriva :

— Je suis le professeur colonel Couanaud ; bienvenue parmi nous, Octave !

— Ah ! Bonjour mon colonel ! Je ne vous avais pas vu venir, répondit Octave en se redressant.

— Venez, entrez dans mon bureau et asseyiez-vous. Il a l'air parfait votre chien, tout calme, tout gentil ; très bien ça ! Bon, je vous explique :

Le professeur colonel Couanaud rapporta à Octave la conversation qu'il avait eue avec son ami, le général de Parmain-Villers, au cours de laquelle il regrettait que ses patients, notamment ceux en situation post-traumatique en suite d'Opex[4], ne bénéficiaient pas, comme dans d'autres hôpitaux civils, de visites d'animaux, très utiles pour les contacts apaisants qu'ils offraient. Le professeur rajouta qu'il y avait même eu des chevaux dans des services de gériatrie ! Le général

3 Pascal : les pensées.

4 Opérations extérieures : actions de guerre en dehors des frontières françaises.

de Parmains-Villers en avait alors parlé au général commandant les services de santé qui donna son accord. Et c'est ainsi que l'information revint au père d'Ophélie qui s'empressa de proposer au professeur colonel Couanaud, Octave, interne en psychiatrie, en plus d'être le maître d'un chien très gentil et très calme.

Octave confirma au professeur, qu'en tant que futur psychiatre, même en pédopsychiatrie, il était aussi très intéressé par cette expérience et qu'Arsouille étant très doux, il serait parfait pour cet exercice. Le professeur s'en félicita et lui proposa de l'accompagner dans cette première démarche, ainsi Octave profiterait de ses observations. Les deux hommes sortirent du bureau pour commencer les visites des malades.

Ce fut très long, car il y avait deux couloirs, et si dans certaines chambres les patients n'étaient pas en état de recevoir Octave et Arsouille, la plupart des autres, au contraire, montrèrent beaucoup d'intérêt à leur venue et même quelques-uns auraient bien gardé le chien pour sa douceur et sa gentillesse à se laisser caresser, quand il n'en redemandait pas de lui-même !

Lorsque ressortis d'une des chambres, le professeur colonel Couanaud fit remarquer à Octave que presque tous ces blessés de l'âme, mais souvent aussi physiquement, avaient complètement changé de physionomie au bout de quelques minutes de partage avec Arsouille ! De quoi leur faire passer, au moins, quelques heures d'optimisme et qui sait, leur redonner de l'espoir.

Mais tandis que, tout en marchant dans le couloir, ils argumentaient sur le bien-fondé de cette expérience, ils passèrent devant une chambre fermée ; le professeur ne s'était pas arrêté pour frapper à la porte comme pour les autres, sauf qu'Arsouille, lui, avait résolument stoppé devant la porte, la queue battante ! Le professeur, un peu surpris, se pencha sur Arsouille et, lui déposant une caresse entre les oreilles, lui dit d'une petite voix toute gentille comme s'il s'adressait à un enfant :

— Non, non, mon petit chien ! On ne peut pas rentrer pas dans cette pièce ; tu vois, le monsieur ne veut pas ! Allez, tu viens ?

Le monsieur en question n'était autre qu'un gendarme, hôpital militaire oblige, en position de sentinelle devant la porte, probablement pour en interdire l'accès à toute personne « étrangère au service », suivant la formule consacrée, ou plus simplement : non autorisée à y pénétrer. Mais sous le sourire amusé du gendarme, cependant incorruptible, Arsouille, reniflait et soufflait bruyamment sous la porte, émettant de petits gémissements, la queue de plus en plus agitée, tout en levant par instant le regard vers Octave, comme pour lui demander son acquiescement.

Le professeur, l'un air absolument désolé, eut un geste d'impuissance des deux bras et se tourna vers Octave pour lui demander de l'aide ! Octave s'accroupit, alors, près d'Arsouille, lui chuchota à l'oreille des mots d'apaisement tout en le caressant ; mais rien n'y fit ; Arsouille se contentait de donner des rapides coups de langue sur la figure de son maître pour replonger aussitôt son nez au raz de la porte ! À regret, Octave s'obligea à affermir sa demande en se levant pour tirer Arsouille par son collier, et le brave chien dût céder pour suivre son maître. Mais curieusement, alors que devant cette porte fermée, il avait été pris d'une vivacité digne d'un retour de jeunesse, il retrouvait maintenant en bout de laisse, son âge, ses douleurs, sa marche lente et son souffle court et même, peut-être, ce qui ressemblerait à une certaine forme d'indifférence, ou bien de latence. En bref, Arsouille s'était remis « en pause » ; en pause, oui, mais dans l'attente de quoi ?

Cependant, les deux hommes finirent quand même les visites avec un Arsouille qui, certes, collaborait toujours, mais disons, seulement « du bout des pattes[5] » ; néanmoins, son âge et sa douceur naturelle

5 Équivalent à : du bout des doigts pour signifier le moins possible !

occultant son désintérêt, il continua, malgré lui, à diffuser du plaisir. En foi de quoi, le professeur colonel Couanaud offrit un café à Octave à la cafétéria pour le remercier et l'invita à revenir avec le chien ; puis, café avalé, les deux hommes se séparèrent.

Lorsqu'Octave ramena le chien chez lui, Arsouille se précipita vers Barbara, assise au bureau de Raoul, en train de corriger un manuscrit écrit par une de ses amies sur l'histoire des Romanov. Le vieux chien ne prit même pas le temps de lui faire gaiement la fête, il s'écroula sur ses pieds, tête au sol, queue tristement immobile, paupières fermées.

— Mais qu'est-ce qu'il a ? Ça n'a pas été ? On dirait qu'il est déçu ! laissa tomber Barbara en se penchant pour le caresser.

— Non, le professeur colonel Couanaud était très content. Arsouille a été très bien ; il a fait des heureux ; il y a juste eu un moment où il a voulu absolument entrer dans une pièce interdite d'accès ; je ne sais pas pourquoi, probablement une pièce renfermant des appareils très sophistiqués, ou des médocs à ne pas laisser traîner ; un garde était en faction devant la porte. Il devait y avoir une odeur particulière qui l'attirait, mais que lui seul, avec son flair de chien, pouvait sentir. Et donc, je pense qu'il est vexé d'avoir été interdit d'accès ! conclut Octave en riant.

Mais Barbara se contenta de sourire, puis d'un ton qui se voulait anodin, elle dit à Octave, que l'on verrait ce que son père et Jean penseraient ce soir de cette expérience, et, ravivant son ton, elle en profita pour lui rappeler que c'était encore le tour des Parmain-Villers de venir dîner ce soir ; Octave acquiesça, embrassa sa mère et repartit chercher Ophélie à l'Hôpital Necker.

Et le soir, en effet, les deux familles à table passèrent un excellent moment autour des œuvres de leur vieille et célèbre cuisinière, jusqu'au moment où Octave relata son après-midi à l'hôpital militaire Percy et, surtout, quand il s'attarda sur l'inattendue espièglerie d'Arsouille, voire son entêtement à rester devant la porte d'une pièce interdite d'accès, qui plus est, gardée par un gendarme en faction ; aussitôt, Jean reposa ses couverts en haussant les sourcils d'étonnement et Raoul leva brusquement la tête !

— Un gendarme en faction, dis-tu ! bafouilla Raoul, qui en avait oublié de finir ce qu'il avait en bouche, tant il fut surpris.

— Oui, un type gentil, mais sûrement inflexible, précisa Octave.

Visages tendus, Raoul et Jean se regardèrent en silence, avant que Jean ne prenne à son tour la parole :

— À l'étage du service post-traumatique ?

— Oui, oui, dans le même couloir ; peut-être une remise de médocs dangereux et un garde pour éviter les vols, non ?

— C'est possible, en effet. Répondit le général, sur un ton incertain.

Puis, après un court temps de réflexion, le général envoya un bref regard à Raoul et, de façon plus affirmée, comme s'il voulut évacuer le sujet, il rajouta qu'il allait quand même voir ça, parce qu'il lui paraissait surprenant que les hôpitaux en étaient à faire garder leurs stocks par la gendarmerie ; puis s'adressant à Octave :

— Tu as bien fait de nous dire ça, Octave, car si tel était le cas, je me dois de voir avec la direction du Service de Santé les moyens ad hoc à mettre à leur disposition.

Mais cette précision avait évidemment pour but de faire diversion en clôturant un sujet qui pourrait se révéler inquiétant et même très inquiétant et, ainsi, de ne pas assombrir la soirée ; ce que Raoul comprit aussitôt et approuva par un discret signe de tête.

La soirée continua aussi bien que possible, même si par instant, Raoul regardait bizarrement Arsouille. Puis le moment vint où Ophélie et Octave saluèrent les parents et se retirèrent, non sans avoir été embrasser la vieille cuisinière et la jeune Justine. Puis ce fut le tour de Jean et Eugénie de prendre congé de leurs hôtes.

Dans leur salon, Barbara et Raoul respirèrent un moment dans le calme revenu. Mais au bout d'un laps de temps suffisant pour que les Parmain-Villers aient réintégré leur domicile, le portable de Raoul vibra ! Raoul fit un signe d'excuse à sa femme et regarda le message : « Pas normal, je te joins demain. Mais merci à Barbara pour cette soirée ! Bye ».

— Un problème ? s'enquit Barbara.

— Pas du tout, ma chérie ; juste les remerciements de Jean pour la soirée, répondit Raoul le plus banalement possible.

Et il revint aussitôt à Raoul la fameuse phrase que l'on prête à Voltaire : *« le mensonge n'est un vice que quand il fait mal ; c'est une très grande vertu quand il fait du bien… »*[6] Sauf que Barbara ne laissa rien paraître, mais à voir les traits tendus de son mari, elle reçut sa réponse, n'en déplaise à Voltaire, un chouïa dubitative.

6 Lettre à Thiriot, 21 octobre 1736.

Chapitre XVI

— Allo ! Raoul ?

— Salut Jean ; tu as du nouveau ?

— Bon, d'abord, sache qu'Octave n'est pas au courant, il est parti tôt ce matin avec Ophélie à leur hôpital. Tu es à ton bureau, ou encore chez toi ?

— À mon bureau, pourquoi ?

— Je suis à Percy ; je sors d'un entretien avec le professeur colonel Couanaud ; je viens te chercher !

— Tu sais quelque chose ? J'arrive tout de suite !

— Non ! Je viens te chercher ; tu ne pourrais pas entrer sans moi.

— Entrer... Dans la chambre interdite d'accès ? c'est bien ça ?

— Oui ; mais ne dis rien encore à Barbara ; on en parle dans la voiture ; Raoul... la DGSE nous rejoindra à l'hôpital.

— Mon dieu ! Jean, ne me dis pas que...

— Ça va être difficile, Raoul. Ne bouge pas, attends-moi, mon ami, j'arrive !

Raoul n'eut pas longtemps à attendre ; le général s'était fait conduire dans un véhicule de la gendarmerie, sirène et gyrophare en alerte. Raoul tournait en rond dans son bureau, blême, il entrevoyait déjà le pire qui alternait avec la vision de sa petite Lucie accrochée à son bras et lâchant comme un défi son « l'est à moi ! », toujours cette expression si touchante qui se répétait si souvent dans sa tête, quand sa réception lui signala l'arrivée du général. Naturellement, il fit un gros effort pour se reprendre, mais son trouble n'échappa pas à son ami, lorsqu'il entra dans son bureau. Aussi, le général estima, à juste titre, que la meilleure solution pour l'aider à faire face à l'épreuve qui l'attendait était de rester dans le mouvement, dans l'action, et donc, il prit Raoul par le bras et l'entraîna sans attendre hors de son bureau pour rejoindre le véhicule de gendarmerie en station, moteur tournant au pied de l'immeuble. Le choix se révéla judicieux, car une fois en route, Raoul avait repris la maîtrise de lui-même et le général put lui exposer la situation.

— Raoul, ça ne va pas être facile pour toi. Comme tu l'as deviné, il s'agit bien de Lucie ; elle est au secret dans cette chambre interdite pour y être soignée, enfin, je veux dire… soulagée ; oui, c'est cela, soulagée ; elle ne souffre plus…

— Soulagée ? Ne me cache rien, Jean, elle est gravement atteinte ?

— Tu vas avoir besoin de toute ta force ; elle est très mal en point, mais pense à Octave, il va te falloir faire face pour l'aider à accepter…

— Accepter ! Donc, elle est condamnée ! s'exclama Raoul en se prenant la tête entre les mains.

Jean laissa passer un moment de silence, le temps que Raoul se reprenne, mais c'est Raoul qui reprit la parole :

— Qu'est-ce qui s'est passé ?

— Comme tu l'avais supposé, Vasilka n'était autre que Lucie ; je n'en ai eu la confirmation que ce matin, lorsque je suis allé au siège de la DGSE, avant de me rendre à l'hôpital militaire Percy.

— Lucie, Vasilka ! Mon intuition était la bonne ; mais Vasilka, et donc Lucie… je la croyais à l'abri à Berlin, au Lycée Français, hors activité de l'ombre ?

— Cela fait déjà un moment qu'elle n'y était plus, m'a-t-on dit ce matin.

— Mais si Vasilka était Lucie, pourquoi ne pas nous avoir autorisés à aller la voir à Berlin ?

— Probablement pour la même raison que Vasilka/Lucie avait tout fait pour que tu ne la reconnaisses pas ; par exemple, quand elle s'absenta au diner car, en face de toi, elle aurait dû se défaire de son masque anti-covid pour profiter des plats comme tout le monde ! D'ailleurs, c'est que nous en avions pensé ; souviens-toi.

— Oui, c'est exact ; et souvenir pour souvenir, j'en déduis que l'interprète du Mexicain à New York, qui a fait la même chose, devait être aussi Lucie !

— L'officier de la DGSE qui va nous rejoindre va tout t'expliquer ; en tout cas, quels qu'en fussent les détails, tu dois seulement en retenir qu'elle aura fait une très belle carrière à travers le monde, ta Lucie !

— Justement ! Pourquoi me fuir ?

— Raoul, tu sais très bien, ce que je veux dire par « détails » ; là, est peut-être la raison de son attitude.

— Oui, je ne suis pas innocent, mais, qu'est-ce que tu veux, je ne vois que ma petite Lucie, la sœur de cœur d'Octave !

Puis les deux hommes restèrent silencieux, plongés dans leurs pensées, mais cela tombait bien car le véhicule entrait dans la cour de l'hôpital Percy.

Le temps de descendre de la voiture, de rentrer dans l'hôpital, de prévenir la réception qu'ils se rendaient au service des psycho-post-traumatismes et de monter au bon étage et ils se retrouvèrent face au professeur colonel Couanaud qui les accueillit et leur présenta aussitôt un autre médecin.

— Monsieur Johansen, je suis désolé de faire votre connaissance en cette circonstance ; mais comme je l'ai expliqué au général tout à l'heure, nous n'avons malheureusement pas le choix. Je vous présente mon confrère, le médecin commandant Richard qui est le spécialiste de ce dont souffre Eloïse Maugnard...

— Qui ça ? lâcha Raoul qui n'avait que Lucie en tête.

— Eloïse Maugnard, répéta le professeur colonel Couanaud.

Mais aussitôt, le général se pencha un peu vers Raoul et, à voix basse, lui rappela qu'Eloïse Maugnard était le nom de couverture de Vasilka/Lucie au lycée de Berlin. Raoul acquiesça avec une moue évocatrice de son oubli, mais relança dans la foulée le médecin commandant Richard :

— Oui, bon, Eloïse, on peut la voir ? reprit en effet Raoul, pas disposé du tout à soutenir de longues palabres.

— Oui, bien sûr, mais je vous demande d'être aussi calme que possible ; vous devez savoir que la malade est très très faible, précisa le médecin commandant Richard.

Raoul voulut aussitôt entrer dans la chambre, mais le général se mit en travers !

— Raoul, attends ! S'il te plaît, écoute le médecin commandant Richard avant ! S'il te plaît, Raoul, écoute-le d'abord.

— Que lui a-t-on fait ? s'enquit nerveusement Raoul, le regard survolté, au point que Jean lui posa doucement une main amicale sur l'épaule pour tenter d'enrayer sa révolte.

— On a tout lieu de penser qu'elle aurait été empoisonnée, monsieur ; mais sachez que nous faisons tout ce qui est en notre pouvoir pour calmer ses douleurs ; malheureusement...

Mais le médecin commandant Richard fut aussitôt coupé par Raoul :

— Malheureusement ! Ce qui veut dire ?

— Monsieur, nous sommes désolés, mais ce poison nous est médicalement encore trop inconnu pour lutter contre efficacement ; nous savons que ses méfaits sont progressifs sur une assez longue période et invisible dans ses débuts ; mais, même si nous pouvons enrayer les douleurs et freinons ses ravages, nous n'avons pas encore trouvé la parade efficace ; je n'ai pas le droit de vous mentir, monsieur, il nous faut tristement s'attendre à ce qu'elle…

— Meure… murmura alors Raoul en se retournant, les deux mains cachant son visage.

Jean prit son ami par les épaules et l'entraîna un peu plus loin ; le temps qu'il dominât la terrible vague de détresse qui l'avait assailli. Cependant, d'une voix empreinte d'un très lourd désarroi, Raoul réussit quand même à dire à son ami, que bien sûr, lorsqu'ils en avaient parlé dans la voiture avant d'arriver, il avait déjà compris que Lucie était perdue, mais en parallèle dans son esprit, il espérait encore se tromper ; sauf que maintenant au pied du mur, face à la réalité, il avait pris en pleine tête toute l'horreur de la situation. Puis Raoul se tut et Jean ne crut pas bénéfique d'en rajouter. Mais quand il sentit le moment venu, Jean souligna qu'il ne pouvait pas se laisser aller trop longtemps, qu'il avait un rôle primordial à assurer : protéger Barbara et Octave, amortir autant que faire se peut la brutalité de la sinistre nouvelle. Dix tonnes sur les épaules, le regard à terre, Raoul ne disait plus un mot. Jean laissa alors Raoul admettre en silence ses paroles, mais sans trop attendre pour autant, il rajouta qu'il ne fallait pas perdre de temps car, d'après les dires du médecin, il était vraisemblable que l'effet létal du poison allait bientôt se révéler, dans quelques heures, au mieux dans un jour ou deux, maximum.

Raoul releva la tête, regarda son ami et, la mine durcie par l'effort, mais les yeux encore humides, toujours sans un mot, il lui fit un signe de la main en direction de la chambre de Lucie. Devant la porte, Jean remit sa main sur l'épaule de Raoul, Raoul qui respira profondément, avant de, tout doucement, ouvrir la porte.

Allongée sur un lit médicalisé au dossier légèrement surélevé, la tête et les épaules reposant sur un gros oreiller, Lucie, immobile, avait une allure sépulcrale. D'une pâleur extrême, son visage très émacié, perdu dans l'épaisseur de sa chevelure brune, soulignait encore plus son type « d'ailleurs » ; le large dessin de ses lèvres, initialement si vivantes, si sensuelles, statufiait maintenant le Silence et ses grands yeux en amande, coiffant ses hautes pommettes de félin, avaient baissé leur rideau, concourant ainsi à la quiétude du visage. Son allure si attirante de superbe amazone aussi séductrice que guerrière, s'était métamorphosée en douceur d'une gracieuse Madone en prière ; Dieu qu'elle était belle !

Par discrétion, Jean se tint en retrait, mais quand Raoul, aussi calmement que possible, s'approcha du lit et s'arrêta à son pied s'appuyant sur la barre métallique, Lucie releva difficilement ses paupières, des paupières épouvantablement lourdes ; son regard, habituellement si vif, si chaud et d'une si sombre profondeur, semblait maintenant perdu dans le brouillard, presque inerte et fixé sur Raoul sans le voir. Cela dura quelques minutes durant lesquelles Raoul luttait en silence contre sa tristesse, les yeux posés sur le corps allongé de Lucie, ses longs bras branchés de perfusions et reposant, immobiles, abandonnés sur les draps, ses jolies mains étales comme en offrande. Mais subitement, une inattendue étincelle, certes, fugitive, mais bien réelle raviva le regard de Lucie ; Lucie, qui aussitôt se couvrit des deux mains le visage ! Elle eut même un soupçon de recul contre ses oreillers ; oh, pas plus, elle était si faible ! Surpris, Raoul y réagit en se figeant quelques secondes ; la manière dont Lucie, en opération sous le nom de Vasilka, lui avait, à plusieurs reprises, caché sa véritable identité, venait, brusquement, de lui revenir en tête. Mais il balaya très vite ce malaise et s'approcha jusqu'à son chevet ; et, là, d'une voix très douce, il l'appela :

— Ma Lucie ?

Lucie ne broncha pas, car il fallut du temps pour que le « Ma » de « Ma Lucie », pénètre sa fièvre et traverse son esprit embrumé par l'effet des drogues et parvienne jusqu'au fond de son âme jusqu'à lui arriver en plein cœur ! et c'est ce « Ma » si souvent fantasmé, qui vainquit sa résistance et fit tomber les murs de sa pudeur, la libérant enfin de sa honte ; elle se laissa alors aller, osant découvrir son visage et, surmontant ses douleurs, lentement, elle lui tendit les bras ; Raoul se pencha sur elle, la prit avec précaution dans les siens et lui chuchota à l'oreille :

— Tu vois, ma petite Lucie, toi, ma fillette, je n'ai jamais oublié ton *« l'est à moi ! »* quand tu me pris le bras pour t'y pendre ; eh bien je suis là, et je suis toujours à toi !

Blottie contre lui, s'y accrochant de tout ce qui lui restait de force, Lucie pleurait doucement en silence… lui aussi.

Ils restèrent ainsi un long moment comme s'ils voulaient par cet échange fusionnel, raccourcir, réduire, voire gommer toutes ces années qui les avaient séparés. Mais une voix féminine dans le dos de Raoul lui signifia gentiment qu'il allait devoir se retirer ; l'heure des soins pour Lucie était venue et ses douleurs risquaient de beaucoup trop se réactiver si on n'intervenait pas maintenant. L'infirmière lui proposa de donner lui-même deux cachets à Lucie et les lui tendit avec un verre d'eau ; Raoul s'exécuta sans hésiter et fit très calmement avaler les deux cachets à Lucie, puis le temps que les médicaments fassent effet, il garda Lucie contre lui, caressant tout doucement son visage, tandis qu'elle s'abandonnait enfin dans ses bras.

À l'écart, l'infirmière patienta avec bienveillance quelques minutes, puis elle finit par se rapprocher et à voix basse, s'excusa de devoir lui redemander de se retirer, mais elle rajouta avec un sourire que Lucie resterait endormie au moins deux heures après les soins. D'un hochement de tête, Raoul fit signe qu'il comprenait. Puis il murmura à l'oreille de Lucie qu'elle devait maintenant se reposer, mais que, bien sûr, il reviendrait cet après-midi avec Octave et Barbara quand elle se serait réveillée. Lucie fermait déjà les yeux quand il la reposa contre ses oreillers, mais il vit ses lèvres remuer, à peine, mais remuer quand même et perçut alors très faiblement les noms d'Octave et de Barbara ; deux noms difficilement articulés qui, avec elle, sombrèrent dans son sommeil ; il l'embrassa avec douceur et tendresse, comme on embrasse une enfant, puis à regret se leva, remercia l'infirmière et sortit de la chambre rejoindre Jean qui l'attendait sur le seuil.

— Ça va aller ? demanda Jean à son ami.

— Dur, très dur, mais ça va aller, Jean ; et puis il faut que ça aille parce que, la suite, je ne te dis pas ! Il n'y a pas de temps à perdre, Octave et Barbara doivent venir au plus vite, mais je dois les préparer. Pendant que Lucie est endormie, je vais aller les chercher pour qu'ils voient Lucie dès son réveil. Tu sais où est ta fille ?

— Oui, elle révise ses cours dans son studio et ton fils est à son hôpital, d'après ce qu'Ophélie m'a dit.

— Bon, je prends Octave en passant et vais à la maison ; Barbara y est, elle ne devait pas sortir cet après-midi. Jean, je compte sur toi pour avertir Ophélie, on aura sûrement besoin d'elle pour épauler Octave ; elle est si formidable ta fille, Jean !

— C'est gentil, mais c'est vrai ! Allez, bon courage et fais vite, ponctua Jean.

Mais tandis que le général s'éloignait, un homme assez solide, d'une soixante d'années, que Raoul n'avait pas remarqué, s'approcha de lui :

— Monsieur Johansen, je suis désolé pour Lucie et je vous fais part de toute ma compassion. Vous me reconnaissez ?

— Je vous remercie pour Lucie, monsieur ; vous me dites en effet quelque chose, mais je ne vous resitue pas vraiment ; vous connaissiez Lucie ? Vous êtes monsieur ?

Et le colonel Constant se présenta. Raoul mit quelques secondes à réaliser qu'il avait en face lui le commandant Constant qui lui avait volé Lucie à Étretat. Aussi, il se durcit aussitôt, prêt à lui demander des comptes ! Mais, heureusement, Jean qui, dans le couloir encore, s'était retourné pour un dernier geste de la main d'encouragement, releva immédiatement la mine durcie et l'attitude raidie de Raoul ; il fit aussitôt demi-tour !

— Vous vous rendez compte, colonel Constant, de ce que vous avez fait de Lucie ! s'exclama presque Raoul dont le visage palissait de colère.

—Je comprends votre réaction, monsieur Johansen, mais si je suis là, c'est justement pour vous expliquer ce qui s'est passé et...

— Je n'ai rien à entendre de vous ; vous l'avez exploitée et...

— Raoul, s'il te plaît, intervint posément le général pour calmer son ami.

— Jean, il responsable de la mort prochaine de Lucie ! se justifia Raoul.

— Laisse-le parler, Raoul ; il est important que tu saches tout du parcours de Lucie ; pour toi, pour Barbara et pour Octave, c'est important.

Épaulé par son ami, Raoul baissa en pression et, visage fermé, d'un ton sec, dit au colonel Constant :

— Allez-y ! Je vous écoute !

— Voulez-vous entendre ce que j'ai à vous dire devant une tasse de café ? proposa le colonel Constant.

— Niet ! lâcha vertement Raoul.

— Comme vous voulez ! Alors, s'il vous plaît, monsieur Johansen, écoutez-moi bien, répondit le colonel Constant.

Et le colonel Constant de dérouler le sujet dès son début. Il commença par dévoiler que si Lucie enfant avait été inadoptable, car « confisquée » par la DGSI, à Étretat, lors de la demande d'adoption de Raoul et Barbara, c'était parce que la DGSE avait un engagement à tenir consistant à la protéger, l'instruire et la former à haut niveau, et ainsi lui ouvrir une option pour travailler plus tard pour les services spéciaux.

— Oui, mais pourquoi, elle ? devez-vous vous demander, mentionna le colonel Constant.

— Ben tiens ! Mettez-vous à notre place, mon colonel, bien sûr qu'on se le demande ! lâcha sèchement Raoul.

— Je vous comprends parfaitement, monsieur Johansen ; aussi écoutez la suite :

Lucie est née en 1992 d'une mère russo-bulgare, Ivanka, espionne russo-bulgare, retournée par la DGSE au profit des Français, mais avec son consentement car, enceinte et voulant que son enfant échappât au joug russo-bulgare, d'où le prénom français : Lucie. Ivanka, officiellement pour le compte des Russes, servait de lien entre les services russes et une organisation maffieuse installée en France qui pratiquait la prostitution à l'échelle internationale et la ventes de bébé orphelins ou enlevés. Cette organisation était évidemment un nid d'espions des deux sexes, que la DGSI et la DGSE suivaient de très près, notamment grâce à Ivanka, la mère de Lucie, que je vous disais être un agent russo-bulgare retournée par la DGSE ; Ivanka travaillait donc en douce pour la France. En échange des services que Ivanka fournissait à la DGSE, sa fille, Lucie, fut, pour la protéger, déclarée officiellement orpheline et placée en conséquence, mais surveillée par la DGSI, puis la DGSE qui assureraient toute sa formation scolaire et supérieure qui se révèlera « spéciale » mais de très haut niveau ; un engagement des services français qui, en plus, leur garantissait la fidélité d'Ivanka.

Or, La DGSI sur informations de la DGSE, via Ivanka, fit une descente, dite de « nettoyage », à l'adresse de l'organisation mafieuse. Seulement pour éviter un éventuel retour de bâton, dont Ivanka aurait pu faire les frais, les services français l'exfiltrèrent et l'envoyèrent en mission en Lybie, d'où elle ne revint jamais ; elle fut tuée dans un accident d'avion, dont la cause ne fut jamais officiellement reconnue.

Le colonel Constant arrêta son exposé, car considérant la physionomie de Raoul, il reproposa d'aller finir l'histoire devant une tasse de café. Cette fois Raoul acquiesça. Dix minutes plus tard, les trois hommes assis devant la fameuse tasse de café, le colonel Constant reprit la parole.

— Lucie n'avait pas encore quatre ans quand sa mère est morte ; l'âge où les souvenirs ne se fixent pas ; elle n'en avait donc aucun d'Ivanka. Mais au cours de son adolescence, après que nous sommes venus la chercher à Étretat, très encadrée par la DGSI, et notamment par moi, à l'époque commandant et son tuteur, Lucie prit conscience du sacrifice d'Ivanka et s'engagea alors à fond pour un avenir d'agent spécial, le désir chevillé au corps de venger sa mère, dont elle n'avait, cependant, qu'une vision fantasmée ! Mais attention ! Ne vous trompez pas, je tiens à vous le dire, car je sais l'affection réciproque qui vous lie avec Lucie et qu'elle a, à distance, entretenue secrètement, construisant toujours plus, de jour en jour, une profonde appartenance avec vous qui lui donnait toute sa force ; j'en ai souvent parlé avec elle ; c'est vous sa famille. Jamais elle ne vous a oublié et, tout spécialement, son p'tit frère Octave. Elle s'était persuadée qu'elle vous retrouverait un jour ; c'était sa certitude, mais seulement une fois Ivanka vengée et, bien sûr, quand les circonstances le permettraient. Consciente, cependant, qu'elle avait été sa génitrice, Lucie ne considérait pas Ivanka comme une mère, mais son respect à son égard tenait à la vision qu'elle s'était construite d'elle : un archétype exemplaire de courage auquel, par son sacrifice, elle devait, non seulement d'être française, mais surtout de vous avoir rencontrés ; sa volonté de venger Ivanka était l'expression de son remerciement. Sauf que Lucie avait été évidemment très instruite de toutes les méthodes et procédés pour arriver à ses fins, et donc, en opération, son objectif de venger Ivanka lui tenait tellement à cœur qu'il justifiait, à ses yeux, tous les moyens, y compris ceux dont la nature l'avait gratifiée ; Lucie, s'abritant sous la fausse identité de Vasilka, fit alors un tel usage de ses dons que, largement encouragée, voire même grisée par ses résultats, elle tomba dans une spirale que d'aucuns estimeraient, certes, de haut vol, mais prostitutionnelle, bien qu'au seul bénéfice du Service. Mais malheureusement, elle estimait toujours que sa vengeance pour Ivanka, n'était jamais suffisante et vraiment complète ; un sentiment de manque, bien compréhensible, car totalement impossible à satisfaire à la dimension de l'Archétype qu'elle s'était construite d'Ivanka. Or, cette sensation d'insatisfaction allait, de mission en mission, la pousser à en faire toujours plus, ce qui eut pour effet contraire de lui faire prendre, d'abord insidieusement, puis de plus en plus, conscience de son comportement qui finit par la conduire, derrière l'image flamboyante de Vasilka, à un dégoût d'elle-même et à un sentiment d'une terrible honte. Voilà, monsieur Johansen, la raison pour laquelle Vasilka vous fuyait ou s'intercalait entre vous et Lucie, sa véritable identité ; prisonnière, qu'elle était, de cette terrible honte dont elle voulait vous préserver.

Raoul reconnut qu'il s'en était douté, mais que les circonstances, où il s'était trouvé en présence de Vasilka, n'avaient pas permis qu'il s'assurât avec certitude de l'identité de Lucie, et si tel avait été le cas, de crever l'abcès, même s'il aurait tant voulu la rassurer sur le regard qu'il portait sur elle. Puis le colonel Constant confirma ce qu'il avait promis lors de la séparation des deux petits à Étretat, à savoir qu'il avait tout fait pour aider Lucie, tant qu'il en fut le tuteur, mais aussi en la suivant de loin lorsqu'elle quitta la DGSI pour la DGSE. D'ailleurs, rajouta-t-il, lorsque Lucie/Vasilka fut exfiltrée de Russie pour être placée, en position dormante, au lycée français de Berlin sous le nom d'Eloïse Maugnard, il proposa à l'officier traitant de Gilles d'organiser une course poursuite d'une pseudo agent du nom de Fabiana aux États-Unis, histoire d'y attirer les agents russes persuadés qu'il s'agissait de Vasilka/Lucie qu'ils recherchaient, et ainsi les détourner de Berlin.

— Mais alors, qu'est-ce qu'il s'est passé à Berlin, pour qu'elle soit empoisonnée ? Les Russes l'ont quand même reconnue ? demanda Raoul le visage durci.

— Non, pas les Russes, monsieur Johansen, les Turcs !

— Les Turcs ! Comment ça, les Turcs ? lâcha Raoul, estomaqué.

Et le colonel Constant d'expliquer la mission que Vasilka/Lucie avait menée avec le petit chien-chien-espion du représentant du gouvernement turc et la découverte de la manipe lors d'une vaccination ratée du petit chien, puis, évidemment, l'obligation qui s'en suivit d'exfiltrer en urgence de Russie Vasilka/Lucie, car les Turcs avaient aussitôt informé les Russes que Vasilka/Lucie travaillait en fait pour la France. Or si l'appareillage d'enregistrement du bon petit toutou n'avait pu être exploité par les Turcs, puisque détruit automatiquement, Vasilka/Lucie, elle, en avait recueilli les informations. Les Turcs, comme les Russes, avaient donc tout intérêt à mettre la main en premier sur Vasilka/Lucie, les uns pour éviter que les autres n'aient connaissance de ce qui les concernait en propre ; sauf que si, ni les Russes ni les Turcs n'avaient pu localiser Vasilka/Lucie au Lycée français de Berlin, la malchance est venue tout faire basculer !

— C'est-à-dire ? s'enquirent aussitôt d'une même voix, Raoul et Jean, tout en se raidissant sur leur chaise.

— Le lycée français de Berlin offre une prépa pour l'admission à Langues » O, la célèbre école parisienne des langues orientales, dont le turc. Or l'une des profs de la prépa qui enseignait, entre autres, la langue turque, dut s'absenter pour cause de grossesse ; la remplacer n'était pas chose facile, vu le haut niveau réclamé par la prépa. Aussi, le lycée demanda l'aide de l'ambassade de Turquie ; et, là, était la malchance, car la nouvelle prof conseillée par l'ambassade turque était un agent des services turcs qui avait croisé la route de Vasilka/Lucie à l'occasion de l'inauguration en 2017 du musée de Louvre à Dubaï. Cependant, les deux femmes n'avaient pas eu de contact direct ; Vasilka/Lucie, toujours en sous-main pour la DGSE, avait seulement assisté, en tant qu'interprète, un représentant du gouvernement bulgare lors d'une conférence qu'il avait faite sur l'antiquité gréco-romaine. De son côté, l'agent turc, futur prof à Berlin, difficilement repérable au milieu de l'auditoire assistait, elle aussi, mais dans la salle, un membre du gouvernement turc, et elle avait eu tout le temps de remarquer Vasilka/Lucie, assise à côté de l'orateur sur la petite estrade.

— C'est donc elle qui a empoisonné Lucie ! en déduisit Raoul.

— Oui ; dès qu'elle reconnut Vasilka/Lucie, elle prévint son autorité qui, selon toute vraisemblance, lui ordonna de l'empoisonner. Son enlèvement était trop problématique et il fallait, pour les Turcs, absolument devancer les Russes pour, le plus vite possible, « gommer » toutes informations les concernant détenues par Vasilka/Lucie et susceptibles d'être recueillies par eux, tout en laissant croire à une mort par maladie ; le poison, probablement un dérivé mal connu du polonium 210, à effet létal retardé était le moyen idéal !

— Ignoble ! s'exclama Raoul en frappant la table d'une claque de la main.

Le colonel souligna que leurs adversaires étaient, en effet, connus pour avoir des pratiques peu admissibles, mais que malheureusement, aucune réglementation d'aucun organisme ne pouvait s'y opposer et encore moins intervenir ; services de l'ombre obligent, il n'en va que de la conscience des agents. Puis, après avoir renouvelé son sentiment de compassion et s'être excusé de ne pas avoir pu faire plus pour Lucie, il salua Raoul et Jean et se retira. Raoul et Jean ne dirent mot, se regardèrent et se comprenant en silence, chacun alla, sans perdre un instant, assurer son programme retardé par l'intervention du colonel Constant.

Chapitre XVII

Le Général se rendit comme prévu chez sa fille pour lui annoncer l'hospitalisation de Lucie et son caractère dramatique. Ophélie s'effondra en larmes, tant pour Lucie qu'elle avait, par amour de son grand girafon, totalement intégrée dans sa sphère affective, que pour Octave, dont elle anticipait déjà l'épouvantable douleur ; merveilleuse Ophélie ! Mais en écoutant son père lui dire que tous comptaient sur elle pour apporter son soutien à Octave, elle se reprit, offrit un café à son père et lui assura qu'elle ferait naturellement tout ce qu'elle pourrait pour l'aider. Le général embrassa sa fille, lui confirma qu'il n'en attendait pas moins d'elle et que, le café avalé, il leur faudrait retourner ensemble à l'Hôpital pour accueillir Octave et Barbara que Raoul était parti chercher.

De son côté, Raoul estima qu'il valait mieux informer son fils de la triste nouvelle, chez lui, aux côtés de Barbara, plutôt que sur un trottoir ou à l'hôpital sur son lieu de travail, ou même dans la voiture. Il prit donc son portable pour l'appeler mais se ravisa aussitôt, considérant qu'il pouvait le déranger ; aussi il envoya un message à Octave pour lui demander de rejoindre sa mère chez elle aussi vite que possible, tout en lui précisant qu'elle allait parfaitement bien, mais qu'il devait, sans attendre, s'entretenir avec eux deux sur un sujet délicat. La réponse ne se fit pas attendre ; Octave précisa qu'il allait justement se rendre à la cafétéria pour avaler « un truc », mais qu'il le ferait alors à la maison, et donc, qu'il s'y rendait tout de suite ; mais bien sûr, il finit son message par « c'est grave ? » auquel Raoul répondit, laconique « tout à l'heure. »

Quand Raoul rentra chez lui, Octave venait d'arriver et venait juste d'embrasser sa mère ; tous les deux n'avaient donc pas eu vraiment le temps de se poser des questions sur le mobile de cette impromptue réunion.

Raoul les fit tout de suite entrer dans le salon et asseoir, puis leur livra, avec le plus de douceur possible, la pénible nouvelle : mais malgré les précautions de Raoul, Octave se leva d'un seul coup, raide comme un pylône, prenant en pleine face, à la fois, le choc du retour de Lucie et celui de son état de santé. Barbara, en larmes, accusa le coup en se recroquevillant sur son fauteuil, mais, très vite, retrouvant sa force de réaction qui la caractérisait, se leva à son tour pour enlacer son fils ; Octave, toujours figé, tremblait maintenant de tout son long. Raoul et Barbara le prirent chacun par un bras et tout doucement, pas à pas, le dirigèrent vers le canapé pour l'allonger. Barbara oubliant ses larmes s'agenouilla à son chevet, tandis que Raoul, pris d'une idée, versa un fond de whisky dans un verre qu'il rapprocha délicatement des lèvres d'Octave ; Octave se raviva aussitôt et repoussa le verre ! Raoul avait bien vu la chose ; Octave avait une sainte horreur du Whisky ! Raoul en sourit ; un sourire qui lui fit du bien ; cela fait toujours du bien de sourire, surtout dans des situations difficiles. Mais du coup, Octave, fuyant l'effluve de Whisky, s'extirpa de son blocage et s'effondra ; une saine manifestation nerveuse pour laver sa peine et se défaire petit à petit de son atonie cérébrale inhérente au choc.

Raoul attendit quelques minutes que la tendresse de Barbara aidât Octave à retrouver un peu de sa légendaire placidité, puis il leur exposa tout le parcours de Lucie et la réalité de son état avec, hélas, l'inévitable issue. Ce fut dur ; ce fut dur bien entendu pour Octave et Barbara, et même très dur, mais ce fut dur aussi pour lui qui, souffrant de la même blessure, devait aussi en être le messager.

Mais Barbara levant les yeux sur lui, s'aperçut soudainement qu'il n'avait toujours pas enlevé son imperméable, aussi, elle s'en étonna et Raoul en profita pour lui répondre qu'ils ne devaient pas perdre de temps, qu'il fallait tout de suite se rendre auprès de Lucie, par prudence.

— Le terme est si proche ? lui demanda alors Barbara d'un ton très calme comme si elle avait voulu en adoucir la signification.

— Oui, ma chérie, il faut s'y attendre, répondit Raoul, sur le même ton.

Barbara hocha tristement la tête et, sans en rajouter, se leva pour aller changer de chaussures et prendre son manteau ; Raoul en profita pour s'asseoir à côté de son fils, lui poser un bras sur les épaules et lui dire qu'il ressentait la même douleur que lui et qu'il comptait sur son courage et aussi, que sa mère aurait besoin de les savoir solides. Puis en se levant, il rajouta qu'Ophélie serait sûrement à l'Hôpital pour l'attendre et qu'il en était heureux ; Octave envoya un regard de remerciement à son père et se leva à son tour.

Le parcours en voiture fut assez rapide en raison de l'heure du déjeuner calmant les encombrements légendaires de Paris, mais par contre, il parut plus que long aux passagers comme au conducteur. À peine le véhicule stoppé sur le parking, Octave se jeta dehors et courut comme un fou vers l'entrée de l'Hôpital, s'y engouffra et monta quatre à quatre les escaliers pour atteindre la chambre de Lucie ; Raoul retint Barbara qui voulut le suivre dans un réflexe d'affective protection.

— Non ! Laisse-le, ma chérie ; viens près de moi, on va y aller ensemble.

— Mais Raoul ! Il va être tout seul pour…

— Ne t'inquiète pas, Ophélie va le recevoir.

Et effectivement quand Octave atteignit le couloir du service psy-post-traumatique, Ophélie le prit aussitôt dans ses bras et tenta de faire baisser sa nervosité en lui disant que, pour Lucie, il fallait qu'il se calme avant d'entrer dans la chambre et qu'il avait encore quelques minutes pour y arriver, deux infirmières étaient auprès d'elle pour, tout en surveillant son réveil, vérifier les appareils de contrôle, changer ses perfusions et la rendre aussi présentable que possible.

Au bout d'un petit quart d'heure, les infirmières sortirent et l'une d'elles leur dit, avec beaucoup de gentillesse qu'ils pouvaient entrer, mais, surtout, avec le plus grand calme possible.

Ophélie laissa Octave se détacher d'elle pour qu'il entre avec sa mère ; Raoul embrassa Ophélie et suivit sa femme et son fils, prêt à intervenir en cas de dérapage.

Mais il n'y eut pas de dérapage ; il n'y eut que des larmes silencieuses. Ils restèrent une bonne partie de l'après-midi au chevet de Lucie, se relayant sans bruit, s'approchant ou s'écartant à pas de loup. Lucie s'enfonçait de plus en plus dans un obscur brouillard ; mais si sa main, inerte, n'avait plus la force de se serrer dans la leur, par instant, il se devinait encore sur ses lèvres le désir de sourire, signe qu'elle les avait reconnus, pas de visu bien sûr, ses yeux restaient maintenant fermés, mais sûrement en percevant les mots tendres qu'ils lui chuchotaient en l'embrassant délicatement.

Barbara et Raoul finirent par laisser volontairement Octave seul avec sa sœur ; Octave maintenant, immobile, le front posé sur le lit tout contre la main de Lucie qu'il tenait près de ses lèvres ; Octave qui repassait son enfance avec elle, tous ses moments de leur belle fusion, et qui sait ? Peut-être que dans le silence, Lucie les partageait ? Il y a des phénomènes étranges qui ne s'expliquent pas toujours ! En tout cas, l'heure vint où les infirmières réapparurent ; il fallut encore se retirer, Lucie avait besoin d'autres soins et d'être préparée pour la nuit.

Malgré la très grande bienveillance des infirmières, Octave restait sourd à leur demande ; c'était, en effet, comme s'il ne les entendait pas, il ne bougeait pas d'un pouce, gardant la main de Lucie collée à ses lèvres.

Cependant, alors qu'une des infirmières, penchée sur Octave dont elle avait enlacé les épaules, cherchait avec une extrême gentillesse à ce qu'il se décidât à partir, l'autre infirmière envoya un regard désespéré vers Barbara qui attendait sur le seuil de la chambre. Barbara vint alors en renfort et dut user de toute sa tendresse pour persuader Octave de se décider à lâcher la main de Lucie et sortir de la chambre. Ce fut long et douloureux, un véritable arrachement ; encore un ! mais ce le fut quand même.

Quand, soutenu par sa mère, Octave sortit enfin de la chambre, Raoul lui dit qu'Ophélie venait de repartir avec son père, mais qu'il pouvait l'appeler pour lui dire où se retrouver dans la soirée, à moins qu'il ne préférât rester avec ses parents, ce qu'elle comprendrait très bien. Puis, Raoul donna les clefs de sa voiture à Barbara en lui disant qu'il les retrouverait plus tard, mais qu'il devait absolument passer à son bureau avant ; il prendrait un taxi. Mais il rajouta bien évidemment que demain ils retourneraient ensemble voir Lucie.

Trois quarts d'heure après, devant une tasse de thé, Barbara et Octave échangeaient leurs souvenirs de Lucie petite et leurs impressions sur tout son parcours que Raoul leur avait rapporté. Ils finirent même par retrouver un peu de calme, ô ! tristounet quand même, le calme, mais en tout cas suffisant pour qu'ils puissent converser ensemble et retrouver un peu de ces moments qu'Octave appréciait tant, seul avec sa mère. Mais soudain, Octave sembla tracassé par quelque chose et il y eut un blanc dans leur échange.

— Quelque chose te chiffonne, mon chéri ? lui demanda alors Barbara.

— Oui, en effet ; comment Ivanka, la mère de Lucie, a-t-elle pu trouver la force d'abandonner sa fille ! Cela prouve qu'elle n'était pas une mère mais une simple génitrice !

— Ton père t'a expliqué qu'Ivanka a voulu se garantir une protection pour sa fille en échange de ses services pour la DGSE, répondit Barbara un peu gênée.

— J'ai bien entendu, mais comment une mère peut-elle aussi facilement se défaire de son bébé ?

— Je pense, mon chéri, que cela n'a pas dû être si facile, répliqua Barbara, peut-être même un peu plus gênée encore.

— Oui, mais, tu admets ça, toi, maman, qu'une femme qui a porté son enfant, l'abandonne ?

— Tu sais, si elle n'a pas eu vraiment le choix, on peut peut-être la comprendre, admit en effet Barbara, espérant ainsi clôturer le sujet.

— Sais pas ; mais évidemment, toi, tu peux penser ça, puisque tu ne m'as jamais porté.

Barbara en lâcha sa tasse de thé sur la moquette ! Puis elle se leva précipitamment et sortit aussitôt du salon pour s'abriter dans sa chambre, en pleurs.

Octave en tomba des nues ! Il ne s'était pas rendu compte de la maladresse de sa remarque, tant il considérait Barbara comme sa vraie mère ; il avait, à Étretat avec Ophélie, classé définitivement tout souci sur sa naissance et ne voyait en Barbara que sa seule et unique mère ; pour lui, maintenant, aucune autre ne pouvait être imaginable, au point qu'à aucun moment, il n'aurait pu supposer que parler du « porter » d'un enfant pouvait la perturber à ce point. Aussi, dépité et inquiet pour sa mère, il se leva à son tour et vint frapper à la porte de la chambre de Barbara. Mais Barbara, comme déjà dit, avait toujours cette faculté de rebondir qui lui permit d'ouvrir sa porte et, bien que les yeux encore humides, d'enlacer son fils qui lui ouvrait ses grands bras. Ils restèrent un instant immobiles, l'un contre l'autre, Octave s'excusant d'avoir été maladroit et Barbara lui répondant qu'il ne pouvait pas « savoir ».

— Savoir quoi, maman ? Tu sais bien que toi et papa, je vous aime sans limite !

—Écoute, mon chéri, sans le vouloir, tu m'as mise en face de mes responsabilités ; il y a des choses dont je me sens maintenant obligée de te dire. Je ne peux plus rester dans le non-dit. Et puis, c'est important compte tenu de l'affection que nous avons, et toi particulièrement, pour Lucie. Mais jure-moi que tu n'en diras jamais rien à ton père ; je ne veux pas qu'il en souffre, même si je sais que son amour pour moi n'en sera nullement menacé. Par contre, c'est par amour pour lui, que je te demande de garder le secret ; secret qui nous soudera tous les deux encore un peu plus. Jure-le-moi, mon fils !

— Juré, maman ! dit alors Octave en enserrant plus fort sa mère.

— Merci, mon chéri ! Assieds-toi à côté de moi, là, sur le bout de mon lit.

Mais surprise pour surprise, le vieux et gros Arsouille, laissé un peu de côté depuis la découverte de Lucie, alors qu'il en était pourtant à l'origine, fit doucement son apparition et vint s'affaler, de tout son long, sur les pieds de Barbara et d'Octave ; à croire qu'il voulait aussi « savoir ». Octave qui se tourna vers sa mère à sa droite, lui montra le chien en souriant, un sourire comme il savait si bien les faire, et lui prenant la main, lui donna le feu vert :

— Vas-y maman, je t'écoute ! même Arsouille veut savoir !

— J'ai connu Ivanka !

Stupéfaction d'Octave ! Mais Barbara continua :

—Surtout, ne me juge pas, mon chéri ! C'est le destin qui m'imposa ce que je vais te révéler ; je n'ai rien pu faire d'autre que de le subir, et je ne fus pas la seule ! Mon vrai nom est Mila Bordjanova ; je suis née en France dans une organisation mafieuse, la même dans laquelle Ivanka, la mère de Lucie, fut infiltrée par la DGSE. Ma mère, danseuse russe, s'était échappée de la Russie soviétique lors d'une représentation du Bolchoï en France. Elle était enceinte de moi et fut prise en charge par une ONG, ayant justement vocation d'accueillir les femmes immigrées de l'Europe de l'Est ; malheureusement, après son accouchement, ma mère comprit très vite que cette ONG était en réalité l'organisation mafieuse en question. Quant à mon père, que je n'ai jamais connu, et pour cause, il fut abattu en passant le mur de Berlin pour tenter de rejoindre sa femme et sa fille.

Ma mère, qui était très belle, mais prisonnière de cette organisation mafieuse et proxénète, fut introduite dans des milieux de très haut niveau, mais contrainte de profaner son superbe corps pour obtenir des renseignements qui seraient revendus aux services secrets ou à de grandes entreprises industrielles, mais bien sûr, au plus offrant ; se prostituer, ni plus ni moins. Bien entendu, ma mère ne pouvait qu'obéir, car sous la menace de voir son bébé, c'est-à-dire moi, exécuté ou vendu à l'étranger ; les bébés blonds aux yeux bleus étaient très prisés dans les pays où les disponibilités de ce type d'enfant étaient insuffisantes à l'adoption.

J'ai dû grandir dans ces conditions et à quinze ans, à mon tour, je fus contrainte à faire de même sous la menace de voir exécuter ma mère ; nous fûmes donc, ma mère et moi, forcées de nous garantir mutuellement notre survie !

Je suis alors tombée enceinte à mon tour, je n'avais qu'à peine dix-neuf ans et n'ai, d'une certaine façon heureusement, gardé aucun souvenir ni du jour, ni du lieu, ni du géniteur de l'enfant, ayant été droguée à mon insu ; probablement pour que je ne puisse pas reconnaître un homme très connu. J'ai donc été pour le temps de grossesse « relevée de mes fonctions » et soignée, mais par contre, comme ma mère, prisonnière dans l'établissement de l'organisation mafieuse ; le but, toujours le même, était de me voir accoucher d'un bébé qui serait vendu, à moins qu'il ne soit une fille qui pourrait alors suivre le même parcours que moi et donc, à terme, grossir le personnel. C'est à ce moment-là que j'ai connu Ivanka ; elle avait croisé ma mère plusieurs fois et elles avaient sympathisé ; bien entendu, ma mère ignorait qu'Ivanka était un agent de la DGSE, mais c'est Ivanka qui m'avait alors secrètement informée que ma mère avait été tuée à Prague, soi-disant, de nuit, dans un accident d'auto. Mais, bien que plus âgée que moi, Ivanka exprima à mon égard une certaine forme d'attachement, peut-être en regard de ma mère. Quand ton père nous relata ce que le colonel Constant lui révéla ; à savoir, entre autres informations, qu'Ivanka était infiltrée dans l'organisation mafieuse pour le compte des services français, et qu'elle avait une petite fille, en l'occurrence Lucie, j'ai alors compris pourquoi elle avait agi pour mon bébé comme tu vas le constater ; écoute bien, mon chéri !

Mon enfant était un garçon et avait à ce moment deux mois quand Ivanka fut chargée de le porter chez un passeur qui devait le vendre aux États-Unis. C'était un matin, très tôt ; je me suis battue pour qu'on ne me l'arrache pas des bras, mais deux hommes m'ont maintenue de force et ont remis l'enfant à Ivanka qui, je dois le dire, le reçut les larmes aux yeux. Avant de partir, le bébé dans ses bras, Ivanka, connaissant mes origines russes, m'a dit dans cette langue inconnue des deux salopards, « je te jure qu'il ne sera pas vendu ; crois-moi ; je m'en occupe et reviendrai te dire où il se trouve ». Mais elle n'a jamais pu revenir !

Le lendemain soir, l'organisation mafieuse fut l'objet d'une attaque très violente, dite de « nettoyage » par la DGSI, comme nous le confirma le colonel Constant. Or, au cours de ce qu'il faut bien appeler un massacre, j'ai réussi à m'enfuir, aidée par la confusion ambiante et la neutralité des agents de la DGSI à l'égard des filles paniquées ; ma mère était morte, mon bébé m'avait été retiré, je n'avais plus rien à perdre.

Parlant trois langues que les mafieux m'avaient obligé d'apprendre, je me suis inscrite dans une boîte d'intérim comme étudiante pour survivre. C'est plus tard, lorsque j'avais déjà rencontré ton père que j'ai suivi des études d'art. Mais avant, j'ai dû travailler comme hôtesse sur les salons professionnels et grand public ; mais je n'espérais qu'une chose :

retrouver la trace d'Ivanka pour savoir où se trouvait mon enfant ; sauf que je n'ai pas pu retrouver la trace d'Ivanka ; et le colonel Constant nous en a donné la raison : elle avait été exfiltrée la veille de leur opération « nettoyage » et envoyé en Lybie où, malheureusement, elle est morte dans un crash aérien. Mais si, pour la protéger, elle avait été exfiltrée quelques heures avant l'opération de la DGSI sur l'organisation mafieuse, j'ai sus plus tard qu'elle avait eu juste le temps de s'acquitter de sa promesse ; et je te jure, mon chéri, que contrairement à ce que tu semblais en penser, Ivanka mérite tous les éloges possibles, surtout quand on connaît dans quel contexte, elle a dût agir. Retiens bien ce que je vais te livrer : si, par son sacrifice, Ivanka a bien sauvé sa fille, ta petite Lucie, comble de résultat de son action, tu lui dois aussi ta vie !

— Maman ! Tu... tu veux dire... que... que ton enfant, c'était moi ! lâcha Octave comme s'il avait reçu un immeuble entier sur la tête.

— Oui, mon chéri ; oui, c'était toi ; oui, toi que j'ai porté ! s'exclama Barbara dans un flot de larmes et se cachant le visage dans les bras de son fils.

— Mais alors... balbutia Octave assailli par une avalanche de questions.

— Mais alors ? J'ignorais qu'Ivanka avait réussi à trouver le moyen de te déposer à l'ASE, l'Aide Sociale à l'Enfance, juste avant son exfiltration ; je l'appris plus tard, beaucoup plus tard ! Probablement parce que le destin voulut s'excuser de m'avoir tant meurtrie ! Écoute bien, mon chéri !

Lorsqu'à Étretat, je t'avais aidé à te défaire de ton tee-shirt, j'avais été troublée par la petite marque que tu as sur l'épaule gauche, comme une petite fossette ; cette petite fossette, je l'avais déjà remarquée quand tu étais tout petit bébé. Mais, ce type de particularité étant courant et pouvant apparaître sur des gens qui n'ont pas forcément de lien entre eux, je ne m'y suis pas attachée plus que ça. Bien sûr, cela n'a pas joué dans mon désir de t'adopter, puisque c'est bien plus tard, qu'au cours d'un dîner avec des amis, dont un généalogiste, que j'appris que cela pouvait constituer quand même un indice fort de parenté. Aussi, profitant d'un voyage d'affaires de ton père, un de plus, après t'avoir déposé en classe, je me suis rendue à la direction de l'ASE pour entamer des recherches ; il m'a été répondu que n'étant pas déclarée comme la génitrice de l'enfant déposé, je devrais leur donner une preuve ADN pour que mes droits soient reconnus. Sous prétexte d'un contrôle d'infection bactérienne, je t'ai emmené dans un laboratoire où nous avons été tous les deux prélevés…

— Oui, je m'en souviens très bien, ça sentait le désinfectant dans le labo !

— C'est exact ! C'est fou à quoi s'attachent les souvenirs des enfants ! Mais en ce qui concerne l'ADN, comme tu t'en doutes, le résultat a été conforme à mes espérances : tu étais bien mon fils ! Bien entendu, je n'en ai jamais parlé à ton père ; comme je te l'ai déjà dit, je connais bien ton père, cela n'aurait jamais déconstruit les liens affectifs qui nous unissent, mais le risque était que, inconsciemment, il ressente un déséquilibre, entre lui et moi, dans le lien qui nous lie à toi et l'amour que nous te portons ; et je ne voulais pas qu'il en souffre et ne le veux toujours pas ; cela restera un secret entre nous, notre secret !

De retour à l'ASE, le directeur, sur présentation de nos ADN, a accepté d'ouvrir le dossier à partir de la date à laquelle tu fus déposé à l'ASE : le 4 avril 1997 à 16 heures 34. J'eus un premier choc ! J'avais appris, en effet, que ce n'était pas l'ASE qui t'avaitn donné ton prénom, Octave, mais la déposante à la demande d'Ivanka qui voulait que ce prénom soit une référence codée qu'elle comptait me retransmettre pour que je te retrouve plus tard à l'ASE. Puis l'agent qui m'a reçu m'a donné le nom de la déposante…

— Emma Donston ! laissa tomber Octave, avec un sourire.

— Ah, ça ! Comment le sais-tu ? demanda Barbara, stupéfaite.

Octave expliqua alors à sa mère qu'il avait profité de sa participation au challenge de tir à Londres, pour rencontrer Emma Donston, car il avait aussi demandé à l'ASE de lui ouvrir son dossier, mais qu'il ne l'avait jamais dit à sa mère pour ne pas l'inquiéter. Mais Barbara, se remettant de sa stupéfaction, objecta qu'il n'avait pas pu la rencontrer puisqu'elle était déjà morte à cette date ! Octave acquiesça mais précisa qu'il avait pu quand même voir sa sœur, Jane Donston qui lui avait laissé supposer l'intervention de sa sœur Emma. Barbara apporta alors les précisions et confirmations qui manquaient à Octave :

— Après mon rendez-vous à l'ASE, quand ton père était aux USA, je suis allée, moi aussi, à Londres pour rencontrer Emma Donston ; elle était alors encore vivante ; tu vois mon chéri, ça date ! Emma Donston était bien une musicienne violoniste anglaise qui venait jouer certains soirs dans l'établissement mafieux, histoire de faire un peu de spectacle et de gagner un peu d'argent pour l'aider à financer sa présence en France ; d'ailleurs, nous nous sommes reconnues. Mais Emma, violoniste médiocre, comme elle me l'avoua elle-même, était une bonne fille, bien incapable de deviner ce qui se tramait dans cet endroit. Toutefois, elle sympathisait avec nous, les filles, et quand Ivanka lui demanda de déposer le bébé à l'ASE à sa place et suivant ses instructions, ce que naturellement j'ignorais, elle m'a dit avoir supposé un douloureux malheur et donc s'être exécutée aussitôt. Il est évident qu'Ivanka avait décidé de procéder ainsi par prudence, histoire, pour le protéger d'une éventuelle reprise par les mafieux, de noyer encore plus la trace du bébé, c'est-à-dire toi ; dans son esprit, seule, moi, Mila à l'époque, en serait avertie comme elle me l'avait promis en langue russe ; mais elle n'en eut pas le temps !

Voilà, mon chéri, tu sais tout et je t'aime toujours autant !

— Et moi, encore plus, maman, si toutefois c'était possible ! répliqua Octave en embrassant la main de sa mère.

— Et en plus, mon chéri, on a deux fois plus de raison d'aimer Lucie. Ah ! Tiens ! J'entends la serrure de l'appartement ; ton père arrive !

Chapitre XVIII

— Tu es certaine de ça ?

— Certaine !

— Des paroles d'enfant.

— Oui, mes belles !

— C'est vrai ; bon écoute, Ophélie, je vais tenter d'expliquer ça à Raoul, mais je ne te garantis rien.

— Merci, papa ; je te fais confiance.

Après ces derniers échanges d'une longue discussion, Ophélie embrassa son père et alla faire un coucou de la main à sa mère encore sous sa douche puis, raflant son blouson au passage dans l'entrée, sortit de l'appartement de ses parents pour se rendre à ses cours.

Le général tournait un peu en rond dans son salon ; comment s'y prendre ? L'idée d'Ophélie était touchante, mais qu'allait en penser Raoul ? Lui qui était un peu conformiste ne risquait-il pas de se braquer ? Bon, mais n'est pas général qui veut, aussi, il prit une décision toute militaire : attaquer le point le plus perméable ! Le général prit alors son téléphone pour appeler Barbara.

— Allo, Barbara ?

— Oui, Jean ; vous avez des nouvelles de Lucie dès ce matin, si tôt ? s'inquiéta Barbara.

— Non, je n'en ai pas encore ; mais j'ai besoin de votre aide ; pouvons-nous nous voir ?

— Maintenant ?

— Si cela vous est possible, oui ; ce serait préférable.

— Bon, alors je vous attends.

— Vous êtes seule ?

— Raoul est parti il y une demi-heure à son bureau, mais Octave dort encore ; il faut dire que j'ai été obligée de lui donner un somnifère ; il s'est endormi vers 6 heures, ce matin.

— Pauvre gamin ! Alors pouvez-vous me rejoindre place de la Contrescarpe, au Café Delmas ? C'est à mi-chemin de nos domiciles ; nous devons absolument être seuls.

— D'accord, Jean ; dans un quart d'heure !

Barbara coupa son téléphone, rédigea un petit mot pour Octave, précisant qu'elle était partie faire une course pour qu'il ne s'inquiète pas. Elle posa le mot sur la table du petit déjeuner, mit son manteau et sortit rejoindre le général au Café Delmas.

Deux heures plus tard, Octave étant partit rejoindre Ophélie, Barbara, de retour à son domicile, appela Raoul pour lui dire qu'elle devait très vite s'entretenir avec lui et qu'il serait souhaitable qu'il veuille bien venir la chercher en avance sur l'heure prévue pour aller voir Lucie à L'hôpital.

— De quoi s'agit-il, ma chérie ? demanda Raoul, un peu intrigué.

— À l'heure où je te parle, je n'ai aucune nouvelle information sur l'état de Lucie, mais nous savons qu'il faut nous préparer au pire et ne pas nous laisser surprendre. Aussi, j'ai quelque chose à te proposer, mais c'est assez spécial et je veux le faire de visu.

—... OK, j'arrive ! lâcha Raoul après un temps de silence.

Et d'un commun réflexe, communication coupée !

Mais connaissant son mari, Barbara déduisit de sa réponse laconique, qu'il était déjà en train de sortir de son bureau, avertir son secrétariat en coup de vent pour s'engouffrer dans l'ascenseur et rejoindre sa voiture !

Et de fait, le temps de traverser Paris, et Raoul, assis dans un fauteuil de son salon, écoutait Barbara lui exposer ce que le général lui avait confié de l'idée d'Ophélie. Raoul laissa sa femme s'expliquer, sans qu'il ne prononçât un seul mot, le regard baissé et concentré sur ses paroles. Mais quand elle eut fini, il resta toujours silencieux dans la même attitude ; impassible, Barbara attendait. Puis d'un seul coup, Raoul leva la tête, chercha le regard de sa femme et lâcha :

— Et Octave ?

— Ophélie est sûre d'elle.

— Et toi ? s'assura encore Raoul.

— Je pense qu'Ophélie a raison ; Octave en sera soulagé. C'est pour lui, qu'elle a eu cette idée.

Raoul replongea quelques minutes encore dans son silence, puis se leva et laissa tomber :

— Cette fille est formidable ; alors d'accord !

Mais à peine avait-il formulé son adhésion, que son portable vibra :

— Raoul, c'est moi, Jean !

— Je t'ai reconnu ; je t'écoute !

— Raoul, il faut que vous veniez tout de suite à l'hôpital ; Lucie faiblit de plus en plus.

— Oh, merde ! On part immédiatement et je passe prendre Octave. Tu y es déjà ?

— Non, je viens d'être prévenu par le médecin commandant Richard pour que je vous prépare à cette nouvelle ; mais j'y vais tout de suite ; Octave va arriver, il était avec Ophélie que je viens de prévenir.

— Merci Jean ; on te rejoint.

Barbara qui avait tout compris, se leva sans un mot, réunit aussitôt ses affaires et accrocha une laisse au collier d'Arsouille.

— Qu'est-ce que tu fais, ma chérie ?

— Je prends Arsouille avec nous ; je ne sais pas pourquoi ; mais je le prends avec nous ; Ralf ! C'est lui qui a retrouvé Lucie ! Ralf, s'il te plaît ! supplia Barbara les yeux embués.

Raoul la prit par les épaules, l'embrassa et tous les deux quittèrent leur appartement, avec le bon vieux chien en laisse, pour se rendre à l'Hôpital Percy.

En sortant de l'ascenseur desservant l'étage et le couloir de la chambre de Lucie, Raoul et Barbara tombèrent en face du général :

— Je vous attendais. Octave est déjà près d'elle avec Ophélie. Il est écroulé, le pauvre garçon.

— C'est la fin ? questionna aussitôt Raoul d'une voix étranglée et dont le visage palissait à vue d'œil, tandis que Barbara s'était resserrée contre lui.

Le général embrassa Barbara et confirma que l'état de Lucie se dégradait de minute en minute. Puis il retransmit ce que le médecin commandant Richard lui avait confié : les douleurs s'étant brutalement réveillées, il n'y avait pas eu d'autre solution pour la soulager, que d'augmenter fortement les doses de morphine ; ce fut efficace, elle ne souffrait plus, mais, par contre, l'effet délétère de la drogue se manifestait déjà ; puis à voix basse :

— Elle arrive au bout de son parcours ; est-ce que vous avez pu parler ensemble de la proposition d'Ophélie ?

— Oui, nous sommes tous du même avis ; nous pensons en effet que Octave y trouvera un soulagement ; je te le redis, Jean, ta fille est formidable.

Jean acquiesça d'un hochement de tête et conseilla alors à Barbara de remplacer sans attendre Ophélie pour soutenir Octave au chevet de Lucie et à Raoul de venir avec lui prévenir le médecin commandant Richard. Barbara, avec Arsouille en laisse, alla aussitôt rejoindre Octave auprès de Lucie. Raoul et Jean se dirigèrent vers le bureau du médecin commandant Richard pour l'avertir de leur décision.

Une petite demi-heure après, ils étaient tous réunis dans la chambre de Lucie. Lucie, inerte, paupières baissées, mais magnifiquement belle dans sa passion, respirait encore faiblement, mais très faiblement ; Octave, silencieux, perdu dans sa peine, le front reposant sur le lit, gardait toujours contre ses lèvres la main de Lucie. Barbara s'était redressée et reculée contre Raoul ; ils se tenaient légèrement en retrait, le Général, juste derrière Raoul, quand Ophélie entra dans la chambre suivie de l'Aumonier de l'hôpital, comme ils en étaient convenus ensemble ; il était vêtu d'une chasuble blanche et tenait un missel dans les mains.

Octave ne le vit pas venir, courbé comme il était sur la main de Lucie. Ophélie s'approcha alors de lui ; Barbara trop émue, lâcha alors la laisse du chien, et aussitôt, le vieil Arsouille, lentement, très lentement, mais la queue en joie, s'avança vers le lit pour s'écrouler près d'Octave et Lucie, mais la queue toujours battante ! Ophélie en sourit et se penchant à son tour tout contre Octave, lui chuchota à l'oreille qu'elle n'avait pas oublié ce qu'il lui avait confié : les belles paroles d'enfant que Lucie et lui avaient prononcées : « quand on s'ra grands, on s'mariera ! », puis elle lui déposa un doux baiser sur la tempe et se recula ; saisi, Octave se retourna et comprit tout ! À l'instant, son visage s'illumina en retrouvant sa bouille d'enfant espiègle ; l'Aumonier s'approcha et, la mine bienveillante, déroula une prière à voix basse puis, refermant son missel, il posa la question rituelle à Octave. Mais au « oui » d'Octave, sans que Lucie ne frémisse d'un cil, sur ses lèvres, apparut l'esquisse d'un inattendu sourire que l'Aumonier, en conscience, considéra alors comme son approbation. Et tandis qu'il les bénissait, comme s'il consacrait aussi la fin d'une belle histoire, Lucie, emportant avec elle son sourire, expira son dernier souffle ; à la même seconde, il y eut sur le plancher comme un bruit sourd : au pied du lit, contre ceux d'Octave, le bon vieil Arsouille s'était enfin laissé aller, parti, lui aussi, accompagner Lucie.

Raoul et Barbara s'avancèrent pour enlacer leur fils ; Ophélie se retira avec son père ; elle pleurait bien sûr, mais Jean la prit doucement par les épaules et tout en marchant, lui souffla contre la joue :

— Tu as vu, ma chérie, que, même au milieu de ses larmes, sa bouille de gamin est subitement revenue ? C'est grâce à toi, ma chérie ; tu es une fille formidable. Mais ne pleure pas, il va te revenir très vite et, je suis sûr, plus vite que tu ne le penses ; à la minute où nous parlons, il est en train de boucler sa vie d'enfant, un intervalle sur le chemin de son existence, mais il aura besoin de toi pour sa vie d'homme, tu verras ! Viens, on va marcher un peu dehors !

Le général avait raison ; alors que dans le parc de l'hôpital ils étaient assis au pied de la statue de Pierre-François Percy [1]pour converser, comme peuvent le faire un père et sa fille, le général lui coupa la parole et, tendant le bras en direction du bâtiment principal, tout au bout de l'allée centrale, lui dit avec un sourire :

— Tiens ! Tu vois, tu n'auras pas attendu longtemps ; allez, vas-y ma chérie !

---

1 Pierre-François Percy (1754-1825), chirurgien en chef de la Grande Armée de Napoléon et « père » de la chirurgie militaire moderne.

Ophélie pointa le regard sur l'allée en question, se leva et, avec un peu d'hésitation quand même, commença à s'avancer doucement vers une longue silhouette venant vers elle d'une démarche placide et régulière ; puis voyant que la silhouette ouvrait ses grands bras, elle se mit à courir pour se jeter au cou de son grand girafon, et comme d'habitude, en s'agrippant à ses épaules et lui enlaçant la taille de ses cuisses ! Et puis, cerise sur le gâteau :

— Merci mon p'tit mulot pour ta belle surprise ; grâce à toi, j'ai pu mettre un point final à mon enfance en sortant Lucie de sa parenthèse, mais sublimement ! Et puis, tiens, tu n'sais pas ? Eh bien, en parlant d'enfance, moi aussi je veux le bébé que tu veux !

Ophélie se serra encore plus fort contre son grand girafon ; elle pleurait... mais de bonheur !

Merveilleuse Ophélie !

Fin.

ZOOM sur l'auteur

Jean-Frédéric JUNG

Jean-Frédéric JUNG a deux yeux, comme tout monde ; sauf qu'ils ne voient pas la même chose, et même qu'ils s'opposent. L'un, effrontément pessimiste, porte sur l'humain un regard critique, très critique, alors que l'autre, obstinément optimiste, y recherche le meilleur. De cette dualité, il ressort une écriture à deux faces, l'une primant l'autre suivant son humeur du moment. Au recto l'ironie, l'humour noir, voire le cynisme, au verso le sentiment, le goût du beau, l'élégance, voire le transcendant. De ses rencontres, ses écrits se moquent avec méchanceté, et même avec cruauté, ou bien les remercient et les célèbrent.

Jean-Frédéric est entraîneur C.S.O (Concours de Saut d'Obstacles) pour des scolaires et étudiants, principalement des filles – une spécificité de l'équitation. Ses journées sont consacrées à ses étudiants pour un double objectif : le plus haut niveau possible à cheval et dans les études. La nuit, cet insomniaque écrit.

Vous aimerez aussi :

Bibliographie

Récompense, éditions Alter Real

Pied à terre, éditions Alter Real

Les coulisses du silence, éditions Alter Real

La Fenêtre, éditions Alter Real

La Mort du Goéland , éditions Alter Real

Le Bal des cloportes, éditions Libre2lire

La Malédiction, éditions Libre2Lire

La Dame du Sycomore, éditions Libre2Lire

La Dynastie Clandestine, éditions Libre2Lire

Mise en page : Le Cercle digital
Illustration : Camille Chantreau

www.editions-alter-real.com

ISBN numérique : 978-2-37812-654-4
ISBN papier : 978-2-37812-655-1
ISSN : 2646-6899
Dépôt légal : octobre 2022
Imprimé en France.

ALTER REAL (SARL PROVEXIM) bénéficie du soutien de la Région Centre-Val de Loire, de l'État (DRAC Centre-Val de Loire) et de Ciclic dans le cadre de l'aide aux entreprises d'édition imprimée ou numérique.

Imprimé en France
FRHW010304120423
34572FR00006B/47